유대인과 일본인

최한구 · 원응순 共編著

도서출판 한글

머 리 말

유대인과 일본인은 많은 차이가 나지만 일본인과 한국인은 어떤 면에서는 똑같습니다. 좋은 면에서 똑같은 것보다는 나쁜 습성에서 비슷합니다. 유대인과 일본인을 보면서 한국인과 유대인을 비교하며 우리가 유대인으로부터 얻을 것이 있으리라는 기대를 가지고 이 책을 내놓습니다.

유대, 이스라엘, 히브리라는 세 가지 이름을 가진 성경의 주인공들, 나라도 땅도 없이 2천여 년을 살면서 몇 십만 몇 백만의 생명을 잃은 뒤 겨우 세계 인구의 0.3%, 그러면서도 세계 유명대학 교수 20%, 세계 유명인사 25%, 노벨상 수상자 15%, 모든 학문과 언론, 정치, 상업계의 지도적인 위치에 있는 이 사람들은 과연 누구인가? 그들은 어떤 과정을 거쳐 살아 왔으며 무엇이 그들을 그토록 지혜스럽고 강하게 만들었는가? 그런 점에서 우리는 그들이 어떤 면에서 어떻게 다른가를 알아야 할 것이라고 생각됩니다.

일본인 남자가 유대인을 상대하면서 남자대 남자로서 반성할 것은 무엇이고 받아들일 것은 무엇인가를 진솔하게 기술하여 유대인들이 감성적인 면에서 지능적인 일본인을 앞서고 있다는 것을 알게 하여 줍니다. 그리고 일본인 여자로 유대인과 결혼하여 쌍둥이 아들을 두고 특수 민족의 특수 교육 정서를 이해하고 적응하며 이국인으로서 지능적으로 아이들을 양육하여 바 미쯔바에 통과하기까지의 고충을 털어놓은 고백은 감격스럽습니다.

우리는 동양인으로 일본인과 똑같은 눈을 가지고 이국인을 대합니다. 이제 세계는 하나가 되었습니다. 우리가 우리를 아는 것도 중요하지만 이웃 일본을 더 잘 알아야 하고 모든 다른 나라와 세계를 끌어가는 유대인을 더 알아야 합니다. 그들의 사고방식과 생활방식, 육아 교육방법 등 안목을 넓혀야 할 일들이 많습니다.

지극히 평범한 이야기 속에서 유대인과 일본인을 우리가 이해하며 우리의 생활 자세를 새롭게 하자는 의미에서 이 책을 내놓게 되었습니다. 감성교육이 잘된 유대인이 지능적인 일본인보다 지혜가 깊듯이 머리가 잘 돌아가는 사람과 생각이 깊은 사람은 사는 방식이 다르고 삶의 의미가 다릅니다. 우리에게 필요한 것은 감성교육입니다. 감성교육은 정서적으로 인간성을 밝게 양육하지만 지능교육은 타산적이고 메마른 인간을 만들 위험성이 있습니다.

유대인의 감성교육에 관한 심층 연구는 본사에서 펴낸 '유대인은 EQ로 시작하여 IQ로 승리한다'라는 책에 자세히 수록되어 있습니다. 이 책을 읽고 유대인과 감성교육(EQ)에 관심을 가지고 더 깊이 알고 싶은 독자는 그 책을 참고하시기 바랍니다.

2000년 1월 28일
발 행 인

목 차

머리말 / 3

제1부 · 유대 남자와 일본 남자 / 9

1. 지나치게 이익을 노리면 손해를 본다 ················ 11
2. 유대의 대학자 아키바 ································· 14
3. 고정관념 ··· 18
4. 위대해지고 싶다 ······································ 20
5. 엘리트의 기준 ······································· 22
6. 일본 기업의 아킬레스 건 ···························· 24
7. 대학교수에게 ·· 27
8. 거짓 전문가 ··· 29
9. 유대식 신문 읽는 법 ································· 32
10. 일본인의 실력 ······································ 34
11. 수치의 문화 ·· 37
12. 에너지 낭비 ·· 39
13. 뜬소문 ··· 42
14. 일본식 골프 ·· 44
15. 직장인의 환상 ······································ 47
16. 허영 ··· 49
17. 유대식 생활 ·· 51

18. 침묵이 언제나 금은 아니다 …………………………………… 54
19. 유대인과 일본인 ………………………………………………… 57
20. 스카우트 …………………………………………………………… 59
21. 포장마차 주인 …………………………………………………… 62
22. 높은 지위 ………………………………………………………… 65
23. 유대식 교육 ……………………………………………………… 68
24. 좋은 보고서를 쓰는 직장인 …………………………………… 71
25. 영웅에 대하여 …………………………………………………… 74
26. 일본어의 벽 ……………………………………………………… 76
27. 예루살렘의 함락 ………………………………………………… 79
28. 갈대아 우르 ……………………………………………………… 82
29. 탈무드의 내력 …………………………………………………… 86
30. 열심을 내게 하는 것 …………………………………………… 92
31. 변덕의 죄 ………………………………………………………… 94
32. 유대의 신 ………………………………………………………… 97
33. 흑막 ……………………………………………………………… 102
34. 유대식 사고법 ………………………………………………… 106
35. 계약에 대한 마음가짐 ………………………………………… 111
36. 정서 ……………………………………………………………… 115
37. 나이 많은 늙은이 ……………………………………………… 119
38. 상식의 함정 …………………………………………………… 122
39. 돌 ………………………………………………………………… 124
40. 소수파 …………………………………………………………… 127
41. 실용적인 유대인 ……………………………………………… 131
42. 귀신 ……………………………………………………………… 134
43. 엉뚱한 유대인 ………………………………………………… 139
44. 불가사의한 민족 ……………………………………………… 142
45. 유대인의 금전관 ……………………………………………… 146

제2부 · 유대 남자와 일본 여자/155

서 론 / 157

1. 바 미쯔바까지 ………………………………………… 159
2. 혼 혈 아 ………………………………………………… 173
3. 쌍둥이 탄생 …………………………………………… 179
4. 할례 ……………………………………………………… 182
5. 쌍둥이 교육 …………………………………………… 187
6. 미국에서의 캠프 생활 ………………………………… 192
7. 유대계 일본인 ………………………………………… 195
8. 유대 어머니에의 도전 ………………………………… 202
9. 외국인이 본 일본인 …………………………………… 207
10. 두 사람의 학교 생활 ………………………………… 215
11. 일본어와 영어와 히브리어 ………………………… 222
12. 주일 학교에서 ………………………………………… 230
13. 두 7세 사내아이의 여행 …………………………… 234
14. 각자 떠나는 여행 …………………………………… 237
15. 그리스도와 지저스 크리스트 ……………………… 240
16. 유대인의 운동관 ……………………………………… 243
17. 종교 교육 ……………………………………………… 245
18. 유대인의 피 …………………………………………… 253
19. 유대 관습과 의례 …………………………………… 259
20. 유대인의 신념과 속죄일 …………………………… 262
21. 하누카의 선물 ………………………………………… 264
22. 프림의 제사 …………………………………………… 266
23. 유월절 …………………………………………………… 269
24. 코샤 후드 ……………………………………………… 275
25. 아들의 바 미쯔바 …………………………………… 284

제3부 · 유대인의 EQ교육과 IQ / 291

1. 교육의 혁명 ··· 293
2. EQ와 IQ ·· 298
3. 유대인의 신앙과 거룩과 생활 ······································· 305
4. 교육의 목표 ·· 310
5. 유대인의 기본정신 ··· 314
6. 유대인의 삶의 원리 ··· 319
7. 유대인의 삶의 원리와 토라 ··· 327
8. 유대 회당의 부속학교 ··· 334
9. 유대인의 경노사상 ··· 335
10. 유대인에게 가정이 회당보다 중요한 이유 ················ 339
11. 유대 자녀교육의 특징 ·· 341
12. 유대 가정의 아내와 어머니의 역할 ·························· 345
13. 관습과 전승 ·· 348
14. 유대인과 탈무드 ··· 354
15. 책의 민족 유대인 ··· 362
16. 유대 교육의 특성 ··· 366
17. 기독교와 유대교의 일치점과 다른 점 ······················ 370
18. 신약성경 읽기와 유대교 입장 ···································· 374

제1부
****
유대 남자와 일본 남자

›
1
지나치게 이익을 노리면 손해를 본다

　찌는 듯이 무더운 어느 날 오후 나의 사무실로 유대인 사업가 포겔 박사가 예고 없이 나타났다. 땀이 많은 그는 흰 와이셔츠가 땀으로 흠뻑 젖어 있었다. 그는 사업가이면서도 박사 호칭을 갖고 있는 이례적인 외국인이었다.
　"웬 일이십니까?"
하고 내가 물으니 그는 흥분한 태도로 이렇게 대답하는 것이다.
　"여름이 되어 냉방을 하자 사무실 천장에서 물이 뚝뚝 떨어져서 몇 번 참고 있었는데 새로 한 클로스 천장이 얼룩 투성이가 되어 버리지 않았겠나. 그래서 업자에게 대안을 세우라고 했더니 결로(結露)현상이라 어찌할 도리가 없다는 거야. 그러나 자네도 알다시피 내가 그러한 답변으로 만족할 수는 없지 않은가…."
　그는 유대인 특유의 집요성으로 이 문제 해결에 착수한 것이다. 먼저 그는 빌딩 건축 회사로 찾아가 자기 사무실 설계도를 빌려 왔다. 그리고 그 설계도를 자세히 살핀 결과 그의 사무실 천장으로 직경 5센티미터 정도의 배수관이 냉각장치와 연결되어 있어서 냉각된 물이 그 파이프를 통하여 흘러가고 있음을 알았다.
　다음에 포겔 박사는 단골로 부르는 신용 있는 나이 지긋한 목수와 배관공을 초청하여 천장을 뜯어보았다. 과연 그의 예상대로 그 배수 파이프는 직경이 5센티미터가 아니고 그 절반인 2.5센티미터

밖에 안 되는 가는 배수관이었다. 게다가 그가 아연실색한 것은 쇠 파이프의 조인트가 콘크리트로 막혀져 철제 조인트가 못 쓰게 되어 있었다.

  이러한 식으로 철저하게 조사를 한 다음 그는 시공한 건축업자에게 고충을 말했다. 그러나 그 건축물은 5년 전에 완공한 것으로 이미 시효가 지났다는 대답뿐이었다.

  "이러한 경우 우리 유대인들의 사고법으로 한다면 완전히 그 책임은 건축업자에게 있으므로 책임을 지지. 그러나 일본에서는 유야무야하게 되어 버렸어. 이런 점이 내가 더욱 이해하기 어려운 점이야…."

라고 땀을 닦아 가며 포겔 박사는 나에게 퍼붓는 것이다. 나는 좀 대답하기가 곤란하기에 농담조로 이렇게 응수했다.

  "돈벌이 전문가는 유대인이라고 평판이 났는데 일본인이 한 술 더 떠 날림공사로 돈을 벌고 있다는 것은 재미있는 일이 아닙니까."

  이럴 경우 일본인 같으면 화를 낼 일인데 유대인인 포겔 박사는 매우 재미있다는 듯이 웃었다. 그러므로 어리둥절한 것은 나였다.

  "참 그렇군. 그런 점으로 말한다면 일본 사람의 돈 버는 방법이 훨씬 능하다고 할 수도 있겠군. 그러나 이러한 돈벌이는 단 한 번밖에는 성공하지 못해. 다시는 그러한 날림 공사 업자에게는 절대로 일을 주지 않을 테니 말야. 가엾은 것은 최근 분양하는 맨션 아파트를 몇 천만 원이나 돈을 주고 사는 일본의 직장인들이지. 내가 잠깐 계산해 보니 천 오백 만원 가량의 맨션이라도 그 건축비용은 백만 원 가량이면 넉넉하다고 보거든. 날림 공사에다 재료를 속이는 것까지 계산해 넣는다면 3백만 원도 들지 않을 만큼 싸구려 맨션이 허다하단 말일세."

"허 그렇습니까…"
하고 놀란 표정을 지으니 포겔 박사는 별안간 진지한 태도로 이렇게 말하는 것이었다.

"결국은 – 젖은 손으로 조(栗)를 만지면… 이라는 일본 속담을 이런 사람들은 실행하고 있는 셈이지. 그래서 나의 대책은 이러한 것이네. 자기 집을 지을 만한 토지를 입수하면 미국에서 현재 베스트셀러인 『집짓기 교본』을 한 권 사다가 일요 목수를 해가며 자기 집을 지어 보는 것이 어떨까 한다네. 나 역시 친한 목수와 배관공, 셋이서 오피스의 배관 공사를 해 버렸거든. 이건 안 되는 일이야 하고 체념해 버리는 것이 일본인의 사고방식인 것 같아. 그런데 우리 유대인은 전혀 되지 않을 것 같은 일을 만나면 이상하게도 감투심(敢鬪心)이 용솟음치는 민족이란 말야."

나는 어이가 없어 그의 이야기를 듣고 있을 뿐이었는데 그는 더 열이 오르는 듯 땀을 흘렸다. 그래서 더위를 더 느끼는 것도 사실이었다.

2

유대의 대학자 아키바

 일본어를 너무 능숙하게 구사하는 외국인 포겔을 박사라고 부르면 내 친구들은 모두 어이없다는 듯 이렇게 말한다.
 "그 친구는 유대 장사꾼이 아닌가. 도대체 그를 어째서 자네는 박사라고 부르는가. 게다가 그 사람은 태도까지 불손하단 말야. 자네는 어쩌자고 그 사람을 친하게 지내나?"
 그럴 때 나는 히히덕거리며 적당히 넘긴다. 상대가 좀 끈질길 때는 이렇게도 대꾸한다.
 "옳아 참말이야. 그 친구 태도도 불손할 뿐더러 언변 역시 만만치 않거든. 그런데 그 친구는 미국 동부의 명문 대학을 졸업하고 그 대학에서 심리학 박사까지 받은 만만치 않은 사내야. 그래서 내가 박사라고 부르는 거야. 그리고 또 뭐냐… 그 사람하고 교제를 하면 여러 가지 새로운 것을 배울 수가 있거든. 어쨌든 함부로 볼 수 없는 친구이기도 하지만 또 어디를 봐도 밉지가 않거든."
 이런 이야기를 떠들고 있을 때 불쑥 얼굴을 내민 사람이 있었다. 다름 아닌 장본인 포겔 박사였다. 모두들 부지중 흠칫하였다. 설마하니 그 친구가 우리 이야기를 엿듣지는 않았겠지. 친구들은 하나 둘씩 슬금슬금 다 사라져 버렸다.
 포겔 박사는 의자에 걸터앉으며 이렇게 말했다.
 "하나님이 이뤄 놓은 일과 인간이 이뤄 놓은 일을 비교하여 본다면 어느 쪽이 더 아름답다고 생각하나?"
 한밤중에 홍두깨 내밀 듯 이런 소리는 왜 하는 것일까. 나는 기가 막혀 멍하니 있다가 그래도 예의상 대꾸는 해야겠다 싶어서.
 "그야 당연히 만능의 신이 이뤄 놓은 쪽이 훨씬 아름다울 것은 말할 것도 없지 않습니까."
했다. 이런 식으로 대답하였다.
 "그게 틀렸단 말야. 옛날의 위대한 학자 아키바라는 사람의 말에 따르면 인간이 이뤄 놓은 것이 더 아름답다고 되어 있거든."
 나는 마침내 유대식 대화의 수렁 속으로 빠져 들어가는 기분이었다. 눈을 끔벅이며,
 "뭐라고요? 놀랐는데요. 설마 농담은 아니겠지요. 어째서 그렇다는 거죠?"
하고 물으니 포겔 박사는
 "하나님은 자연이라는 원료를 우리 인간에게 제공하였고 그 재료를 가지고 인간은 예술적인 재능을 활용하여 아름다운 작품을 얼마든지 만들어낼 수가 있거든. 그래서 하나님이 만든 것보다 인간이 만든 것이 더 아름답다는 거지."
 기묘한 이론이지만 일리가 없지는 않았다. 긍정적으로 말하지 않을 수가 없었다.
 "재미있는 이야기인데요."
하고 나는 일단 찬의를 표했다.
 "이 질문에 답을 한 아키바라는 대학자는 유대 역사상 매우 유명한 학자거든."
 이러한 이야기로 포겔 박사가 나에게 일러준 유대의 전설은 다음과 같다.

서기(西紀)가 시작되던 초기에 유대 왕국은 무너지고 로마제국의 속국이 되어 버렸다. 그 당시 예루살렘에는 카르바·사추아라는 한 사람의 유대인 부호가 살고 있었다. 재산이 많은 그는 넓은 목장에 많은 양을 방목하고 있었다. 그 목동 중 아키바 펜 요셉이라는 청년이 있었다. 그는 정직하고 근면한 사내였지만 몹시 가난하여 어디 한군데도 이렇다 할 특징이 없는 평범한 인간이었다.

그런데도 연애에는 뛰어난 기질이 있어 기발한 일을 저질렀다. 그 부호의 아름다운 딸 타게르가 그것도 누더기로 몸을 감고 있는 목동 아키바와 사랑에 깊이 빠지고 만 것이다.

물론 아키바의 아버지가 그것을 허락할 리 없었다. 그래서 결국 이 두 젊은이는 사랑의 도피처를 찾아 떠났다. 노발대발한 그녀의 아버지는 딸 타게르와 의절을 선언하고 가문에서 제명해 버렸다.

어디서나 사랑의 도피 생활로 떠도는 신세란 뻔한 것이다. 두 사람 사이에는 아이가 생기고 고통스러운 생활이 앞을 막았다. 생활이 날로 어려워지고 하루하루 연명하는 것도 여의치 않았다. 아키바는 여기저기 육체노동의 일거리를 찾아 헤맸다. 아이는 점점 자라 입학할 나이가 되었다.

어느 날 아키바는 일거리를 찾지 못한 채 헤매다 지쳐 어느 시내 여울 가에 앉아 쉬고 있었다. 아이는 학교에 들어가 공부를 한다는데 아비인 자신은 글 한 자를 읽지 못한다. 아내 타게르의 고운 자태도 어디로 사라지고 완전히 생활고에 찌들어 꼴이 말이 아니었다. 눈앞이 캄캄했다. 아키바는 깊은 한숨을 땅이 꺼지게 내쉬며 냇물을 바라보고 있었다. 거기에는 큰 바위가 있었는데 물이 흘러와 부딪치는 곳은 바위가 움푹 파여 있었다.

'몇 백년 몇 천년을 흐르는 물살이 닿아 저렇게 패어졌겠지' 하고 그는 생각했다. 순간 번개같은 생각이 그의 머릿속을 스쳤다. 나

같은 사람이라도 쉬지 않고 공부를 한다면 머릿속에 학문이 박혀 저 물에 패인 바위처럼 나의 기억에도 학문이 남게 될 것이다.

거기서 그는 자기 아들과 함께 학교에 들어갈 것을 결심하였다. 아내 타게르도 이에 찬성하였다. 이때가 아키바의 나이 40세였다고 한다. 그렇게 하여 그는 유대의 역사에 영원히 남는 대학자가 되었던 것이다.

"어떤가? 유대의 대학자 아키바의 이야기는 재미있었나?"
하고 포겔 박사는 턱수염을 매만지며 한 마디 했다.

"그렇군요. 유대 사람이 그토록 학문을 소중히 하는 민족인 줄은 지금 이야기로 겨우 알 것 같네요."
하고 멍청한 기분으로 대꾸하며 무엇인가 이와 비슷한 이야기가 일본에도 있었던 것 같은 생각이 들었다. 그때

"또 만나요."
하고 포겔 박사는 휙 나가 버렸다.

3
고정관념

언제나 나는 유대 상인에게 당했기 때문에 오늘만은 이쪽에서 선제 공격으로 혼을 내주려고 벼르는 차에 포겔 박사가 들어왔다. 잘 되었다 생각하고

"미국의 경영이란 대단히 멋있는 학문이라고 많은 일본인 비즈니스맨들이 믿고 열심히 배웠거든요. 그 중에는 일부러 비싼 비행기 삯을 들여서 미국 곳곳을 찾아다니며 강의를 들은 사람들도 있다. 그런데 어떻습니까. 이번 달러 방위인지 뭐인지 결국 미국 경영의 완전한 실체를 전세계에 보여 주고 있지 않습니까. 대체 이러한 현실을 어떻게 생각하고 있습니까."

라고 나는 기세 좋게 이 유대인 사업가에게 논쟁을 걸었다. 그런데 이 유대 사람은 뜻밖에도 침착한 얼굴로

"그야 여러 가지 원인이 있겠으나 제일 근본적인 원인은 미국이 건국 이래 최초로 군사적인 패배를 맛본 데에 있을 것이지. 미국 대통령이 북경까지 예방하지 않으면 안 되었던 것은 그 때문이고 즉 미국 고관이 양해를 구하려 수치를 무릅쓰고 찾아갔던 거니까. 일본이 패전하였을 때도 '종전'이라는 표현을 쓰지 않았나. 현재 미국에서는 그와 똑같은 현상이 벌어지고 있는 거야. 미국이 패하였다는 사실만은 확실히 알아둘 필요가 있어. 그런데 일본에서는 패전국인 미국에 수출을 신장하여 달러를 벌어들이려 하고 있거든.

패전국을 상대로 수출한다는 건 대체 어떠한 것일까?"
  미국 국적의 유대인인 그는 시원스러운 표정으로
  "잠깐, 나는 미국의 경영학에 대한 이야기를 했어요. 베트남 전쟁에서 미국이 패배한 것과는 상관이 없는데…"
하고 나는 좀 얼버무려 이런 식으로 대꾸를 했다.
  "사업의 경영이나 국가의 경영이나 다를 것이 없지. 나는 자신의 사업보다도 이제부터 세계의 흐름이 어떻게 변해 갈 것인지에 대하여 더욱 흥미를 갖고 있으니까. 달러가 되든 엔화가 되든 결국은 인간이 멋대로 만들어 낸 제도에 지나지 않지 않나? 인간이 행복하게 살기 위한 제도에는 여러 가지 형태의 안건이 있을 것이고. 우리 인류가 아직 발견하지 못한 제도도 반드시 있을 것이야. 예를 들자면 초대형 컴퓨터에 모든 정치 요건을 입력시켜 정부의 대용품으로 할 수도 있을 것 같지 않나?"
라며 그는 평소의 버릇대로 히죽 웃는다. 이러한 가공적인 이야기를 하면서도 일단 상담이라면 빈틈없는 계산이 나오니 유대인이란 역시 무시 못할 민족이다.
  "그렇다면 결국은 어떻게 되는 것입니까. 나는 좀 이야기가 흐트러진 것 같다."
하고 모자를 벗으니 그는
  "미국에 경영학인지 하는 고정적인 것은 본래 존재하지 않지. 만일 그러한 것이 있다면 그것은 당신들 일본인들이 멋대로 만들어 낸 고정관념 같은 것 아닌가? 하버드 대학의 모 교수 의견이니 어디 무슨 미국 기업의 경영 방침 등이 조금씩 모여서 잡다한 것들이 합쳐져서 어떠한 형태로 정돈되어 왔다고 생각하는 편이 무난할 것 같은데…"
  말을 마치자마자 나의 반응도 보지 않고 어디론가 가 버렸다.

4
위대해지고 싶다

뿌옇게 스모그가 깔린 도쿄의 하늘에 강한 남풍이 불어 그것들을 깨끗이 쓸어버린 어느 날 오후, 언제나 같은 모습으로 유대인 사업가 포겔 박사가 훌쩍 찾아왔다.
"위대해지고 싶은 심리를 가진 직장인처럼 경영자가 부리기 좋은 존재는 없지."
하며 언제나 역설적인 유대식 논법으로 그는 말을 시작했다.
"대체 그것은 또 무슨 말입니까?"
내가 의아한 표정을 지어 보이니,
"가령 위대해지고 싶다는 심리를 역이용하여 무리한 일거리도 밀어 맡길 수 있고 실패하기 쉬운 문제의 해결을 지시하기도 하거든. 그 때문에 출세주의자가 좌절하는 비율이 아주 높은 것이야. 자주 신문에 나는 직장인의 자살자는 거의가 위대해지고 싶은 심리가 강한 사람이거든."
포겔 박사는 제법 단정적인 태도로 자신 있게 말했다.
"그렇지요. 위대해지고 싶어하는 직장인일수록 좌절하기 쉽겠지요. 그러나 위대해지고 싶어하는 직장인이 없다면 기업의 업무는 마비되지 않겠습니까"
라고 나는 의문을 제기했다.
"출세를 미끼로 하여 일을 시키는 기업은 좋은 조직을 할 수가 없거든. 즉 자기만이 출세하겠다고 하는 인간은 흔히 자기 선전 욕에 굳어져 즉 심리학적으로 말한다면 히스테리 성격자라고 하면 되겠지. 이것은 성격학상으로 말하면 이상성격의 범주에 들어가는 셈이니까."

"무엇인지 이야기가 좀 까다롭게 되어 갑니다. 그런데 히스테리 성격은 여자에게만 있는 것이 아닙니까?"
하고 물었더니 포겔 박사는 마치 강의하는 식으로

"히스테리 성격은 남자에게나 여자에게나 다 있는 법이지. 흔히 꽥꽥 소리를 지르고 거칠게 날뛰는 중년 여자를 보고 히스테리라고 하지만 그것은 해석을 잘못한 데서 온 거야. 히스테리 성격이란 자기 일만 생각하는 경향 즉 자기 중심적으로 자기만이 주목되고 싶다, 위대하고 싶다, 출세하고 싶다, 이러한 성격을 말하는 것이거든."

"그러면, 소위 열성적인 사원이라는 사람 중에는 그 히스테리 성격자가 대부분이라는 말이 되겠는데…?"
라고 내가 말하니 처음으로 포겔 박사는 벙긋이 웃는다.

"바로 그거야. 서점에 잔뜩 꽂혀 있는 경영학 책이나 그런 인쇄물들 중에는 직장인의 히스테리 성격 경향을 강조하는 내용들이 가득히 담겨 있지. 유감스러운 일이지만 이 점에 대하여 나는 매우 비판적일세."

"소위 벼락출세라는 것도 역시 이 히스테리 성격과 통하는 데가 있지 않을까요?"
하고 내가 물으니 포겔 박사는 다시 미소를 지으며

"정말 그렇지. 그 밖에 '독불장군'이라고 불리는 사람들도 거기에 해당되는 케이스지."
라고 대답한다.

다시 한번 말하지만 그는 유대인 사업가지만 당당히 심리학 박사 타이틀을 소지할 만도 하다.

5
엘리트의 기준

"개도 걸으면 몽둥이에 닿는다라는 속담을 나는 좀 비틀어 보았지. '개도 걸으면 도쿄대(東大)에 닿는다' 어떤가? 잘 되었나?" 하고 유대인 포겔 박사가 말을 걸어왔다.

"별로 잘된 것 같지 않은데요."

그는 자못 절망적이라는 듯 제스처를 써 가며 말했다.

"오늘 아침 신문 기사에 정부의 인사이동을 읽었어. 약력이라는 것을 붙이는 것이 일본의 습관이더군. 학위를 받은 학교를 말하는 게 아니고 세칭 일류 학교 이름만이 써 있는 것은 좀 기묘하거든. 그러나 그런 정도라면 또 별것 아니야. 문제는 중요한 자리가 거의 전부 도쿄대 출신에 의해 점령되고 있다는 사실이야. 같은 지면에 대기업의 인사 이동 기사도 나왔는데 그것도 거의 전원이 도쿄대거든. 그러니 개도 걸으면 도쿄대에 닿는다…"

"그러나 도쿄대에 입학한다는 것은 특별히 우수한 인간이 아니면 안 된다. 박사님은 일본의 시험지옥을 잘 모르시지요."

라고 하니 포겔 박사는 담담한 표정으로 말했다.

"잘 알고 있지. 그런데 일본에서는 도쿄대에 들어가기만 하면 다음 인생은 엘리트 코스를 타고 가는 것 같아. 그러면 나머지 엘리트가 아닌 사람들은 대체 어떻게 되지? 그 사람들은 불행하지 않나? 거기에다 대학이란 단 4년뿐인데 그 4년간으로 모든 것이 결정된다는데 대하여 아무도 의문을 갖지 않는 것은 참으로 이상한 현상이 아닌가?"
 "그러면 학력은 없지만 자기 노력으로 공부한 사람은 인정하지 않는다는 일본 정부의 기준 같은 것이 있기라도 하다는 말입니까"라고 물으니
 "참 그렇군. 그러나 도쿄대, 공무원 진급 시험, 이런 식으로 코스를 밟지 않으면 고급 관료가 될 수 없도록 되어 있거든."
 이 유대인 사업가는 어이없을 만큼 일본 내부의 사정에 정통하고 있기 때문에 때로는 이런 쪽에서 놀라게 한다.
 "그렇다면 어떻게 하면 좋겠습니까?"
 "먼저 개인 기업부터 도쿄대 출신 엘리트들의 거짓 능력을 벗겨 버리는 것이지. 그 중에는 정말 능력 있는 인물도 있지만 도쿄대 졸업자 중에는 아주 보잘것없는 사람들도 있거든. 그러한 위인들마저 대우하는 일은 없애야 한다는 말이지."
 "그게 마음대로는 되지 않는다. 첫째 도쿄대학은 고급 관리 양성소로서 역사적인 전통도 있고…"
라고 했더니 이 유대인 자못 기가 막힌다는 듯
 "직장인들에 대한 엘리트의 표준을 뜯어 고칠 필요가 없다고 보네. 도쿄대라는 이름만으로 결코 놀란다든지 열등감을 갖는다든지 하지 않도록 매일 심리적인 트레이닝을 쌓아 보는 거야. 그렇게 하지 않으면 줏대가 없는 레텔의 암시에 현혹되는 일본 사람이 많아져서 별것 아닌 인간에게 지배를 받는 나라가 안 된다고 누가 단언할 수 있겠나?"
 포겔 박사는 예언자 같은 말투로 단언한다. 그렇다면 어디까지라도 개인의 학력에 따라 붙어 다니는 습관은 일본만의 풍속인지도 모른다는 생각이 들기 시작한다.

6

일본 기업의 아킬레스 건

어느 날 오후의 일이었다. 이상스러울 만큼 도쿄의 하늘이 맑게 개어 고층 빌딩 옥상에서는 부사산(富士山)이 훤히 보인다. 언제나 마찬가지로 포겔 박사는 유유한 걸음걸이로 내 앞에 나타났다.
"웬일이십니까?"
하고 물으니
"컴퓨터에 대한 이야기인데, 일본의 중견 직장인이라면 누구든지 컴퓨터의 효용에 대하여는 알고 있을 것이며 프로그램의 서식쯤은 웬만한 기업의 간부라면 다 알지 않겠나. 컴퓨터에 의한 합리적인 사고 방법, 합리적인 사무 처리 그리고 그 데이터를 근거로 한 합리적인 의사 결정…. 이것이 이제부터 기업의 발전에 대단히 중요하다는 것은 누구나 알고 있는 사실이라고 믿고 있었네. 그런데 일본에서는 전혀 틀리거든."
"그럴 리 없는데요."
라고 내가 반론을 펴려 하니 그는 가만히 좀 있으라는 듯 손을 저으며 내 말을 막는다.
"일본 기업에서 컴퓨터에 의한 합리적인 사고법을 믿고 그것을 실행하는 축은 한껏 부장 정도 선이야. 톱 클래스에 있는 인간들 즉 사장이나 중역들은 컴퓨터 같은 것은 전혀 믿지 않거든. 중대한 기업의 결정일수록 이들이 하는 짓은 수상 보기, 인상 보기, 점치기 최근에는 서양의 점성술로 일을 결정한다는 사람이 많다는 것을 발견하였어."

"그러면 값비싼 컴퓨터로 계산한 결과가 점쟁이 말 한 마디로 뒤집어진다 그런 말씀이군요."

"정말이야. 이것은 현대 일본에 있어 7불사의(일곱 가지 이상한 것)중 하나로 꼽아도 되겠지. 그러한 증거로 얼마나 많은 점쟁이가 도쿄에 살고 있는지 아나? 이루 헤아릴 수 없을 정도로 우글우글하거든. 모두가 경제적으로 상당한 수입을 올리고 쾌적한 생활을 즐기고 있는 것이 사실이야."

"말하자면 일본 기업의 톱 클래스들이 그러한 점쟁이들의 스폰서가 되고 있다는 말이군요."
하고 나는 쇼크를 받아 가며 그의 이야기를 경청하였다.

"당신은 이러한 현상에 대하여 분노를 느끼지 않나? 그렇지 않으면 기업인의 상식으로 컴퓨터 공부를 오늘로서 그만두고 점술 공부라도 시작하는 편이 좋다고 생각하지 않나?"

이 유대인의 하는 말은 하나 하나가 지당한 말이다. 그래서 좀 화가 나기는 하지만 어찌할 수가 없었다.

"그런데도 일본의 기업이 신장되고 있는 것은 무슨 까닭일까요?"
하고 나는 그에게 질문을 던졌다.

"바로 그것이지. 문제는 즉 일본 기업의 아킬레스건이란 말이야. 말하자면 약점은 대단히 깊은 데도 표면적으로는 일본 기업은 발전하고 있으니 이러한 경영자들이 가지고 있는 심리적 약점에 대하여 모두들 주목하지 않고 있다는 위험한 상황을 낳고 있는 것이지."

이렇게 말하고 그는 내 눈 속을 들여다보고 한숨을 쉰 다음 말을 이었다.

"국제적인 비즈니스인 경우 우리 유대인은 상대방의 인간성을 알려고 노력하다가 만일 상대가 엉뚱하게도 미신 신봉자라면 절대 그 사업에 깊이 관여하지 않을 것일세."
라고 포겔 박사는 진지한 얼굴로 말했다.
　이러한 현상은 대체 일본인이라는 풍토가 만들어 낸 특유의 심리라고 할까? 나는 그날 오후 내내 이런 생각으로 날이 저물었다.

7
대학교수에게

 "대학교수란 정말 좋은 거야. 자기가 좋아하는 일을 하며 상아탑 속에 머물고 그러고도 일반 직장인들보다 수입이 많고 사회적인 지위 또한 파격적으로 높거든."
하고 포겔 박사에게 말했더니 그는 콧방귀를 뀌며 웃었다. 그리고
 "그럼 그대는 대학교수라는 직함이 부럽다는 말인가?"
하고는 내 얼굴을 똑바로 바라보며 또 물었다.
 "누구든 공부라고 좀 해본 사람이면 그렇게 생각하는 것이 당연하겠지요. 자기 연구실에서 좋아하는 연구를 할 수 있고, 그야말로 내 생각에는 천국 같은 생각이 들거든요."
하고 대답하였더니
 "연구실쯤이야 당신이 만들면 되지 않나."
하고 그는 엉뚱한 소리를 한다.
 "농담하지 마시오. 연구실이라는 것은 설비에도 돈이 많이 들 뿐아니라 정부에서 연구 보조금이라도 지급해 주지 않는다면 어떻게 만든다는 거요? 도대체 당신은 진실한 마음으로 말을 하는 거요, 그저 농담으로 해보는 말이오?"
 내가 어이없다는 듯이 퍼부어 댔더니 포겔 박사는 태연한 얼굴로 이렇게 대답했다.
 "좀 생각해 보시게. 중세의 유럽에 있던 스피노자라는 유대인은

자기 손으로 렌즈 연마를 해가며 철학을 연구하였고 레오나르도 다빈치의 연구실이라야 제대로 설비를 갖추지도 못하였던 것 아닌가. 만약 그대가 대학교수라는 직함에만 흥미를 가지고 있다면 연구니 뭐니 할 것 없이 어느 대학 이사에게 잘 보여서 좀 운동을 하면 되지 않나. 그러나 무엇인가 진실로 연구를 해보고 싶다면 이야기는 달라지지. 예를 들자면 내가 알고 있는 어느 일본 사람은 사방 아홉 자 하숙방에서 훌륭한 금속결정(金屬結晶)에 관한 연구를 성공하여 특허권을 얻었어. 당신의 사무실 만한 공간만 있다면 연구실로서 충분하고도 남을 것이야. 나머지는 그대의 머릿속에서 할 일 뿐이니까. 예상외로 일본인들은 형식에만 치우쳐 있는 건 아닌가."
하고 그는 또 아픈 곳을 찌른다.
"그럼 당신은 대학교수를 존경하지 않는단 말인가요?"
하고 물으니
"대학교수라 하는 것은 하나의 직업에 불과한 것이야. 벽돌공, 선반공, 공인회계사, 권투 선수, 무역업자 등과 같은 것이라고 생각해. 특히 일본에서는 대학교수의 인정에 관한 국가 시험제도가 없지 않나? 즉 대학 안에서의 인간관계로 교수가 결정되는 수가 많거든. 그래서 교수를 그만두고 대학을 떠나 직장인이 된 사람들 중에도 교수 이상의 학식을 가지고 있는 인사가 얼마든지 있다는 것을 잊어서는 안 되지."
라고 그는 말했다.
　이것은 유대인 사업가 포겔 박사의 개인적인 의견이라는 것을 분명히 밝혀 둔다. 그렇지 않으면 많은 교수들로부터 꾸지람을 받을 위험이 있기 때문이다.

8

거짓 전문가

 태풍이 일본열도의 상공을 구름 한 점 없는 파란 하늘로 깨끗한 거울처럼 개이게 했다. 그렇게 청명한 날이 저물어 갈 무렵에 포겔 박사가 오랜만에 담배를 입에 물고 홀연히 나타났다.
 "동양 속담에는 매우 재미있는 말이 있어. 말하자면 '나무는 보고 숲은 보지 못한다'는 말이 그것이지. 이런 말은 참 재미있어."
 "그것은 즉 부분적 판단으로 대국을 그르친다는 말이겠지요."
라고 맞장구를 쳤더니
 "소위 전문가라는 것이 종종 이러한 상태가 되기 쉬운 것은 무슨 까닭일까?"
하고 포겔 박사는 말한다.
 "어떠한 전문가 말입니까?"
 "말하자면 회사의 경리 직원은 영업을 모르고 기술자라는 사람들은 경영이라는 것을 생각조차 못하거든. 그 밖에도 아주 좁은 전문 분야 속에 자신을 폐쇄시켜 몰두하는 것이 학문적으로도 좋은 연구가 된다고 믿는 학자들도 여기에 해당한다고 보네. 그러한 경향은 일본에서 특히 두드러진 것같이 생각되는데…."
 그는 대단히 힘겨운 이야기를 하는 것이다.
 "어느 나라나 전문가라는 것은 다 그런 것이 아니겠습니까?"
라고 말하니 그 사람 특유의 이해하기 어려운 미소를 띠고 이렇게 말한다.

"전문적인 것밖에 모르는 사람은 진정으로 그 지식을 갖는데 대하여 기쁨을 느끼고 있는지 아닌지를 모른다고 생각하네. 예를 들자면 야구를 좋아하는 사람이 야구를 보러 가는 것은 노력하여 그렇게 하는 것이 아니라 좋아서 가는 것이겠지. 이른바 진짜 전문가라는 사람은 그 학문이나 지식이 좋아서 어쩔 줄 모르는 사람들이거든. 그런데 땀을 철철 흘리며 헉헉 숨을 몰아쉬어 가며 즐기지도 않는 학문에 열을 쏟고 있는 전문가라는 사람들 나는 믿을 수 없거든."

"그러면 학문도 노는 것과 같은 것이 되지 않겠어요?"
하고 내가 비꼬는 투로 말했더니 그는 까만 눈을 굴리며 머리를 끄덕인다.

"꼭 그렇지. 인간은 노는 데서 사는 보람을 찾는 것이 즐겁다든지 문학가라면 글을 쓰는 것이 밥 먹는 것보다 좋아하는 상태라야 하지. 즉 열성 사원이 억지로 노력하여 일을 한다든지 하는 상태는 거짓이거든. 그러니 이런 사람들은 바로 스트레스로 인한 위궤양에 걸리기가 쉬운 것이지."

"그렇지만 자기가 좋아하는 일만이 세상에 어디 그리 흔합니까? 그렇게는 안 되지요."

혼잣말처럼 하니

"그러니까 우리가 살아가는 에너지를 구사할 때는 자기에게 가장 적합한 즐거움이 무엇인가를 발견하는데 주력하여야 하는 거야. 나도 세계 여러 나라에서 많은 직장인들을 알고 있지만 의외로 많은 사람들이 일을 놀음으로 알고 매일 유쾌하게 하고 있는 것을 발견했지. 그래서 그러한 사람들 쪽이 오히려 근성이니 열성사원이니 하며 떠들어대는 일본 직장인들보다 일을 조용하면서도 능률적으로 해내고 있으며 척척 기업 내의 피라미드의 계단을 밟아 올라가거든. 아주 시야가 좁은 또 자기 자신을 괴롭히는 생활을 하는 사람들을 보는 것처럼 답답한 것도 없거든. 즉 그것은 마조히즘 그것이야."
하고 그는 비꼬듯이 윙크한다.

9
유대식 신문 읽는 법

"자네는 신문을 어떤 식으로 읽는가?"
하고 유대인 사업가 포겔 박사는 유창한 일본어로 나에게 말을 걸어왔다.
"제일 먼저 나는 3면 기사와 스포츠란 그리고 1면의 정치란은 제목 정도로…"
그 이상 어떠한 방식이 더 있으랴 싶어 정직하게 대답했다.
"나는 신문을 비교하며 읽는 버릇이 있거든. 말하자면 일본의 대표적인 신문인 아사히(朝日), 마이니찌(每日), 요미우리(讀賣) 거기에 니게이(日經) 신문의 기사 쓰는 법과 기사를 받아들이는 법에 주의하여 보거든."
"허, 그렇게 해서 어떻게 한다는 건가요. 야간경기의 득점수가 신문마다 다른 것도 아닐 것이고…"
하고 내가 고개를 갸웃하니 포겔 박사는 줄줄 미끄러지듯 일본어로 얘기했다.
"사실과 거기에 대한 해석에 차이가 있거든."
"그렇다면 '동북지방에 호우로 인한 산사태로 30채의 농가가 유실되고 15명의 사상자를 냈다…' 이러한 『사실』에 대하여 각기 다른 해석을 하는 수가 있다는 말입니까. 그렇지 않으면 주가가 신문마다 다르다는 겁니까?"

하고 내가 좀 분개한 어조로 포겔씨에게 대들었다.

"단순한 사실 보도에도 해석의 차이로 의미가 변해 버리는 수가 있다는 말이지. 또는 그 기사를 다루는 방법에 따라서 사건의 중요성에 변화가 생기는 일도 있고 신문에 따라서는 어느 사건을 전혀 무시해 버리는 일도 있거든."

포겔 박사는 사이를 두었다가 다시 말을 이었다.

"생각해 보면 전 세계에서 매일 발생하는 모든 사건을 신문이 모두 받아들일 수가 없기 때문에 어떤 종류의 신문기자의 사상을 지배하는 유행에 따라 기사가 다루어지는 일도 있다고 할 수 있거든."

옳은 말이다. 그러고 보니 각 신문의 1면의 표제는 때로는 다를 때가 있다. 그것은 기사를 받아들일 때 취재기자의 머릿속에 있는 사고방식에 따라 지배된다는 것이다.

"예를 들자면 '바다 위에는 무수한 크고 작은 파도가 출렁이고 있지만 그중 어느 파도에 대하여는 취재를 하고 그 파도의 어느 부분이 중요한가…를 생각하여 어떻게 판단할 것인가'가 신문 뉴스를 취급함에 있어 차이로써 나타나게 되는 것이야. 그러니까 신문의 뉴스를 읽을 때에도 이 점을 참작하여 읽을 필요가 있는 것이지. 때로는 파도 밑에 숨겨져 보이지 않는 거대한 괴물의 존재를 뉴스의 배후에 첨가하여 쓸 수도 있다는 것이지."

자기 할 말을 다 하면 훌쩍 가 버리는 것이 이 포겔 박사의 특징이다. 그날도 그 말이 끝나자 서둘러 나가 버렸다.

그날 나는 석간을 펴 보며 신문을 '유대식'으로 읽을 것이냐 '일본식'으로 읽을 것이냐를 먼저 결정지어야 했다.

10

일본인의 실력

"당신이 유대인 사업가라는 입장에서 생각해 보면 현재의 불황이나 제로 성장 사회에 대하여 어떻게 생각하는가?"
라고 내가 신중한 태도로 포겔 박사에게 물었다.

그는 언제나 그러하듯이 느긋한 동작으로 주머니에서 담배를 꺼내 물고 잘났다는 듯 거드름을 피운다.

"일본에는 성질 급한 인간들이 많거든."
하고 능숙하게 일본어를 쓴다.

"첫째 자네도 지금 초조하게 나의 말을 기다리다 지친 듯한 모습이거든."

빙긋 웃으며 이러한 농담을 걸어오는 정도이니 정말 유대인이란 징글맞은 인종이다.

"그런 줄 알면 왜 좀 빨리빨리 말해주지 않습니까? 그렇지 않아도 여러 가지 신경 쓰이는 일이 많은데."

"그럼 나의 본심을 가르쳐 주지."
하고 이 유대인은 이런 이야기를 시작한다.

"자네도 알고 있겠지. 먼젓번에 인도와 파키스탄과의 사이에 대단히 중대한 문제가 있던 일을. 벵갈 사람들은 난민으로 수백만 명이 인도 영내로 도망쳐 왔어. 제대로 먹지도 못하는 사람들이야. 그러나 인도 역시 마찬가지였어. 경제 상태는 매년 적자투성이고 외국 원조만이 오직 의지할 수 있는 생명 줄이 되고 있거든."
 "그러한 이야기쯤은 나도 알고 있어요. 그것이 일본의 달러 쇼크와 무슨 관계가 있습니까? 게다가 우리 일본인은 전중 전후에 걸쳐 먹지도 입지도 못해 가며 일을 해 왔거든요. 그런가 하면 인도는 전승국의 입장으로서 아직까지도 외국 원조 없이는 꾸려 나갈 수가 없는 형편이고, 그것은 인도에는 아직도 카스트제(세습적 계습제도)니 또는 엄청난 재벌이며 지주들이 할거 군림하고 있어 국민으로서의 단결심이 전혀 없는 것이 아닌가 생각하는데요."
하고 대답했다.
 "인도에 대한 그대의 의견은 어쩌면 정당하다고 보네. 그러나 내가 말하고 싶은 것은 인도나 벵갈 사람들에 비교하면 현재의 일본인은 엄청난 부자란 말이야. 아무리 일본의 엔화가 절상되고 수출이 절하되어도 또 어떠한 디플레가 일본을 내습한다 해도 일본은 인도나 벵갈에 비교하면 천국과 지옥의 차이가 있다 이말이야. 인도와 벵갈 뿐이 아니지. 필리핀·타이·베트남·인도네시아·말레이시아 등 어느 나라와 비교해도 일본이 처해 있는 입장은 절대적으로 강력하고 훨씬 풍요하다는 것이지."
 "그렇다면 우리 일본인들이 불황이라 하여 뇌심하고 있는 것은 단순히 지나친 염려란 말이로군."
하고 나는 따졌다.
 "자네들 일본인은 자신이 가지고 있는 실력을 믿지 않으면 안 되네. 공습으로 엉망이 되었던 국토를 이토록 짧은 기간에 이만큼 건설한 일본 사람들이 아닌가. 이만한 불황쯤이야 긴 안목으로 본다면 정말 긁힌 상처 정도의 영향밖에는 없을 것이야. 그러나 일본 사람은 성질이 급하기 때문에 당장에 결론을 보지 못하면 벌집을 쑤신 것같이 소란을 피우거든. 가령 주가의 변동을 보더라도 얼마나 일본인이 심리적 충격에 약한 국민이라는 것을 알 수 있지. 그러한 점은 중국인이나 우리들 유대인의 느긋한 성품을 본받을 만하다고 생각하는데."

이렇게 이야기가 끝났을 때 이 유대인, 입에 물고 있던 담배는 절반 가량이 재가 되어 있었다. 그래서 이 유대인의 이야기를 듣고 있는 동안 나는 '뭐 이만한 불황쯤이야.' 하는 강한 신념이 일기 시작했다.

11

수치의 문화

 어느 날 오후의 일이다.
 목구멍이 칼칼할 만큼 스모그 현상이 일어나고 있었다. 이 정도면 일산화탄소의 PPM은 상당한 양이겠지 생각하고 있을 때 포겔 박사가 한 손에 일본의 주간지 한 권을 말아 들고 그것을 흔들어대며 웃는 얼굴로 나의 사무실로 뛰어들어오는 것이었다.
 "웃겼어. 정말로 이 주간지 웃기는데. 아까부터 반 시간이나 웃었는데도 못 견디겠단 말야."
 평소에는 머리 좋기로 유명한 유대인이 오늘은 어찌된 영문인지 바보가 된 것처럼 킬킬거리고 허리를 잡는다.
 "무엇이 어떻다는 것이죠? 우리는 지금 이 지독한 스모그 현상과 달러 쇼크로 죽을 지경인데 무엇이 좋아 그렇게 킬킬거리는 거죠? 보기도 좋지 않으니 좀 참으세요."
 "아냐, 나의 이 웃음은 경제 불황과 깊은 관계가 있는 거야. 이 주간지의 특집 기사를 좀 보게. 수치도 체면도 잃어버린 ○○○씨라고 써 있지 않나. 이것이 나를 그렇게 웃겼단 말이네."
 "대체 무슨 소리죠? 무엇이 그렇게 우습다는 거죠?"
 나는 진지한 태도로 그를 응시했다. 경제 불황으로 저 사람이 갑자기 실성한 것이 아닌가 하고 생각했다.
 "아냐… 나는 정신 이상이 아니야, 그 점은 안심하라고. 자네의 눈치를 보아하니 일단은 변명을 해줘야겠군."
  그는 내 마음을 꿰뚫어 보고 있는 듯했다. 나는 속으로
  '이래서 유대인이란 동물들은 무섭단 말이야. 얄미운 것 같으니… 저들은 생각이 미치지 않는 곳이 없거든…'
  이렇게 생각하고 있을 때 포겔이 입을 열었다.
  "이봐, 이 주간지의 특집 기사 제목은 완전히 일본식 발상법이거든. 예를 들자면 아까 자네도 말했듯이 보기가 좋지 않다는 그 생각 말일세. 그 점이 바로 일본인 특유의 심리라고 할 수 있거든. 즉 자신과 타인을 항상 비교하는 데서 발생되는 심리거든. '꼴사납다'는 유행어가 있는데 이것 역시 외관에 지나치게 가치 판단의 기준을 많이 둔다는 뜻이거든. 언제나 자신의 행동 기준에 맞춰 행동하는 것이 아니고 남에게 내가 어떻게 보이고 있을까 하는 것에 신경을 쓰며 행동하는 것이 일본인 특유의 심리거든. 부끄러움이라는 것의 기본 심리는 이와 같은 사고법이 심층에 잠재하여 일어나는 것이거든. 어느 문화 일류 학자가 일본 문화를 가리켜 '수치의 문화'라고 부른 이유도 이러한 심리가 일본에서는 지극히 당연하고 일반화되어 있기 때문이야."
  "오! 남의 눈이 무서워 그것에 신경을 쓰면서 부끄러움을 당하지 않으려 애쓰는 것이 일본인 특유의 심리라… 주간지의 제목이 완전히 일본식이라… 이 말이시군요."
  "그렇지. 그런데 이 주간지 기사가 재미있는 점은 서양 사람인 ○○○○씨도 일본 사람과 똑같이 겉치레에 신경을 쓰고 수치에 대하여 신경을 쓰는 타입의 인물인 듯 오해하고 있는 점이거든. 즉 이 기사를 쓴 일본인 기자는 자신의 발상법과 ○○○○씨의 발상법이 같은 것으로 착각하고 있다는 말일세."
  수치나 겉치레에 신경을 쓰지 않는 사회… 나는 그 문제에 대하여 한참 생각을 해야만 했다.

12

에너지 낭비

 호우를 동반한 태풍이 곳곳에 산사태를 내어 신간선(新幹線)에도 피해를 주고 도쿄 내의 전화 회선도 두절되는 등 많은 피해를 내던 날 오후의 일이다.
 유대인 사업가 포겔 박사가 점심이나 함께 하자고 했다.
 "웬 일로 밖에서 이런 날 점심을 하자는 거죠?"
 내가 이렇게 묻자,
 "그게 바로 상식으로만 살아가고 있는 자네의 습성이야. 이런 날 레스토랑을 가야 어느 집에서든 대접을 잘 받을 수 있거든. 특별 서비스도 말야."
 또 그의 버릇이 된 잔소리는 그래서 또 나왔다.
 태풍이 부는 날이라고는 하나 태풍은 엔슈나다 부근을 맴돌고 있어 바람은 아직 많이 불지 않았고 도쿄 하늘은 구름 사이로 파랗게 하늘이 드러나곤 하였다.
 레스토랑에 갔다. 과연 서비스가 이만저만이 아니었다. 종업원이 세 명씩이나 따라 다니며 주문을 받고 물을 가져다주는 등 최고의 서비스였다.
 "정말 박사님 말대로군요. 박사님."
 "암, 그렇고 말고, 이것이 인간 심리의 역설적 응용 즉 유대식 사고법이라는 거 아닌가?"

그는 자못 의기 양양하여 다음 말을 이었다.

"그런데… 자네네 옛날 사람들은 여행을 하려면 말을 타거나 말에 수레를 끌며 먼 곳까지 여행하던 일을 자네도 알겠지?"

"그야, 그런 것쯤은 기본 상식 아닌가요?"

내가 좀 불쾌한 듯이 대꾸를 했더니 그는 또 묘한 말을 하는 것이었다.

"그렇다면 몇 필의 말을 부려 여행을 했겠나? 자네는 알겠나?"

"답답한 질문도 하시는군요. 한 사람의 인간이 말을 타고 여행을 하려면 말 한 필 정도면 되는 것이지 몇 필씩의 말이 왜 필요합니까."

"그렇다면 1마력이라 이 말인가? 저 레스토랑 창 밖 차도에는 많은 자동차가 달리고 있군. 중형의 자가용이 많이 보이는데, 저 차들은 대략 몇 마력이나 될까?"

"아마 60마력씩은 되겠지요."

내 대답에 포겔씨는 감동이나 받은 듯이 몇 번이고 머리를 끄덕이다가

"60마력이라 한다면 말 60마리가 끄는 힘이 아니겠나. 다시 말하여 저 차에 타고 가는 청년은 옛날로 말하자면 말 60마리가 끄는 마차에 탄 것과 같은 이치가 되겠지. 그리고 저기 아름다운 부인은 줄잡아 300마력 정도의 엔진이 달린 외제차를 탔으니 300마리의 말이 끄는 마차를 탄 셈이 아닌가. 옛날 명치 천황은 몇 필의 말이 끄는 마차를 타고 다녔을까?"

"글세, 기껏해야 6마리가 끄는 마차가 아니었을까요?"

나는 시원치 않게 대답했다.

"아마 자네의 말이 맞을 거야. 명치 천황이라도 6마리 정도가 끄는 말을 타고 큰일을 했을 것일세. 그러면 오늘날 우리는 평범한

시민 하나가 얼마나 엄청난 에너지를 낭비하고 있는지 계산해 볼 수 있겠지."

포겔 박사는 한 마디를 덧붙였다.

"유대의 별과 같은 유명한 솔로몬 왕도 그토록 엄청난 에너지는 낭비하지 않았거든. 이런 식으로 에너지를 낭비해 버린다면 백년이 못 가서 석유는 고갈되고 모든 자원이 바닥이 나고 말 것일세."

그는 이렇게 말하고 김이 모락모락 나는 감자에 버터를 듬뿍 발라 맛있게 먹기 시작했다. 그러나 나는 그 말이 귀에 거슬려 잠시 동안 먹을 생각을 잃고 말았다.

13

뜬소문

약품 도매업을 하는 어느 사장은 유행을 아주 좋아하여 새로운 것이라면 무엇이든 하는 사람이다. 최근에는 재고관리를 컴퓨터화하려고 3년간이나 그 준비를 위하여 시간을 보내기도 했다.

어느 날 오후 나는 유대인 사업가 포겔 박사와 잡담을 하고 있었는데 우연히 그 컴퓨터를 좋아하는 사장 이야기가 나왔다.

"중소기업을 운영하는 사람이 컴퓨터에 의한 합리적 경영을 꾀한다는 것은 실로 놀랍고 높이 평가할 만한 일이다."

내가 이렇게 말하자 포겔 박사는 짐짓 비웃는 얼굴로 나를 바라보는 것이었다. 그래서 나는

"도대체 박사께서는 일본의 사장들이 이토록 근면하고 최신 경영법이나 경영술을 쓰기 위하여 부심하고 있는 점에 대하여 느끼는 바가 전혀 없다는 말입니까?"

하고 흥분한 어조로 따졌다. 이때서야 이 유대인 사업가는 손을 가만가만 흔들어 내 입을 막으면서 능청스럽게 말하는 것이었다.

"자네 옛날 중국 책을 읽어본 일 있지?"

"물론이죠. 학교에서도 한문시간에 한문을 배웠거든요."

이 사람 비록 사업가라지만 원체 박학한 것을 알기에 더 이상은 말하지 않았다.

"옛날 중국 책 중에 한비자라는 책이 있었지. 그 속에 나오는 얘

기인데…"
 포겔 박사가 들려준 이야기는 다음과 같다.
 묵자라는 사람이 3년이나 걸려 하늘을 나는 연을 만들었다. 레오나르도 다빈치보다도 훨씬 먼저 중국에서 모형 비행기를 만들어낸 것이다. 그런데 그 연은 나무로 되어 있는데 꼭 하루를 날고 부서져 버렸다. 그때 그의 제자들이 이렇게 말했다.
 "선생님은 참으로 재주가 뛰어난 분이야. 나무로 만든 연을 공중으로 날게 하였으니 말이야."
 이 말을 들은 묵자는 제자들에게
 "날보고 재주가 있다 하나 나는 한갓 수레를 만드는 직공만도 못하다. 그들은 몇 자 밖에 안 되는 나무를 가지고 하루에도 30석이나 되는 짐을 운반하는 수레를 만들거든. 그런데 나는 3년을 걸려 하늘을 나는 연을 만들었으나 단 하루를 날았을 뿐 부서지고 말지 않았느냐."
 이 말을 들은 혜자라는 사람이 말하기를
 "묵자라는 친구는 정말 생각이 깊은 사람이군. 실용품을 만드는 수리공을 칭찬하고 쓸모 없는 연이나 만드는 자기를 책하였으니"
 갑자기 이러한 이야기로 사람을 연막 속에 가두는 포겔이니 정말 상대하기 힘들다고 아니 할 수가 없다.
 "그렇다면 최근에 컴퓨터의 기능을 신봉하는 사람들을 옛날 묵자가 만들었다는 목제 연에다 비유하여 이야기하려는 셈인가요?"
 내 말에 이 사람 또 엉뚱한 말을 한다.
 "생각은 그대의 자유, 내가 말하고자 하는 것은 3년씩이나 걸려 컴퓨터를 도입하려고 노력한 사장님이 과연 현재까지 사업을 얼마나 진실하게 해 왔는지가 궁금할 뿐일세. 컴퓨터가 없어도 노력 여하에 따라 얼마든지 훌륭한 사업을 해낼 수 있는 것이니 말이야."
 그는 무슨 일을 생각했음인지 황황히 밖으로 나갔다.

14

일본식 골프

　대형 유리창으로 비쳐 드는 맑은 가을 하늘을 바라보며 나는 융단 마룻바닥에서 골프채를 들고 퍼터 연습을 하고 있었다.
　그때 예고도 없이 포겔 박사가 문을 열고 들어왔다. 이 유대인은 이쪽 사정 같은 것은 생각해 주는 일없이 무시로 출입하는 버릇이 있어서 나는 사실 싫으면서도 할 수 없이 연습을 멈추고 맞아 줄 수밖에 없었다.
　"아냐, 아냐, 그대로 퍼터 연습을 해도 좋아."
　그는 말을 하면서 소파 위에 털썩 주저앉았다.
　"스포츠란 나에게 전혀 무의미한 목적을 가진 장난이거든. 직경이 수 인치인 작은 구멍에 볼을 넣는 것이 골프의 최종 목표거든. 그것쯤은 누구나 아는 상식인데 한번 골프를 시작하면 누구를 막론하고 그만 둘 수가 없게 된단 말야. 즉 골프에는 사람마다의 삶과 공통되는 특성이 있는 모양이야."
　그는 혼자서 이렇게 말하고 있었다. 그 소리에 나는 기운이 빠져 공이 잘 들어가지 않았다.
　"박사님이 그러시는 바람에 퍼터가 안 되지 않습니까?"
　내가 불평하며 말했는데 이 사람 전혀 아랑곳하지 않고 자기 이야기만 계속했다.
　"골프의 룰을 지키지 않으면 골프의 재미는 반감이 되겠지. 인간에게는 룰이라는 게 필요한 것이니까."

"그거야 당연하지요. 야구나 축구, 룰이 없는 스포츠란 있을 수 없으니까요."

나는 퍼터를 계속 하면서 이런 말을 했다.

"퍼터란 놈은 넣으려고 하면 할수록 더 안 들어가거든. 자네 하는 것을 보고 있으려니 더욱 그것이 느껴지네."

참으로 곤란한 인물이다. 나는 혼잣말을 하고는 연습을 계속했다. 역시 그도 아무 반응이 없다. 이 사람이 계속 해서 옆에 죽치고 있어서는 도저히 연습이 되지 않겠다고 생각한 나는 연습을 그만 두기로 했다.

"아니, 박사님도 골프광이시면서 스포츠는 무의미하다고 하셨습니까?"

이렇게 핀잔을 주자 포겔 박사는 넉살 좋게

"무의미하다고 생각하는 그 자체가 인간을 휴식으로 이끌어 주거든. 그런데 일본에서는 골프가 무의미하지는 않은 것 같아. 좋은 공기, 넓고 푸른 하이웨이, 산책 등등이 모두 골프장이 없으면 맛볼 수 없는 것이거든. 사실 일본에서의 골프는 건강상의 이유가 되거든. 그 점이 영국에서의 골프와 성격상 다른 점이지. 그 외에도 골프는 일본인에게 실용적인 가치가 있지. 접대용으로도 쓰여지니까 말일세. 골프도 스포츠의 한 종목인 이상 완전히 비실용적으로 쓰여질 때 그 순수성을 보전할 수 있다고 생각하네. 그런데 골프장의 회원권을 가지고 돈을 벌려는 사람이 있고, 그래서 가격이 인상되기도 한다니 이런 사람들이 있는 한 건전한 스포츠팬은 아니라는 증거가 아니겠나."

"그럼, 골프 회원권을 기업이 가지고 있는 것이 안 될 일이라는 말씀이십니까?"

"맞소. 골프를 건전한 스포츠로 정의한다면 그런 일이 있어서는 안 되는 것이오. 일본에 있어서 골프장을 정의하자면 예방 의학의 구장이지, 회사의 접대장이며 상담 장소가 되기도 하고 돈벌이의 수단이 되기도 하니 골프란 일본식으로 정의할 가치조차 없는 것이 아니겠나."

마침내 이 사람 특유의 야유가 또 나오기 시작했구나 생각하면서도 그의 말이 옳다고 생각되므로 나는 아무 말도 하지 못했다.

15

직장인의 환상

"모처럼 좋은 아르바이트를 찾았다고 했더니, 오늘 편집장과 싸움을 했으니…"
하고 나의 사무실로 찾아온 사람은 대학에서 시간강사로 근무하면서 소설을 쓰고 있는 나의 친구였다.

"도대체 어떻게 된 일이야?"
하고 내가 묻자

"지금 근무하고 있는 출판사의 일은 나에게 꼭 맞는 일인데 편집책임을 맞고 있는 일본인이 아주 무능하고 아무 것도 몰라요."

이런 이야기를 하고 있을 때 포겔 박사는 우리들의 이야기를 곁에서 엿듣고 있다가

"그렇다면 돈만 받고 일은 하지 않으면 되지 않소."
하고 참견했다.

"회사에서는 나한테 매월 10만엔씩 지불하고 있어요. 아르바이트인데도 말이에요. 그래서 나는 회사에 늘 감사하고 있었죠. 하지만 그 편집장 밑에서는 도저히 일을 할 수가 없어요. 그는 외국어는 전혀 알지도 읽지도 못하면서 또 일반 상식도 엉망이란 말이에요."

포겔 박사에게 항의하듯 말하자 박사는

"그렇다면 아르바이트를 잃어도 좋다는 말인가요?"

"아니 그렇지는 않지요. 대학의 시간 강사는 아무 것도 아닌 걸요. 아내와 아들까지 있는 나에게 지금의 아르바이트는 절대 필요한다."

"어쨌든 당신은 일을 하지 않으면 안 된다는 말이지요?"

"하지만 나는 회사에서 10만 엔이나 받고 있는데 어떻게 일을 하지 않고 월급을 받겠습니까?"

"그런 생각은 다 잊어버리고 무능한 편집장이 시키는 대로만 일을 하는 것이오. 그것은 그대의 책임이 아니라 그대의 상사인 편집장의 책임이라는 것을 잊어서는 안돼요. 만일 그 편집장이 하는 일에 대하여 회사에서 불만이 있을 경우에는 그를 해고할 것이지 당신에게는 문책하지 않을 것이니까요. 그러니까 편집장이 당신보다 훨씬 높은 월급을 받는 게 아니겠소?"

이렇게 하는 이야기를 들으면서 나는 유대식 사고 방법에 대한 힌트를 얻었다. 회사가 요구하지도 않고 주지도 않은 책임을 자기 멋대로 짊어지고 혼자서 애쓰고 고민하고 있는 직장인들은 우리 주위에 얼마든지 있다.

회사 안에서 일을 할 때 유대 사람은 이러한 식으로 책임 한계를 분명히 해 놓고 일을 처리한다.

나는 여기서 평범한 일본인들이 어째서 자기의 책임을 혼자서 만들어 짊어지고 고생하기를 좋아하는가를 생각해야만 했다.

환상에 의하여 조작된 책임에 따라 굴레를 쓰고 앉아 회사에 대하여 불만을 스스로 갖는 젊은 직장인은 이른바 현대판 돈키호테인지도 모른다.

나의 친구는 포겔 박사의 충고를 받아들여 그럭저럭 일을 하고 있는 모양이다. 10만 엔에 만족하면서…

16
허 영

"일본인들은 경제적 동물에서 경제적 노예로 승격한 것 같다."
이것은 포겔 박사가 한 말이다. 나는 그 말에 화가 나서 대들었다.
"도대체 누가 그런 말을 했죠?"
"동남아에서 온 유학생들이 그런다고 하더군. 그들은 일본 정부의 장학금으로 공부하고 있으면서 조금도 고맙게 생각지 않는 모양이야. 정말로 일본인은 외국인에 비해 생각하는 것이 낮거든."
포겔 박사는 아무 거침없이 얘기했다. 그는 또
"일본 사람은 예로부터 예의가 바른 국민이라고 들어왔는데…"
내가 머리를 갸웃하자
"주의해 주었으면 하는 것은 동남아시아의 유학생에게만 실수하는 것이 아니라 우리 같은 외국인 사업가에게도 전혀 대접이 되어 있지 않다는 것이지. 가령 어느 회사가 우리를 접대한다고 하면 그 날은 실로 멋진 잔치를 베풀지. 값비싼 요리에 아름다운 호스테스를 데려다 서비스를 하게 하는 등 정성을 다 하지만 개인적 교제에는 소홀해. 자택으로 초대하는 사원은 전혀 없는 실정이고. 값비싼 연회를 베풀어 접대를 할 줄은 알면서 훨씬 실속 있고 효과적인 사적 교제는 피하는 셈이거든. 우리가 말하는 소셜 라이프라는 것을 일본인들은 이해하지 못하는 것 같아."

"거기에는 그럴 만한 이유가 있다. 일본의 직장인들은 거의가 비좁은 집에 살고 있으며 많은 사람들이 공단 주택에서 협소하게 살기 때문에 개인적으로 외국인을 접대한다거나 하는 일이 쉽지 않아요. 그것은 일본의 현실을 모르고 하는 말씀이지요."

"천만에, 절대, 천만에."

그는 손까지 내저으며 말하는 것이었다.

"우리는 일본인 사업 파트너와 참새구이 집에 가거나, 속옷을 줄에 널어 말리는 나가야(여러 집이 한데 모여 사는 빈민주택)에라도 초청을 받아 가는 것이 그보다 훨씬 즐겁다네. 그런데 일본인들은 그것을 수치로 생각하고 있거든. 어떤 집에 초대받아 갔는데 현관에서부터 변소 냄새가 코를 찔러도 괜찮아. 돈 많이 드는 술집으로 초대받느니보다는 된장국에 김밥을 함께 먹었으면 하는데 이상스럽게도 과잉 신경을 써서 우리를 개인 생활에서 멀리 하려 하거든. 나는 그것이 안타깝게 여겨진단 말이야."

나는 속으로 그의 말에 이렇게 생각했다.

'내가 만약 무역 회사에서 외국인 접대 담당이라고 한다면 회사의 접대비를 대폭 줄이기 위하여 우리 집으로 외국 손님을 초청하면 그렇게 효과적일까?'

이때 포겔은 내 속을 꿰뚫어 보기라도 하듯 이렇게 말하는 것이었다.

"그렇지. 그러한 곳에 바로 일본 사람들의 허영이 있지. 일본의 사업가가 모두 검소한 생활을 하고 그 참모습을 보여준다면 현재 미국에 일고 있는 비대해진 일본인이라는 인상은 없어질 거야. 비싼 돈을 써 가면서도 비효과적인 접대를 한다는 것은 일본인이 얼마나 심리작전에 부족한가를 보여주는 증거라고 생각하니까."

포겔은 이상하리만큼 쓸쓸한 표정을 지어 보였다.

17

유대식 생활

나는 내 친구 두 사람과 포겔 박사의 초대를 받아 그의 집을 방문하게 되었다. 그는 산 언덕에 있는 고급 주택지에 자리잡은 광활한 저택에 살고 있었다.

"아니, 이게 박사님 댁입니까?"

근래에는 나도 그의 독특한 화법을 본받아 그의 어조를 흉내내어 이렇게 물었다.

"천만의 말씀, 내가 무엇 때문에 집을 사겠나? 월세 집이지. 월세 27만 엔. 그런데 그것도 내가 내는 것이 아니라 우리 회사측에서 다 부담한다네. 게다가 이 피아노는 월세 8천 엔에 빌렸지. 소파나 비품은 모두가 이 집에 딸려 있는 것이니 내 것이라고는 저 책뿐이지."

그는 아주 태연한 어조로 말하면서 벽면에 가득한 책을 턱으로 가리켰다. 언뜻 보아 3천 권은 넘을 듯한 책이 꽈 차 있었다. 일본어 서적도 많이 눈에 띄었지만 더욱 나를 놀라게 한 것은 목판화까지도 가지고 있는 점이었다.

"박사님은 이 벌레 먹은 헌 책을 읽고 계신가요?"

나는 청색 표지 고서를 가리키면서 놀라는 얼굴로 그를 바라보았다.

"허허, 자네는 이 책이 무슨 책인지 모르나? 이 책은 겐시모니가다리(原氏物語) 호월초(湖月抄)의 진권일세. 약 300년 전에 인쇄된 것이지. 물론 모두가 목판으로 한 장 한 장 손으로 밀어 찍은 것이지."

이 말에 나와 내 친구는 기가 막혀 입을 딱 벌리고 말았다.

"일본에는 특히 이상한 현상이 있거든. 수년 전에 배를 가르고 죽은 미지마 유기오의 초판본이 한 질에 몇 백만 엔이라는 값이 붙어 있거든. 겨우 헌 종이 값이란 말이야."

검은 눈동자의 유대인은 말을 계속했다.

"이봐, 내 말을 잘 들어봐. 유럽이나 미국에서는 300년 전에 출판된 책은 오늘날 개인으로서는 소장하기가 힘들어. 왜냐하면 거듭되는 전란과 철저한 사상 탄압 때문에 고서는 구하기가 대단히 어렵게 되었기 때문이지. 그런데 일본에서는 믿기 어려울 정도의 방대한 고서가 소중히 보관되어 왔어. 우리 유대인의 선조들이 양피지에다 쓴 율법 문서를 소중히 보관하는 것과 같이. 그래서 300년 이상 지난 현재에도 고서의 대부분이 박물관적인 책으로 되어 버렸어. 지금 일본에 남아 있는 방대한 양의 고서는 세계에 그 유가 없을 것일세. 그런데 일본인은 이러한 기적에는 아랑곳하지 않고 세계에서 제일 높은 토지에 투자를 하는 등 경제적 동물성을 발휘하고 있는 셈이지. 나와 같이 책을 좋아하는 사람으로서는 이 이상 더 편한 나라는 없을 것이지만 곳곳마다 깔려 있는 일본인 심리의 맹점에 나는 놀라지."

그는 아주 재미있다는 듯이 청색 표지 화서를 들고 말하고 있었다.

그날 우리는 포겔 박사의 저녁 식사 대접에 또 놀라지 않을 수 없었다. 나는 친구와 귓속말을 했다.

"아니, 저녁 식사는 고작 감자 한 가지가 아닌가."

'유대인들은 이렇게 맛없는 감자만 먹고 사는가' 생각하고 있을 때였다.
"아하, 나는 다 알아들었어요."
이 유대인, 돌연 큰소리로 떠들어대는 바람에 내 친구와 나는 깜짝 놀랐다.
"한 가지 더 말해 둘 것이 있지. 일본인들은 자신들이 세계에서 제일 가는 미식가라는 것을 잊어버리고 있는 국민이라는 것을."
이것은 우리에게 의외로 충격적인 말이었다.

18

침묵이 언제나 금은 아니다

어느 사이에 들어왔는지 나의 사무실에 포겔 박사가 빙그레 웃고 서 있었다.
"아니, 자네도 공부할 때가 있군."
그는 남의 귀에 거슬리든 그런 것은 아랑곳없이 할 말은 해 버리는 것이었다.
"당연하지요."
"그런데 대체 무엇을 읽고 있었나?"
"일본인들이 국제사회에서 오늘을 어떻게 살아갈 것인가 하는 문제에 대한 책을 보며 공부하는 중이지요."
나는 진지한 표정으로 그의 말을 받았다.
"놀랐는데, 역시 자네는 대단한 독서가였군."
이런 식으로 말할 때 포겔 박사의 심중에는 어딘가에 함정이 있게 마련이었다. 그러므로 나는 정신을 바짝 차리고 '다음에 저 친구가 무슨 말을 할 것인가' 방어 태세를 취하는 것이 내 습성이 되다시피 되었다.
"유대인들은 어릴 때부터 말을 많이 하면서 자란다네. 그러므로 세계 어느 나라를 가든지 그곳 사람들과 쉽게 사귈 수가 있지. 즉 그것이 바로 국제적이라는 것이겠지. 거기에는 반드시 대화라는 것이 있지. 그런데 일본인들은 어릴 때부터 대화에 대한 교육이 부족해."

"그렇지는 않아요. 아무리 부모와 자식 사이에 대화가 없다 하더라도 여러 가지 이야기를 하고 지낸답니다. 우리 아들만 하더라도 스테레오가 갖고 싶다. 별별 것을 다 사 달라고 조르는 등 무슨 말이든 다하고 해수욕을 함께 가는 등 스스럼없이 대화를 한다."

의외로 포겔 박사는 강경하게 나왔다.

"대화라는 것은 두 사람이 마주앉아 침착하고 진지하게 이야기하는 것이지 무슨 조건을 가지고, 즉 스테레오를 사달라는 등의 이야기는 일방적인 의사 표현일 뿐이지 대화와는 성질이 다르네. 만약 그것을 분별할 줄 모르면 일본인은 언젠가 국제사회에서 존재할 수가 없네. 유대인 가정에서는 매주 토요일이 되면 반드시 한 사람씩 아들과 아버지가 적어도 30분씩은 빈틈없는 대화로 서로의 의견을 교환하네. 그 주간에 어떤 일이 있었는가, 또 선생님께서는 어떤 말씀을 하셨는가… 등등. 이러한 대화로 시작하는 부자간의 대화는 그것이 곧 가정교육이 되는 것이네."

"옳아요. 그러고 보니 우리가 가졌던 대화는 성질이 달랐습니다. 그러한 대화는 가져 본 적이 없다."

"그렇지, 내가 보기에 일본인들은 대화를 잘 하지 않는 민족이거든. 그 대신에 훨씬 원시적인 형태의 커뮤니케이션을 하고 있어요."

나는 또 한번 가슴이 뭉클한 충격을 받았다. 원시적인 커뮤니케이션을 하고 있다니 이 무슨 말인가.

"자네로서도 그 점이 이해가 안 되겠지만 내가 설명을 하면 바로 알게 될 걸세. 일본인이라면 누구나 다 그런 식의 원시적인 커뮤니케이션을 하고 있기 때문이지."

"거드름은 그만 피고 어서 말씀이나 해봐요."

"일본 사람들은 말없는 침묵 속에 서로가 마음을 알고 있더군. 예를 들어 저녁을 먹으면서도 아무 말을 하지 않지만 서로의 마음을 알고 이해하고 있어. 이런 것이 일본인들이 공통으로 쓰는 커뮤니케이션이지. 그러나 이것은 일본인들끼리만 통용되는 의사전달방법이야. 유대인들은 언제든 어디를 가든 반드시 무엇인가 이야기를 주고 받네. 상대를 이해하고 자신을 이해시키기 위하여 대화를 하는 것이지. 만일 일본 사람들도 국제적인 민족이 되고 싶으면 '침묵은 금이다'라는 말은 집어치워야 하고 좀더 수다쟁이가 되도록 힘써야 하네. 그렇지 않으면 장차 세계에서 어느 누구도 일본 사람을 이해할 수 없게 될 테니까. 일본인들은 자기들의 생각만 하고 아무 말 없이 상대를 보면서 빙긋이 웃으면서 자기의 마음을 이해해 줄줄 믿고 있지만 그 미소가 외국 사람들의 눈에는 불쾌하게 느껴질 뿐이라는 것을 참고해야 하네."

포겔 박사는 또 자기 말만 다 하고 훌쩍 떠나가 버렸다.

19

유대인과 일본인

"금년은 태풍의 연속이군."

이렇게 말하면서 빙긋이 웃고 들어서는 포겔 박사의 손에는 5일 전에 나온 일본 신간 도서가 들려 있었다.

"공부에는 대단하신데요."

내가 이렇게 말하자 그는 아주 자랑스럽게 말을 받았다.

"나는 일본에서 나오는 베스트셀러는 모두 읽는데 한 가지 재미 있는 현상이 있거든. 보편적으로 보아 일본의 사업가들은 소설을 좋아하는데 그것은 무엇 때문일까 하는 점이야. 잘 팔리고 있는 책 들은 대체로 노벨 문학상 작품이거나 수준이 높은 작품은 아니거 든. 유럽이나 미국에서는 논픽션이 직장인 사이에서 인기가 높은 데 일본에서는 좀 다르다는 것을 발견했어."

"그래서 비즈니스 잡지에도 소설가들이 자리를 차지하고 있는 거군요."

"그게 바로 이상하다는 것이야. 소설가는 사업 분야와는 거리가 먼 사람들인데 일본에서는 그들을 자기네 회사에 불러 강연을 부 탁하기도 하거든. 이 말은 무슨 말인가 하면 일본에서는 소설가에 대하여 사회적으로 지나치게 높이 평가하고 있다는 점이지."

포겔 박사의 이야기를 듣고 보니 '정말 그것도 그렇군.' 하는 생 각이 들었다.

문학인들의 발언이 정치·경제·군사 분야에까지 영향을 주고 있는 것은 일본만의 현상인지도 모른다.

"어째서 이렇게 소설가들이 우대를 받게 되었을까요?"

"내가 생각하기에는 일본인들은 소설적인 발상을 좋아하는 것 같아. 그것은 정서적이라는 것과도 같은 뜻이 아닌가 생각되거든. 과학자나 전문가들은 어떤 사실에 근거를 두고 말하기 때문에 거기에서는 사상의 비약을 기대할 수 없지만 소설가들은 아무 제약을 받지 않고 말할 수가 있거든. 공상이든 환상이든 허구가 되었건 생각나는 대로 다소 조리가 맞지 않아도 누가 뭐라 하지 않아 구애받을 필요가 없거든. 그 점이 일본인 심리에 꼭 들어맞는 것 같단 말이야."

"그렇다면, 일본 사업가들은 논리적인 사고방식을 싫어하는 인종이라는 말인가요?"

내가 좀 비판적으로 말하니 포겔 박사는 고개를 약간 저었다.

"그렇게까지 단언하고 싶지는 않아. 단지 내가 보기에 일본의 직장인은 소설을 너무 지나치게 탐독하는 증상이 아닌가 하여 한 말이지. 왜 좀더 논리적인 것이나 사실에 근거를 둔 책을 읽지 않을까 하는 것이네. 사실은 논픽션 등에서 자신의 사업 관계 이외의 전문 분야에 대한 지식을 얻는 것도 좋지 않을까 싶네. 일본 사업가가 이렇게 독서하는 습성에 대단한 심리적 약점이 잠복해 있지 않나 생각해. 창조 능력이라는 것은 소설 정도로는 아무런 도움이 되지 못하거든."

'허, 이 친구 봐라. 제법 학술적인 말을 하지 않나.'

나 자신이 소설을 읽고 거기에 심취한다는 것은 무엇인가 심리적 대리 만족을 하고 있는 듯한 느낌이 들던 터라 더는 이 유대 장사꾼을 꼬집을 수 없었다.

20
스카우트

여러 해를 근무하던 큰 기업에서 스카우트되어 무역 회사 부장으로 내정된 친구가 의기 양양하여 내 사무실로 찾아왔다.
"나는 유럽계의 모 외자 회사의 부장으로 근무하게 되었네."
그는 아주 자랑스럽다는 듯한 얼굴이었다.
"그럼 월급도 전보다 훨씬 많이 받겠군."
나는 내심 부러운 심정으로 물었다.
"아마 처음에는 월수 10만 엔밖에 안될 것 같네. 겨우겨우 생활은 되겠지."
그는 무척 기쁜 듯이 웃음을 감추지 못했다. 이때 들이닥친 손님, 그는 다른 사람 아닌 포겔 박사였다.
"아, 열심히 해보세요."
포겔 박사는 아주 얌전한 태도로 내 친구의 말을 다 듣고 인사를 했다. 그리고 얼마 후 그 사람이 돌아간 다음 포겔 박사는 입을 열었다.
"외자 회사라는 것은 우리 회사도 그렇지만 전혀 인재가 없어."
"지금도 그 친구는 자기를 인재라고 생각해요."
내가 하는 말을 듣고 포겔 박사는 이렇게 말하는 것이었다.
"아니야, 그렇지 않아. 내가 보기에 우수한 일본인은 여간해서 외자 계통 회사에는 오지 않거든. 그런데 최근에는 일본인의 심리적 약점을 연구하여 진전을 보고 있는 셈이지. 예를 들어 상지대학을 영어로 소피아 유니버시티라고 부르는데 거기서는 동경에 있는 외국인 경영자를 모아 특별 강좌를 열어 일본인의 심리를 연구하고 있거든. 거기의 주임교수 파론 신부 같은 사람은 놀랄 만큼 일본인과 일본 기업에 대하여 잘 알고 있지. 내 경험으로 말한다면 지금 그 친구만 하더라도 월급 10만 엔이라는 것에 매력을 느낀 모양인데…"

그는 말을 흐렸다.

"좀더 알아듣기 쉽게 말해 주세요. 오늘은 평소의 박사님답지 않는다."

내가 다그치는 바람에 그는 망설이다가 입을 열었다.

"음… 이런 말은 하고 싶지 않은 것인데, 자네니까 대강 말해 두지. 나는 일본인들이 명함에 인쇄하는 직함에 대하여 의외로 약하다는 것을 알았어. 그 결과 과장은 부장으로 부장은 부사장으로 하는 식으로 일본인에 대한 직함에는 직급을 올려 쓰고 있다는 것… 또 월급도 그래. 월급이 수십만 엔이라고 하지만 그것은 상여금을 뺀 급료일 것일세. 왜냐하면 매년 누구에게나 상여금을 지급한다는 습관은 일본 회사 이외에는 어디서도 볼 수 없는 일이거든. 그리고 일본의 소득 세율에 비추어 본다면 그 친구의 손에 잡히는 실수입은 훨씬 줄어들 것이고, 그뿐 아니라 일본인을 위한 사택이나 유급 휴가 같은 것은 전혀 없는 곳이 대부분이거든. 또 회사에서 접대비를 타다가 자유로이 쓰고 자기도 즐길 수 있다는 일들은 아예 불가능하니까. 그보다 더 중요한 일이 있지. 첫째 퇴직금이 없고, 과장 이상의 직급에 있는 사람은 예고 없이 해고하는 일도 회사 자유야. 그 사항은 계약서에 분명히 써 있어. 사실은 내가 저 친구의 전임자였던 일본인을 잘 알고 있는데 역시 처음에는 저 친구처럼 스카우트된 것을 기뻐했지만 얼마 못 가서 후회하게 되었지. 그 사람, 지금쯤 일본인 회사에 있었더라면 은급도 받았을 것이고 퇴직금도 톡톡히 받았을 것인데 그 모든 것이 허사가 되고 말았어."

이렇게 말하는 그의 눈에는 세계 무대를 들여다보는 전문 사업가의 냉혹한 계산의 빛이 깃들여 있는 것 같았다.

21
포장마차 주인

포겔 박사는 요즘 새 취미가 생긴 모양이다. 저녁나절이면 포장마차에서 한잔하고 돌아가는 취미가 바로 그것이다.
"놀랐어요."
포겔 박사는 드물게 보였던 묘한 얼굴로 말했다.
"도대체 무슨 말씀이지요?"
"내가 요즘 역전에 나가서 포장마차에서 꼬치 어묵을 사 먹는다는 것을 그대도 들어서 알겠지? 자네는 아무리 꼬셔도 따라오지 않겠지만. 그것은 그렇고… 내가 자주 가는 포장마차 주인이 나이는 40쯤 되어 보이는 사람인데 어젯밤에 꼬치 어묵을 먹으러 갔더니, '저는 화학 전문갑니다.' 하고 말하는 거야. 그래서 나는 깜짝 놀라, '뭐요?' 하고 반문을 하였지. 설마하니 꼬치 어묵이나 파는 포장마차 주인이 화학 전문가리라고는 생각지 못했었으니까."
"그래요? 거 이상한 사라도 다 있군요."
사실 나는 어리둥절하지 않을 수 없었다.
"그 사람의 말을 들어보니 그는 꽤 이름 있는 회사의 기술자였는데 어느 날 우연히 큰 기업 속의 한낱 톱니바퀴에 지나지 않는 자신의 처지에 혐오증이 생겼다는 거야. 그래서 여러 가지로 생각한 끝에 독립해서 개인 기업의 축소판인 포장마차를 시작하게 되었다는 것이지. 낮에는 자기 집에서 작은 연구실을 차려 놓고 거기서 열심히 연구한다는군."

"그렇다면 그 사람은 자기가 좋아하는 일을 하니 자기는 즐거울지 모르지만 그의 부인이나 아이들은 사회적으로 곤란을 느끼지 않을까요?"

내가 이렇게 말하자 포겔 박사는,

"그러나 그렇지 않아. 이 사람이 회사에 근무할 때는 10만 엔을 조금 넘는 수입이 있었는데 포장마차를 시작하면서부터는 한 달에 30만 엔의 수입을 올린다는 거야. 그러니까 부인도 별 불만이 없다는 것이지."

나는 그가 사회적인 체면이나 가족 친지들에 대한 불평을 어떤 방법으로 해결하고 있을까 하고 생각했다. 남의 일이지만 내 일처럼 신경이 써진다.

"바로 그게 문제야. 즉 체면을 유지하려는 것. 일본인의 심리적 약점은 바로 거기에 있으니까. 그런 점으로 보아 그 화학 전문가는 새로운 타입의 일본인이라고 할 수 있을 거야. 내가 언제나 생각하는 것은 일본의 직장인들은 체면이라는 것에 어째서 그렇게 많이 신경을 쓰느냐 하는 것이지."

"체면이 뭐 그리 중요합니까. 그 포장마차 주인처럼 결심만 세울 수 있다면 누구나 포장마차는 당장 시작할 수 있는 문제가 아닐까요."

포겔 박사는 결론적으로 말했다.

"여기서 중요한 포인트는 수입의 액면이 아니라는 것이지. 그 포장마차주인은 수입의 거의를, 10만 엔 정도의 생활비만 부인에게 주고 나머지는 모두 연구비로 쓰고 있다는 사실이야. 아무튼 그가 말하는 바에 의하면 화학과 물리의 접점 근처에 있는 허술한 영역을 그 친구는 중점적으로 연구하고 있는 모양이야. 포장마차를 시작한 후 3개의 특허를 얻어냈다는군. 그의 말에 의하면 응용 범위가 넓은 연구로서 장차 많은 기업들이 사용하게 될 것이라는 거야. 만일 그의 말이 그렇게 믿을 만한 것이 되지 못한다손 치더라도 자기가 좋아하는 연구를 하며 살아가고 있는 일본인이 있다는 것만으로도 나로서는 하나의 커다란 것을 발견하였다고 생각하네."

포겔 박사는 이렇게 포장마차 주인을 극구 칭찬했다.

22
높은 지위

 '소련이 낳은 이색적인 정치가 흐루시초프씨가 어느 가을날 조용히 죽었다. 명예도 없이 크레물린의 대우도 못 받고 이 사내는 죽어 갔다.'
 이러한 묵은 잡지를 읽으며 나는 생각에 잠겨 있을 때
 "야아"
하고 큰소리를 치며 유대인 사업가가 혈색 좋은 얼굴로 사무실에 들어왔다.
 "뭐야. 몹시 우울한 표정이 아닌가."
하고 그는 거리낌없이 말을 걸어왔다.
 "비극의 정치가 흐루시초프를 생각하고 있던 중이다."
하고 그에게 신문을 보였다.
 "말하자면 오늘 오후 자네는 감상적 시인이나 철학자가 되고 있었군."
 그는 하기 어려운 말을 쑥쑥 해댔다.
 "도대체 당신은 어떻게 생각합니까. 이런 방식의 죽음에 대하여…"
 "흐루시초프는 행복한 사내야. 그와 비교하면 얼마든지 훨씬 많은 비극이 깔려 있으니까. 사업 세계를 둘러보게나. 수두룩하게 비극이 깔려 있지 않은가. 사장 자리에서 쫓겨난 친구, 도산, 계약 위반으로 재산을 넘겨준 실패자 등등. 그래도 많은 젊은이들은 희망에 불타 성공이라는 피라미드의 정상을 향하여 위험한 등반을 계속하지. 왜 이렇게 모험 많은 지위에 동경을 갖는지 나로서는 알 수가 없어. 가령 소련 같은 나라에서는 정치가가 되는 것이 대단히 위험한 일이라고 생각되지만 또 우리들 자유주의 사회에 있어서는 사업가처럼 위험률이 많은 직업은 없는 셈이지."

"그러면 우리들 인간은 무엇을 목적으로 살아가면 좋겠는지요. 모험이 없으면 무슨 일을 하든지 아무 재미가 없을 것이라고 생각되는데요."

"정말 위험이라는 것을 알고 있는 인간은 위험에는 접근하지 않는 법일세. 우리 유대인같이 몇 천년이라는 긴 세월을 철저하게 아픔을 겪어 온 과거를 가진 민족은 본능적으로 위험을 피한다는 것을 알고 있다네. 우리가 돈에 오염되었다는 등 남을 믿지 못한다는 말을 듣는 것은 모두가 위험을 피한다는데 원인이 있는 것이야. 흐루시초프는 실각을 했으나 유대인인 미코얀은 죽을 때까지 소련의 원로로서 건재하지 않았는가. 이 두 사람의 차이를 유대인인 나로서는 잘 알고 있다네."

"그렇군요. 흐루시초프와 미코얀의 차이는 대체 무엇입니까?"

물었더니

"구태여 말하자면 미코얀은 철저한 현실주의자였고 그에 반해 흐루시초프는 이상주의에 불타고 있는 면이 많았거든. 거기에 약점이 숨어 있었지. 이상이란 언제나 장래에 대하여 그려보는 것이 아닌가. 즉 그것은 현실과는 틀리는 것이거든. 극단적으로 말한다면 이상이라는 것을 어디까지라도 끌고 간다면 그 연장선상에는 망상이라는 것이 자리를 잡게 되는 거지. 흐루시초프가 현실을 보려고 하지 않고 망상만 바라보고 살았다는 셈이 아닌가. 이 관계를 그대는 이해할 수 있겠지?"
 한술 더 떠 오만한 말을 했다. 그러나 그의 말에는 공감이 가는 점이 없는 것도 아니다. 너무 거대한 이상을 얘기하는 친구는 과대 망상으로 불리는 것이니 이상과 망상은 어디인가 연결이 되어 있는지도 모를 일이다. 언뜻 나는 아는 사람과 친구들에 대하여 생각해 보았다.
 '과연 젊어서 큰 꿈을 그리던 이상주의자였던 친구 치고 중년 이후에 현실의 비참한 난경을 겪지 않는 사람이 몇이나 되는가를.'

23
유대식 교육

 가을 하늘이 맑게 개인 어느 날 오후 화제의 인물 포겔 박사가 찾아왔기에
 "오늘은 매우 멋이 있어 보이는데요."
하고 조롱을 했더니
 "기분이 좋은 날은 거기에 맞는 복장을 하는 것이 정말 멋쟁이라는 것이라네. 어때 잘 어울리지?"
 이렇게 받아넘기니 난 기가 막힐 지경이다.
 "나는 일본의 교육이라는 것이 굉장히 적당히 만들어진 것이라고 분개하고 있다네. 좌우간 이러한 엉터리 교육을 하기 때문에 일본은 적군의 수출국이란 말을 듣게 된 것이 아닌가. 나는 일본이 좋아서 아끼기 때문에 이렇게 진정으로 분개하고 있는 것일세."
 과연 듣고 보니 일본의 교육제도처럼 어정쩡한 것도 없다. 수험지옥을 겨우 통과하여 대학에 들어가 보면 가는 곳마다 너절하게 종이 딱지가 붙어 있고 모자 대신 헬멧을 쓴 무리와 철봉을 들고 죽이기라도 할 듯한 패거리들이 우왕좌왕하고 강의를 들으면 천편일률의 노트를 읽고 있는 전혀 공부를 하지 않는 교수가 있다. 대체 어디서부터 어떻게 비뚤어져 있는 것일까.
 "일본에서도 주입식 교육의 해에 대하여 여러 가지로 말이 있으나 '그러면 어떻게 해야 되겠다'는 점에는 아무도 알지 못하지. 이

러니 저러니 하고 교육자들은 말하고 있지만 결국은 현재보다 교육 내용을 어렵게 만들어 더욱더 학생들에게 부담을 안겨 주는 일밖에는 생각해 내지 못하거든. 정말 한심한 일이야."

오늘은 이토록 좋은 날씨인데 포겔 박사는 반대로 거칠다.

"자네는 별로 관계없는 듯한 얼굴을 하고 있지만 자네 아들에게도 연관이 되는 문제야."

'이것 나도 진지하게 대해야 되겠다'고 생각한 나는,

"그러면 유대식 교육이란 어떠한 것입니까? 만일 일본의 교육을 위하여 보탬이 된다면 한번 설명해 주시지 않겠습니까?"

"그렇지, 그렇게 나와야지."

하고 그는 만족스러운 듯이 고개를 끄덕이고

"만일 학생이 교실에서 잠자코 선생님의 이야기를 듣고 있으면 어떻게 된다고 생각하나?"

"선생님의 말씀을 잘 기억하겠지요."

"그것이 틀렸다는 말이야. 학생은 잠자코 가만히 있으면 졸리거든. 이봐, 그래서 유대인 학교에서는 선생님은 항상 학생을 향하여 질문을 던진다네. '무엇을 모르겠느냐, 어디가 어려우냐, 어떻게 하면 바르게 알고 지식을 몸에 배게 할 수 있겠는가'를. 일본에서는 선생님이 높은 교단 위에서 일방적으로 학생에게 지식을 주입시킬 따름이거든. 그것은 교육이 아닐세. 그러한 지식이라면 구태여 학교에 가지 않더라도 백과사전을 사서 보면 끝나는 문제가 아닌가. 아니면 도서관에 가서 지식을 익히는 편이 빠르다는 계산이 나오니까."

"옳습니다. 그러면 교육이란 대체 무엇입니까?"

하고 고개를 갸우뚱했더니

"교육이란 공부하는 방법을 가르치는 것이지. 일본은 공부로 얻어진 지식을 활용하여 적군과 같은 활동가가 되어 세계에 혼란을 일으키기도 하거든. 그것은 바로 일본 교육이 제대로 행하여지지 않은 증거인 것을 왜 모르는가?"

이 말을 듣고 보니 지당한 말씀으로 반론의 여지가 조금도 없다.

"일본 대학 교육으로는 좋은 기술자는 나올는지 모르나 그 인간은 자신이 알고 있는 기술을 가지고 '어떻게 효과적으로 빌딩을 파괴할 수 있을까'에 머리를 쓰게 되겠지. 법률을 공부한 사람은 그 법률 지식을 역이용하여 '어떻게 해야 효과적으로 탈세를 할 수 있을까' 하는 방면에 그 재능을 발휘할지도 모를 일이야. 이것도 결국 지식만 주입시키고 인간을 만드는 일은 잊어버리고 있는 일본 교육의 결함 탓이라고 생각할 수밖에 없어. 유대 교육은 그 점이 다르다네. 지식을 주입시키는 대신 지식의 입수 방법 즉 학문의 방법론을 충분히 학생에게 익혀 주면 학생은 '자기 혼자 어떻게 하여 지식을 입수할 수 있을까'를 알기 때문에 혼자서도 공부해 나갈 수가 있게 된다네. 또 학문을 쌓으면 인격도 높아진다는 신념을 가지게 되네. 즉 교육은 지식뿐만 아니라 인격도 같이 기르는 것이 되니까."

파이프를 입에 문 채 차분히 이야기하는 이 유대인 사업가의 얼굴이 웬일인지 조금은 옛날 현인 같아 보인다.

24
좋은 보고서를 쓰는 직장인

 일본 근해의 조류에 큰 변화가 발생하고 있다는 신문기사를 탐독하고 있는데 또 포겔 박사가 찾아왔다.
 이렇게 매일 한가하게 보이는 그를 보고 독자는 '이 유대인은 사업가라며 일은 안 하나?'라고 생각할지도 모르지만 그것은 큰 오해다. 어떤 면에선 좀 느슨하게 보이지만 이 사내처럼 면밀하게 사업을 체계적으로 경영하는 사람을 나는 보지 못했다.
 "자네는 신문을 믿는가?"
하고 빈정거리기 좋아하는 유대인은 나에게 묻는다.
 "신문을 믿느냐. 그럼, 오늘의 날씨라든지 주가의 상황에 대한 기사를 믿지 않을 수는 없지 않습니까. 만일 그것을 믿지 못한다면 사회가 제대로 움직일 수가 없지 않겠습니까?"
하고 내가 대들 듯 말했더니 포겔 박사는 빙그레 웃으며 이렇게 말한다.
 "자네는 신문 기사의 소재가 되는 현실과 그것을 해석하고 설명하는 신문기자의 주관이라는 것 속에 잠재하는 오차에 대하여 살펴본 일이 있나?"
 또 유대인은 묘한 이야기를 꺼낸다. 나는 단순한 사람이기 때문에 일류 신문의 기사 가운데 오차가 있으리라고는 생각해 본 적이 없다.

그러나 가만 있자, 현실을 문장으로 서술하는 경우 여러 가지로 표현의 차가 생길 가능성이 있을지도 모른다… 이러한 생각을 하고 있는데 또 다시 이 유대인은 열변을 시작한다.

"자네 어느 정도는 느끼는 것 같은데."

"대체 내가 무엇을 느낀다는 것입니까?"

"자네는 다소 표현의 차이에 대하여 생각해 보는 것 같은데. 자네 표정을 보고 알겠어. 그것이 중요하거든. 보편적으로 일본 사람들의 결점은, 이러한 식으로 유대인인 내가 말하면 자네는 기분이 나쁠지 모르나 그 점은 양해하고 내 이야기를 들어주게. 매스컴의 보도하는 표현법 즉 '이것은 이런 것이지.' 단 한 가지 면으로 본 것을 액면 그대로 믿는 수가 많다는 말이지. 가령 '○○수상 크게 화내다…' 이러한 표제를 보면 자기 나름대로 해석을 하고 그것으로 끝을 맺는다. 이것은 매우 위험한 신문 독법이지. 만일 신문이 진실한 의미의 보도를 하려고 한다면 결코 이러한 주관적 표현은 쓰지 말아야 할 것일세. 제대로 보도를 하려면 예를 들어 '○○수상은 손에 들었던 서류를 기자의 눈앞에서 찢어 버렸다.'라든지 '불이 붙은 담배를 집어던지며 기자를 향하여 "나가" 하고 큰 소리로 외쳤다.' 이러한 식으로 그의 행동을 정확하게 묘사해야 하네. 그 행동의 배후에 잠재하고 있는 심리적 동기이긴 하지만 기자의 억측으로 신문에 쓸 필요는 없지 않은가."

"그러면 박사님은 신문을 읽을 때 '어디까지가 사실의 묘사며 어느 부분이 기자 개인의 주관적 판단에 근거를 둔 표현인가'를 구별한다는 말이군요."

"그대로지. 신문만이 아니야. 우리가 회사 안에서 취급하고 있는 많은 서류도 놀랄 만큼 많은 주관적 자료로 가득하거든. '좋은 보고서를 쓰는 직장인'이란 '어느 만큼 정확하게 사실을 묘사할 수 있는 능력이 있느냐' 하는 것이지. 그것은 동시에 '얼마만큼 주관적 판단을 보고서 중에서 제거할 수가 있느냐' 하는 능력도 되는 셈이지. 만일 젊은 직장인 중에 단지 이것 한 가지만을 충실히 실행할 수 있는 사람이 있다면 승진은 틀림없을 터인데. 아깝게도 그것은 너무도 일본인형이 아닌 모양이야."
라고 이 유대인은 말한다. 거기서 나는 앞에 쌓여 있는 서류를 뒤적여 보았다. 포겔씨가 말한 대로 거기에는 '나는 그렇게 생각지 않을 수가 없다.' 등등의 표현이 가득히 쓰여 있었다.

25

영웅에 대하여

　무서운 더위가 콘크리트 포장도로에서 반사되어 가만히 있어도 땀이 차온다. '금년 여름은 특별히 더 덥게 느껴지는데…' 하고 생각하며 전혀 냉방이 되지 않는 사무실에서 부채질을 하고 있는데 느닷없이 포겔 박사가 얼굴을 들이민다. 땀투성이가 된 나를 쳐다보며 그는 이렇게 말했다.
　"이 정도 더위에도 맥을 못 추는 것을 보니 일본인도 많이 약해졌군."
　그렇게 되어 우리는 어느 사이엔가 '영웅이란 대체 무엇인가' 하는 점에 대하여 이야기를 주고받게 되었다.
　"내 생각으로는 현대의 영웅은 가수나 탤런트라고 생각해요." 라고 말했더니 포겔 박사는,
　"세계에서 영웅이 없는 나라는 일본뿐일세. 북베트남에는 우선 보겐지압 국방상 등이 영웅이고. 이스라엘에는 군사천재 다얀 장군이 있고, 중국에서는 노동자 가운데서 영웅을 뽑고 소련도 한 가지인데 영웅이 없는 나라 일본이 이상할 따름이지."
　"그렇군요. 듣고 보니 그 말이 옳습니다. 일본은 이제 영웅의 존재를 허용치 않으니, 일본인 전체가 작아진 것일까요? 알 수 없는 일은 이스라엘의 영웅 다얀 장군이 왜 이스라엘의 대통령이 되지 않는 것일까요?"

"유대인들도 영웅에 대해서는 존경하네. 그러나 유대인은 만일 그 영웅이 자기 자신을 다른 인간들보다 훌륭하다고 생각하기 시작하면 그 인물은 아무리 영웅이라 할지라도 지도자의 자격이 없다는 낙인을 찍는 민족이라네. 그래서 유대 민족은 결코 독재자를 만들어 낸 역사가 없어. 성서에 나오는 위대한 왕 솔로몬만 하더라도 종종 일반 민중으로부터 비판을 받았네. 그러한 의미에서 다얀 장군은 영웅이면서도 이스라엘의 대통령이 되지 않는지 이유를 알 것일세."

"그러면 유대 민족은 아무리 개인으로서 우수하더라도 빼어난 지도자를 만들 수 없지 않습니까."

하고 물었더니 포겔 박사는 이상하게도 나의 의견에 찬성하는 것이다.

"그 말대로 유대 민족은 지도자를 만드는 점에서는 실격일지도 모르지. 그러나 반면에 독재자를 만들어 민족 전체가 위험한 지경에 놓이게 하는 모험을 피할 수는 있지."

"그러면 현재 일본에 영웅이 없다는 것이 다행한 일이란 말씀입니까?"

라고 반박하자 그는 분명한 태도로 이렇게 말한다.

"그런 말은 아니지. 영웅은 절대 필요하니까. 일본에서는 민주주의를 잘못 읽어서 인간은 평등하다는 것을 인간의 능력은 모두 한가지다라는 듯이 해석해 버리고 있어. 그래서 영웅은 나오지 않고 우수한 인물은 찌그러져 평균화되고 말았어. 거기에 대한 공백을 메우기 위하여 텔레비전 탤런트나 골프선수, 유행가수가 일종의 영웅 대용품으로 등장하게 된 것이라네."

라고 그는 말한다.

26
일본어의 벽

'일본인의 해외 활동을 외국인은 어떻게 보고 있는가?' 하는 문제는 일본인으로서는 신경이 쓰이는 일이다.

마침 내가 읽고 있던 잡지와 신문에 해외에서 활동하고 있는 일본인에 대하여 외국인이 품고 있는 인상에 대하여 이렇게 쓰여 있는 것이 눈에 띄었다.

"일본인은 공공성에 무관심하다, 돈을 벌면 즉시 일본으로 돌아간다, 현지인의 사정은 생각지 않고 일본인만의 이익을 꾀한다, 유럽인에게는 열등감을 갖는다, 일본인의 도덕심은 낮다, 내향적으로 뭉치는 도국근성(島國根性) 등등…"

이것은 일본인으로서 어느 것이나 몸소 기억하는 일들이라 귀가 아프도록 들은 비판이다. 이래서야 동남아 사람들이 일본 사람을 싫어하는 것은 당연한 이야기가 아닌가. 이러한 생각을 하며 신문 기사를 읽고 있는데 돌연 포겔씨가 나타나 나의 어깨 너머로 신문을 들여다보고 있다.

"옳지, 일본인도 이제는 차츰 자기들이 갖고 있는 비상하고 기묘한 성격에 대하여 깨닫게 되기 시작한 모양이지. 그것은 좋은 일이야."

"우리 일본인 자신들도 이 일본 사회 특히 사업 사회에서의 관습이나 학벌의 뿌리가 박혀 있는 관료 사회에서의 생활 방법에 대하여 매우 비판적으로 보고 있어요. 그러나 이 일본 사회 가운데 자리 잡고 있는 뿌리 깊은 봉건성이라는 것은 명치 이래 완전히 개선되었다고는 생각할 수 없다마는…"
하고 내가 말끝을 흐리니 이 유대인 어깨를 추석이며 두 손을 벌려 보인다. '대체 이 제스처는 무엇을 의미하는 것일까. 도저히 일본 사람의 성격을 국제적인 수준으로 개선하기란 불가능하다는 것일까?' 하고 나는 여러 가지로 상상해 보았다.
"자네는 일본어의 벽이란 말을 알고 있나?"
하고 돌연 엉뚱한 말을 꺼낸다. 항상 그의 사고적 전략은 전혀 예상할 수 없다는 것에 특징이 있다..
"그러한 것은 들어본 기억도 없는데."
하고 내가 솔직히 대답하니 그는 기쁜 듯이 설명을 시작한다.
"일본어는 세계에서 가장 학습이 곤란한 언어의 하나로 꼽히고 있어요. 그것은 일본에는 정확한 언어 체계가 되어 있지 않다는 것도 하나의 이유지만 그것은 별문제지. 그런데 이 일본어가 가지고 있는 학습 장벽을 하나의 무기로 삼아 역이용하는 사람들이 있어. 그 좋은 예가 일본 학자들이지. 일본 국내에서 학문상의 권위로서 군림하고 있는 이들을 다른 나라의 학자들은 누구도 정당하게 평가할 수는 없어. 그들의 논문은 일본어의 벽으로 철저히 방어되고 있기 때문이네. 같은 이유로 일본인끼리의 인간관계에 대해서도 그렇다고 할 수 있지. 거기에는 외국인은 넘을 수 없는 벽, 즉 일본어의 벽이 있어. 그리고 현대 일본의 매스컴이 이러한 경향을 한층 더 강화시키고 있고… 예를 들자면 미국의 베스트셀러가 몇 달만에 일본어로 번역되어 출판되거든. 이러한 나라는 아마 세계에도 그 유래가 없다 하겠으나 이 번역 문화에도 문제가 있어. 즉 대다수의 일본인은 고생하여 가며 원문을 읽지 않아도 아주 알기 쉽게 해외 문화를 흡수할 수가 있지만 이렇게 일본어로 모든 문화가 번역되는 과정에서 미묘한 심리적 변형이 온다는 것을 일본인은 깨닫지 못하는 모양이거든. 이렇게 하여 또다시 다른 형태의 일본어의 벽이 이루어지는 것이지."

이 말은 잘 주의하여 생각해 볼 필요가 있다고 생각했다. 우리 일본인은 일본어의 벽에 둘러싸여 생활하며 생각하고 행동하고 있는 민족이라고 하는 것은 확실히 부정할 수 없는 사실인 것 같다.

나의 친지로 필리핀 지식인이 일본에서 번역이 한창이라는 말을 듣고 머리를 갸우뚱한 일이 있었는데 그때 그 필리핀 사람은 이런 말을 했다.

"…외국 문학에 흥미를 가질 정도면 필리핀 말, 예를 들면 구태여 따갈록어로 번역된 것을 읽는 것보다 그의 작자의 원어인 영어나 프랑스어로 읽는 편이 쉬우니까요."

이러한 예로도 알 수 있는 것과 같이 일본인은 역시 일본어의 벽에 의하여 두껍게 둘러싸여 있는 것 같다. 가령 해외에서 생활하고 있는 일본인의 경우라도 내가 뉴욕에서 생활했던 당시 일들을 회상해 보면 역시 그들의 생활의 일부에도 일본어의 벽에 싸여 있는 부분이 남아 있던 것이 보통이었다고 생각되기 때문이다.

27

예루살렘의 함락

 신문을 읽으면 우울한 기사만 실려 있다. 에너지 부족, 이상기상, 국제간의 긴장, 국내 정치의 혼란, 경제 불황, 살인 사건, 테러 행위….
 '대체 이제부터의 세계는 어떻게 될 것인가. 세계적인 큰 파도에 실린 일본은 어떻게 되어 갈 것이며 개인의 삶은 또 어떻게 될 것인가. 이것도 저것도 아는 것은 하나 없고 모르는 것뿐이니 정말 앞길이 깜깜한 느낌이다.'
 이런 생각을 하며 엷게 흐린 하늘을 사무실 창 너머로 멍하니 바라보고 있는데 언제 왔는지 유대인 사업가 포겔 박사가 불쑥 나타났다.
 "무엇인가 좀 우울한 표정이 아닌가? 걱정거리라도 생겼나?"
 나는 그의 어깨에 손을 얹고 이야기를 시작했다.
 "특별히 어떻다고 할 것은 없지만 최근 국제 정치의 격동을 보고 있자면 이러다가 우리 일본의 장래가 참으로 염려스럽게 생각되거든."
 "이런 정도의 불안한 시대는 유대인들이 겪어 온 피비린내 나는 박해의 역사에 견주어 보면 얼마나 행복을 누리고 있는지를 알 것이야."
라며 유대인의 옛 역사에 대한 이야기를 시작한다.

포겔씨는 별로 이러한 이야기를 하지 않았기 때문에 나는 별안간 흥미를 느끼고 그의 이야기에 귀를 기울였다.

"그대는 유대인의 역사에 대하여 어느 정도나 알고 있나? 구약성서에 쓰여 있는 유대인의 역사에 대해서는 다음에 자세히 이야기하기로 하고 먼저 솔로몬 왕이 죽은 다음의 유대 민족에 대하여 이야기하기로 하지. 당시의 예루살렘은 로마에서 파견된 '총독'에 의하여 지배되고 있었음은 자네도 알고 있겠지. 서기 66년경 유대인은 반란을 일으켜 잠시 동안 이스라엘은 독립국이 되었으나 이것이 다음 해에 로마 군단에 의하여 섬멸됨에 따라 유대인은 자기의 조국을 잃고 2천 년에 달하는 이산의 난민이 되는 운명이 기다리고 있었던 것일세."

"그때부터 쭉 유대인들은 세계 곳곳을 방황했다는 것인데. 여러 가지 박해도 있었을 것인데 어떻게 그로부터 2천 년이나 되는 동안을 유대인들은 조국도 없어졌는데 민족으로서의 단결을 보전하고 있었을까요?"

하고 물었더니

"그 점이 포인트야. 가만히 내 이야기를 들어봐. 예루살렘이 함락되었을 때 유대인의 귀족이나 사제들은 로마 군에 의하여 전멸되어 버렸어. 거기서 살아남은 것은 유대의 일반 민중과 한 주먹의 학자들 뿐이었어. 그때 살아남은 학자 즉 랍비라고 불리는 사람들 가운데 요하난·벤·자카이라는 사람이 있어. 그는 유대인 아이들에게 민족의 역사 즉 구약성서를 가르쳤지. 그때의 유대인들은 토지도 없고 재산도 없고 모든 현세의 희망이라고는 두절된 상태였기 때문에 민족으로서 살아남기 위해서는 아이들의 기억 속에 유대의 역사를 남겨 주는 이외에는 방법이 없었던 것이네. 이렇게 하여 소위 전승의 열쇠에 의하여 가르쳐 내려온 것이 유대인들의 마음의 의지가 되어 온 것이지."
 이렇게 말할 때 포겔씨의 눈에는 약간의 눈물이 괴어 습기를 더한 것같이 보였다. 언제나 같으면 농담을 섞어 놀려 가며 이야기를 하는 우리 사이지만 이때의 나에게는 그러한 기분은 전혀 없었다.
 "솔로몬 왕의 자식들과 유대의 귀족들은 그때 전부 멸망되었던가요?"
하고 물으니
 "소위 귀족들은 유대인들 사이에서 사라져 버렸지만 그 대신에 정신적 의미로서의 귀족이 되기 위해서는 '어느 정도 그가 랍비로부터 배워 얻었느냐' 그 학식의 정도에 의하여 결정되는 것이지. 유대인들은 그 후 2천 년에 걸쳐 성서의 내용을 가지고 랍비들이 지은 시적이고 세계적인 탈무드라고 하는 책 가운데에 모든 심혈을 기울여 기나긴 동안을 명상에 잠기게 되었던 것이지."
 "얘길 들으니, 나는 유대인이라 하면 아인슈타인이나 마르크스 등의 천재를 곧 연상하게 되는데 어째서 이러한 천재가 유대인 사이에서 태어나게 되었는지 비로소 알 것 같다. 즉 몇 천년 동안 유대인들의 선조들은 아무 것도 없는 데서 오직 지적인 트레이닝만 힘써 왔던 것이었군요."
 "그것도 한 가지 견해이기는 하나 좀더 자네에게 유대인 이야기를 해주고 싶어도 오늘 오후에는 모임이 있기 때문에 실례하지 않으면 안 되겠네."
하고 포겔 박사는 서둘러 나가 버렸다. 그는 좀 겸연쩍어 그렇게 핑계 대고 갔는지도 모른다.

28

갈대아 우르

"요전 박사님의 이야기는 정말 재미있었다. 그래서 좀더 듣고 싶은데 계통적인 유대의 역사와 사고법에 대하여 가르쳐 주시지 않겠습니까?"
하고 내가 포겔 박사에게 전화를 걸었더니 2·3초 간격이 있은 다음 이러한 대답을 했다.
"그러면 다음 일요일에 나의 집 서재에서 얘기하기로 하세. 다만 그때 이야기를 좀더 쉽게 이해하기 위해서는 일본어 구약성서를 가지고 와야 할 것이네."
나는 즉시 서점에 가서 구약성서를 사기로 했다.
대단히 좋은 날씨가 2·3일 계속되어 조금은 기온이 내린 듯 한 날. 그 날이 마침 약속한 일요일이었기에 나는 구약성서를 옆에 끼고 포겔 박사의 집을 방문하였다. 문을 노크하려 하니 정원 귀퉁이에서 젊은 부인의 말소리가 들렸다. 무엇인가 포겔 박사와 이야기를 주고받는 모양이다. 영어라면 지나치는 말이라도 짐작할 수 있는 나인데 아무리 열심히 들어보아도 전혀 알 수가 없었다. '대체 어느 나라 말일까?' 하고 생각하고 있는데 문이 열리고 포겔 박사가 얼굴을 내민다.
"내 아내가 자네가 왔다고 하기에 지금 정원 손질을 하던 중이었어. 자 올라오게. 어허 구약성서를 지참하셨군. 그럼 오늘은 천천히 이야기를 하지."
 그는 편안해 보이는 바지를 입고 가벼운 차림을 하고 있었다.
 "내 아내 데보라야. 언젠가 자네 왔을 때 잠깐 본 일이 있지?" 하고 그는 부인과 나의 얼굴을 번갈아 보며 이렇게 소개한다.
 부인은 오늘 저녁 나를 위하여 유대요리 코샤를 만든다는 것이다. 좀 전에 하던 대화는 아마 그런 이야기였던 것 같았다. 많은 책이 천장까지 쌓인 서가가 있는 그의 서재에 들어서니 요전에 왔을 때는 보지 못했던 여러 가지 물건들이 눈에 띄었다.
 일곱 개의 가지가 붙은 청동 촛대며 히브리어로 인쇄된 6각형 문장(紋章)이 붙은 가죽으로 만든 데스크토레, 그가 종종 물고 있는 해포석(海泡石) 파이프 등이 그의 책상 위에 어수선하게 놓여 있는 것이 알맞게 조화를 이루고 있다. 과연 그의 취향인 듯한 유럽풍의 서재다.
 "요전에는 예루살렘 함락 때의 이야기를 좀 했었지. 오늘은 자네가 구약성경 창세기 제11장 마지막 부분을 펴 보게나."
 『데라가 그의 아들 아브람과 하란의 아들 그 손자 롯과 그 자부 아브람의 아내 사래를 데리고 갈대아 우르에서 떠나 가나안 땅으로 가고자 하더니 하란에 이르러 거기 거하였으며 데라는 이백 오세를 향수하고 하란에서 죽었더라』(창세기 11장 31~32절)
 "이 문장이 어떻게 되었다는 것인지 사람의 이름만 나열해 놓고 나는 도무지 무엇이 무엇인지 모르겠습니다."
 "그건 그럴 거야. 그러나 그 문장 가운데 '갈대아 우르'라는 땅 이름이 나오지. 그곳은 최근의 발굴로 밝혀진 일이지만 인류 문명의 탄생지로도 불리는 곳이야. 거기에 씌어 있는 아브람은 아브라함이라고도 불리는 인물이지. 그들은 우르를 출발하여 에벨. 하나할이라고 부르는 큰 강, 이것은 현재 유프라테스강으로 알려지고 있지만 그것을 건너서 가나안 땅으로 가려고 하였지. 가나안 땅이라고 하는 곳은 지중해 연안의 토지로서 그 곳 가나안 사람들은 무역에 종사하고 있었어. 이것은 어느 정도의 옛날 일인지는 자세치 않으나 대개 서력 기원전 약16세기경이었다고 추정되고 있네."

"그러면 유대인의 근원은 인간 역사의 제일 처음부터 시작한 것이 되겠군요. 내가 아는 바로는 고대 이집트 왕국도 먼 옛날부터 있었던 것으로 아는데 당시의 이집트는 어떠한 형태였을까요?"
하고 물으니

"좋은 질문이야. 그 무렵의 고대 이집트는 아마 당시로서는 가장 발달한 나라였을 거야. 그러니 그 당시의 지중해와 아라비아 사막의 중간 지대의 토지에는 아직 혈거 생활을 하고 있는 신석기 시대 사람도 있었던 것 같애. '네안데르탈인의 시대가 끝나고 크로마뇽인들이 아직은 남아 있지 않았었나' 하고 나는 생각해. 그런데 이상한 것은 고대 이집트 왕국의 밖에 또 하나의 큰 나라가 있었던 것 같은데 그것은 현재로서는 전혀 수수께끼로 남고 말았어. 그것이 헤예인이라느니 헛다이트인이라고 불리는 사람들인데 이것은 조금도 짐작이 안 가는 종족들이지."

'흥' 하고 나는 부지중 콧소리를 내었다. 일본의 고대 국가의 수수께끼인 전방후원의 고분만 하더라도 오래 되어 봤자 서력 3~4세기 경의 축조물이라 하는데 그 고분보다 다시 2천년을 거슬러 올라간 옛날까지 그들의 역사는 오래된 것이었다.

"조금은 현기증이 날 만큼 옛날 이야기로군요."
하고 나는 모르는 사이 중얼댔다.

"사실이지. 그런데 이야기를 좀더 빠르게 해 보기로 하면 지금의 구약에 나온 아브라함의 일족은 매우 정신적인 면에서 우수하였던 모양이야. 그들은 고향인 우르에서는 행하여지지 못하였던 종교 즉 일신교를 믿게 되었던 것이지. 현대 고고학자들에 의하면 우르의 고대 왕국에서는 원시종교인 애니미즘과 같은 조잡한 형태의 종교밖에 없었으니까. 물론 이것은 유명한 에피소드지만 노아의 홍수 이야기는 구약의 제7장에 나오는데 실제로 우르의 왕국을 침범한 일이 있었다는 고고학적인 증거도 나와 있지."

『여호와께서 노아에게 이르시되 너와 네 온 집은 방주로 들어가라 네가 이 세대에 내 앞에서 의로움을 내가 보았음이니라 너는 모든 정결한 짐승은 암수 일곱씩, 부정한 것은 암수 둘씩을 취하며 공중의 새도 암수 일곱씩을 취하여 그 씨를 온 지면에 유전케 하라 지금부터 칠일이면 내가 사십 주야를 땅에 비를 내려 나의 지은 모든 생물을 지면에서 쓸어버리리라』 (창세기 7장 1~4절)

포겔 박사와 나는 그 일요일 날 오후 내내 유대인의 역사에 대하여 이야기하였다. 짧지도 않은 해가 저물 무렵 그의 부인이 퇴색한 얇은 널빤지 같은 모양의 과자 같은 것과 새하얀 빛깔의 고기 요리 등을 쟁반에 차려 왔다.

"이것은 대체 무엇입니까?"
"기름과 피를 뺀 양고기 요리이다."

대답이 부인의 입에서 나왔다.

"진귀한 요리를 이렇게…"
하고 나는 망설이면서 그들의 코샤 요리라는 것을 그날 밤 처음으로 대접받았다. 매우 이색적인 맛이 있었다. 틀림없이 이것은 진미일 것이라고 생각하였다.

"역사에 대하여만 이야기하다 보니 오늘은 유대 사상에 대하여는 이야기할 틈이 없었군. 다시 2·3일 안으로 자네 사무실로 놀러 가서 얘기하기로 하세."

나는 즐거운 일요일이었다고 생각하며 돌아왔다.

29

탈무드의 내력

 어느 광고 대리점 사장의 처녀 출판기념회의 초대를 받고 동경 프린스 호텔에 갔던 저녁이다. 모임이 끝나 로비로 내려와 조금 전에 받은 증정본을 대강 훑어보려고 커피 라운지 소파에 앉아 있는데 뒤에서 누가 내 어깨를 쿡쿡 찌른다. 대체 누구인가 하고 돌아보니 포겔 박사가 싱글벙글 웃고 서 있다.
 "박사님도 파티에 와 계셨군요."
하고 물으니
 "아냐 그랬으면 좋았을 텐데."
하며 그는 한쪽 눈을 감아 보인다.
 "커피나 한잔 하실까요?"
 "정말 좋은 생각이군."
하고 그는 쾌히 찬성하고 내 옆에 앉는다.
 호텔 로비 창가에 앉아서 우리는 두 시간 넘게 이야기를 했다. 포겔 박사의 그 날 화제는 유대인의 완고함과 머리의 회전에 대한 점을 중심으로 이야기했다.
 "로마제국의 지배하에 있던 유대민족의 역사는 반란과 탄압의 반복이었다고 해도 좋을 것이지. 유대인들의 신전은 몇 차례고 파괴당하고 로마제국의 명사들에 의해 많은 유대인 지도자들이 처형되었고. 기원전 44년 유리우스・가에살(쥬리아스・시사)이 암살

되었을 때 유대인들은 민족적으로 애도의 뜻을 표하였지. 그것도 유대의 대사제들이 로마에 충성을 바치고 그 대신 로마는 유대인들에게 정치의 일부를 위임한다는 배려가 허락되었기 때문이야. 당시 유대민족을 대표하고 있던 이는 하스몬가와 마가베아가 등이었는데 유명한 유대인의 왕 헤롯은 하스몬가에서 자기 아내를 취했는데 뒤에 그 아내 미리아무도 헤롯에 의하여 살해되고 두 명의 아들까지 교수형을 받았지. 그 유대인 왕은 그렇게 시기심과 적의에 찬 비극적인 생을 보냈지만 용케도 그의 왕위만은 보존할 수가 있었네. 그러나 그의 죽음과 동시에 유대에는 다시 폭동이 일어났다네."

그가 한 이야기는 대략 이런 것이었다.

이 헤롯왕 통치 때에 예수그리스도가 탄생되었다.

『헤롯왕 때에 예수께서 유대 베들레헴에서 나시매 동방으로부터 박사들이 예루살렘에 이르러 말하되 유대인의 왕으로 나신 이가 어디 계시뇨 우리가 동방에서 그의 별을 보고 그에게 경배하러 왔노라 하니 헤롯왕과 온 예루살렘이 듣고 소동한지라』(마태복음 2장 1~3절)

헤롯왕이 죽은 후 로마 황제는 예루살렘을 시리아주 총독의 행정구로 편입시켜 버렸다. 유대인들은 로마의 행정에 대하여 항상 불만이었고 특히 헬레니즘 문화의 영향 밑에 그리스·로마 양식의 건축이 침투하는데 매우 반항적이었다. 그러므로 대단히 통치하기 어려운 민족이었던 것이다. 당시 수도는 예루살렘에서 가이샤라로 옮기게 되었다.

이들 유대의 불만 분자들은 갈릴리의 산중에 잠복, 몇 차례고 반란을 기도하고 로마인과 우호적인 자는 색출하여 살해하는 게릴라전을 폈다. 당시 헤로디아라고 불리는 이 열광적인 유대전통주의

자의 집단과는 별도로 갈릴리 출신으로 한 사람의 주목을 끄는 혁신적인 인물이 있었으니 이 사람이 바로 십자가에 사형을 당한 예수그리스도였다.

기원 66년경 유대는 암살단이 횡행하는 정말 불안한 나라였으며 로마제국이 시작된 이래 가장 굴욕적인 패전 베들레헴에서의 로마군의 패배 사건이 발생되었다. 거기서 로마는 웨시바시아누스 장군을 파견하여 유대인의 반란을 진압하게 된다. 웨시바시아누스 장군은 영국을 정복한 맹장으로 그 당시 가장 우수한 장국이었던 것을 상상하여 보면 유대인의 반란이 얼마나 로마제국에 있어 어려운 사건이었던가를 알 수 있을 것이다.

기원 67년부터 73년 봄까지 계속된 이 유대의 독립전도 완전히 진압되어 버렸다. 그 사이에 로마황제 네로가 죽었다. 이렇게 하여 유대인들의 마음의 의지가 되어 오던 신전이 파괴되었기 때문에 시나고그라고 부르던 회당이나 랍비들이 가르치는 학문의 집이 유대인의 생활 중심이 아니 될 수가 없었다.

유대의 귀족들 특히 대제사장들과 왕의 혈연들의 신전 신앙자를 중심으로 한 사두개인파는 궤멸되고 민간 중심의 신앙 형태는 바리새인파만 남게 되었다.

서기 132년 로마 황제 하도리아누스의 통치에 다시 유대인들은 대규모 반란을 일으켰다. 지도자는 별의 아들이라고 불리던 파루코세바였고 유명한 랍비 아키바 벤 요셉도 이 반란에 가담하고 있었다. 135년 로마군에 의하여 진압되고 살아남은 지도자는 아키바 벤 요셉을 포함한 모두가 처형되어 버렸다.

그 당시의 유대인 사이에는 산헤드린이라고 불리는 조직이 있었다. 이것은 선거에 의하여 선출된 의원으로 구성되어 그 총재를 나스이 또는 파도리아루크라고 불렀다. 반란에서 살아 남은 유대인들은 이 산헤드린을 중심으로 조금씩 조직화되어 가고 있었으나 당시 급속히 세력을 뻗치고 있던 그리스도교에 의하여 그의 전통의 땅에서 쫓겨나는 운명을 맞게 되었다.

4세기경 로마제국은 동로마와 서로마제국으로 분열되어 팔레스티나는 동로마제국 즉 비잔틴의 영토가 되었다.

당시 서로마제국 안에 옮겨 살고 있던 유대인들은 산헤드린 조직에 송금하고 있었으나 로마제국의 분열 후 상태는 매우 좋지 못하게 되어 유대인의 파도리아루크 앞으로의 송금은 금지하게 되었다.

이렇게 하여 유대의 신전 대리를 하던 산헤드린의 조직도 파도리아루크의 제도도 그리고 찬란하던 유대의 영광도 모두가 사라져 가는 시기가 온 것이다. 그리하여 유대인의 2천년에 걸친 유랑민의 생활이 시작된 것이다.

이렇게 어려운 기간에 유대 학자들은 필사적으로 자신들의 전승을 지켜 오고 있었다. 유대인들의 생활은 유대의 신에 의하여 정하여진 법 즉 유대법에 의하여 그 생활의 구석구석까지 규정되고 있었으나 시대와 함께 모세의 십계에 의해서는 처리할 수 없는 많은 사건이 발생하여 왔다. 거기서 유대 학자들 즉 랍비는 많은 판례를 기억하여 그것을 정리할 필요에 직면케 되었던 것이다.

2세기경 150명 정도의 학자들로부터 모든 전승이 수집되어 정리되었다. 이 전승을 집대성한 한 사람이 랍비, 아키바 벤 요셉이었다. 이 전승을 정리한 것이 미쉬나 즉 '가르침'으로 불리게 되었다. 그 후 납파하 또는 라기시 거인의 압파 등의 랍비에 의하여 정치적으로 곤란한 시기인데도 불구하고 유대교전 즉 구약성서와 미쉬나의 연구 및 교육은 끊임없이 계속되어 왔던 것이다.

어느 랍비는 영어의 몸이 되기도 하고 노동자가 되기도 하였으나 유대인의 사는 정열은 모두가 이 신의 율법을 배우는데 집약되고 있었다. 카라라고 하여 일년에 한달 동안 모든 나라 안의 학생이 학원에 모여 강의를 받는 제도도 있었다.

이렇게 하여 구약성경(모세 오경 즉 토라)의 밖에 유대의 학생들은 미쉬나를 배우고 다시 미쉬나가 집성된 이후에 모여진 판례집이 하라카 즉 '사는 방법' '걷는 법'으로서 배우게 되었다. 그밖에 랍비들이 가르치는 자연과학과 전설 민화 위인의 이야기 처세의 가르침 등이 집대성되어 하가다 즉 '이야기 책'으로 불리는 것도 유대의 학원에서 가르쳐 주었다.

그리하여 마쉬나 하다카 하가다를 총칭, 현재 '탈무드'로 알려진 방대한 유대인의 생활의 지혜의 책이 나오게 되었던 것이다.

토라와 탈무드는 유대인들의 마음에 몇 개의 우주를 만들어 주었다고 하더라도 좋았다. 왕이나 국정으로부터 압정 박해를 받을 때 이산의 백성으로서 세계에 흩어졌었다. 즉 디아스포라의 유대인들은 언제나 여기에서 심적으로 의지할 곳을 구하였던 것이다.

이렇게 탈무드의 기원에 대하여 말을 마쳤을 때 포겔 박사는 틀림없이 랍비들의 자손일 것이라고 나는 확신하였다. 왜냐하면 그는 너무나도 정열을 기울여 나에게 이 이야기를 들려주기 때문이다.

"그러면 탈무드에 의하여 유대인은 살아갈 용기를 얻었다는 것입니까?"

"바로 그렇지. 탈무드에서는 실로 여러 가지 이야기가 나오기 때문에 그 이야기 속으로 뛰어들어 살 수가 있었던 것이야. 실로 유대인만큼 정신주의적인 민족은 없는 셈이지. 왜 그런가 하면 탈무드는 마음의 세계의 가운데에 그려내어진 것이기 때문이지."
라고 포겔 씨는 말한다.

 우리들은 다 식은 커피의 나머지를 마시고 로비의 융단을 걸어 나와 회전 도어를 밀었다. 거기에는 네온이 현란하게 번쩍이는 동경이라는 물질적인 세계가 펼쳐져 있었다.

30

열심을 내게 하는 것

그로부터 3일쯤 지난 후 포겔 박사로부터 요전에 호텔 로비에서 너무 많은 이야기를 하지 않았나 하고 전화가 걸려왔다.
"그렇지 않아요. 매우 흥미 있는 이야기였다. 특히 탈무드라는 것은 왠지 대단히 유익한 책일 것같이 생각된다. 한번 읽어보고 싶다고 생각해요."
라고 대답하였더니 지금 곧 가겠다는 포겔 씨의 말이었다. 나도 좀 한가하기에 인스턴트 커피를 끓여 놓고 그가 오기를 기다렸다.
"요전에도 이야기하였듯이 탈무드 즉 '교훈, 교의'로 알려진 이 책은 내용이 '사는 법', '걷는 법'과 그 밖의 방대한 양의 이야깃거리로 되어 있는데 아직 일본어로는 완역된 것이 없어요. 탈무드에는 예루살렘과 바빌론에서 따로 완성된 두 종류가 있었는데 현재 우리가 가지고 있는 탈무드는 바빌론에서 만들어진 것이지. 그러나 이것이 너무도 방대하기 때문에 슐항 알크라고 부르는 요약(要約)을 붙이게 되어 현재 정통파 유대인 사회에서 실용되고 있네. 탈무드의 미쉬나는 6부 구성으로

 1. 세라이므 : 농업편
 2. 모에도 : 계절·제사편
 3. 나시무 : 여성편
 4. 네지킨 : 민법편

5. 고다시무 : 의식·희생편
  6. 도하로트 : 불결과 정결편(몸을 정결히 하는 의식)
등으로 되어 있지. 각 장(章)에는 게마라라고 하는 보충설명이 붙어 있어서 이것에 의하여 유대인의 일상생활의 지침이 되도록 구체적인 해석이 되어 있고."

"어째서 그렇게 복잡한 체계가 되었을까요. 성서만으로도 족할 터인데…."

내가 모르는 소리로 그의 말을 가로막으니 이렇게 대답을 하고 내 곁을 떠났다.

"좋은 질문이야. 그 이유는 대체 둘로 생각할 수 있겠지. 첫째, 옛부터의 율법과 탈무드 가운데 정해져 있던 사항들이 역사의 흐름과 함께 실행하다 보니 시대에 맞지 않아 불편하게 되었을 것이고 그리하여 새로운 해석 즉 게마라를 첨가하여 그 시대에 맞도록 수정했다는 것. 둘째 이유로 생각할 수 있는 것은 2천 년이나 되는 기나긴 동안에 끊임없이 행하여진 탈무드 박사(博士)들의 명상에 의한 영향도 있다는 것. 그 중 자네에게도 유대의 신비사상(神秘思想) 카발라에 대하여 이야기하였지만 이 탈무드의 이해에도 깊은 명상이 필요하였던 것이지."

31
변덕의 죄

'요새는 텔레비전을 보나 신문을 보나 무엇 하나 속시원한 뉴스가 눈에 뜨이지 않거든. 이럴 때는 무엇인가 엉뚱한 짓이라도 해본다면…'

이러한 생각을 하고 있을 때 포겔 박사가 전화를 걸어왔다.

"자네니까 아마 지금도 무엇인가 생각하고 있겠지. 일본의 옛말에 '하수(下手)의 생각은 쉬는 것과 같다'는 말이 있는데 설마 그러한 것으로 시간을 허송하고 있는 것은 아니겠지."

이런 식으로 전화를 통하여 독심술에 말려든다면 곤란한데 싶어서 나도 본심을 드러내 보았다.

"그렇지요. 무엇인가 눈이 번쩍 뜨이는 기상천외한 일이라도 해보았으면 싶은데 뭐 좋은 아이디어가 없을까요?"

이렇게 말하니 포겔 박사는 웃고 있는 모양이었다.

"그런 것을 갑자기 물으면 나도 무어라고 대답할 말이 없네. 그런데 왜 또 갑자기 그런 생각을 하게 되었는지 나로서는 그것이 더 흥미가 있는데."

"별로 다른 뜻은 없지만 너무도 지루하기만 하기에 지금까지의 생활을 몽땅 뒤엎을 수 있는 일을 해보았으면 싶어서지요."

하고 말하였더니 그는 이러한 말을 한다.

"그럴 때는 해외여행을 하고 싶다는 것이 첫째 평균적인 일본인의 사고방식인 것 같은데 그런 것 아닌가."
 "농담하는 것 아녜요. 단체여행으로 해외에 나가는 건 취미 없어요. 무엇인가 해보고 싶은데 도대체 무엇을 해야 할지 생각이 안 나거든요."
하며 내가 우물우물하고 있으니
 "명심하게! 세상에 기상천외(奇想天外)란 전혀 있지 않으니까. 가령 전혀 모르는 사람이 돌연 기상천외한 일을 했다고 해도 그 사람 자신으로 볼 때는 기나긴 동안을 쉬지 않고 꾸준히 노력하고 준비하여 온 것으로 그에 상당한 노고를 조금씩 현실화한 것뿐이거든. 그런데도 곁에서 보기에는 그 사람의 고생한 것은 모르고 결과만 보고 돌연 상상도 못할 일들이 갑자기 실현된 것으로 생각하거든. 그러기 때문에 기상천외한 일이란 이 세상에는 있을 수 없다고 생각해 두는 것이 좋을 것일세."
 "그렇다고 하더라도 기적과 같은 일이라도 내일의 일을 알 수는 없는 일이니까 그렇게 말하는 것은 인생에서 꿈을 없애는 것이 된다."
 "그러면 되도록 재미있는 꿈이라도 잘 꾸는 것이 제일이겠군."
 "잠깐 기다려 주세요. 전화가 너무 길어서 미안하지만 가령 어느 상품이 유행의 물결을 타고 폭발적으로 팔려 판자집에 살고 있던 친구가 졸지에 큰 빌딩을 도심에 높이 지어 올릴 수도 있겠지요. 증권을 사서 폭리를 보았다는 친구의 말도 들었어요. 그러니까 기상천외한 일이란 있을 수 있다고 생각한다."
 "그러한 돈벌이 이야기를 기상천외라고 생각한다면 그거야 어디를 가나 수두룩하지. 그러나 내가 말하고자 하는 것은 그런 것이 아니네. 기상천외한 일이 없나 하고 기대하는 인간은 매일 매일이 견딜 수 없을 만큼 따분하기 때문에 거기에서 빠져 나오고자 그러한 요행을 기다리게 되는 것이지. 말하자면 그것은 일상생활에서 도피하는 것, 즉 도망치려는 심리라는 것이야. 알아두게나. 이것은 충고인데 너무 그러한 생각은 하지 않는 것이 좋아. 마음먹고 무엇이든 하려고 한다면 대개의 경우 시간과 돈을 낭비하고 결국은 아무 것도 얻지 못하고 손해만 보고 마는 수가 많거든. 나의 친구가 만일 그렇게 된다면 나로서도 슬픈 일이거든."

"잘 생각하기로 하지요."

하고 나는 마지못해 긴 전화를 끊었다. 사무실 창으로 아무 변화도 없는 거리의 풍경을 바라보며 담배연기를 뿜고 있으려니 역시 포겔 박사가 한 말과 같이 나 자신이 잿빛 일상 생활에서 빠져나가고 싶은 감정에 젖어 있었다는 것을 깨달을 것 같은 생각이 든다. 그런데도 기상천외한 일이 단순한 변덕이나 현실에서 도망쳐 나가고 싶은 심리의 표현이라고는 생각하고 싶지 않다. 그것도 별 재미를 느끼지 못하였다. 그러는 중 이것저것 일거리가 생겨 늦게까지 시간 가는 줄을 몰랐다. 사무실에서 나와 황혼의 거리를 나서 보니 각기 바쁜 듯이 사람들이 혼잡하게 오가고 있다. 모두가 생활을 위하여 일을 보러 다니는 것이겠지. 가족들도 있겠고 책임도 있겠지 하는 생각을 하니 역시 아까 한 기상천외라는 것을 기대하는 것은 포겔 박사의 말과 같이 도피(逃避) 심리의 발로인지 모른다는 생각이 든다.

32

유대의 신

　지금 2년째 접어드는 지하철 공사인데 때와 경우에 따라 기분 관계로 그 공사의 소음이 지독하게 짜증을 돋구는 수가 있다. 그날의 오후는 정말로 그러한 시기와 꼭 초점이 맞았던 것이다.
　친구에게 보낼 편지는 서문을 쓰다가 찢기를 너댓 장. 때마침 포겔 박사가 사무실로 쑥 들이닥쳤다.
　"왜 속을 태우고 있나?"
　이 유대 사람 선뜻 마음의 핵(核)을 찌르는 듯한 말을 한다. 내가 거기에 말려들어서는 안 된다 하고 얼마간의 유대식 사고법으로 현자(賢者)가 되어 보려는 나는 즉시 화제를 돌렸다.
　"카라양은 어떻게 되었지요?"
　"그 애는 말이지 가끔 가다가 터무니없는 짓으로 일본 연구를 하고 있어. 요전까지는 힐튼호텔에 투숙하고 있다가 일본 여관으로 옮겨온 날 그 애가 일본식 화장실에 들어갔을 때 참을 수 없는 우스운 일이 벌어졌지. 그 편편하게 얕은 변기 위에 쪼그리고 앉아 궁둥이를 내놓는다는 것은 그 애로서는 상상도 못할 일이었지. 그래서 그 일본식 변기 위에 털썩 앉았더니 양쪽 다리는 앞에서 떼밀고 궁둥이는 변기 속에 박혀 들어 큰 일이 났던 것이지. 그런데 다리를 앞으로 뻗고 주저앉았기 때문에 아무리 몸부림을 쳐도 일어날 수가 없었다는 거야. 그 다음은 자네의 상상에 맡기겠네."

이 이야기를 듣는 순간 나의 짜증스럽던 기분은 어디론지 사라져 버렸다. 그토록 아름다운 여자가 일본 변소에서 그러한 봉변을 당했다는 것은 좀처럼 상상조차 하기 어려운 일이었다.

그러나 잠시 스쳐 가는 것이 있었다. 뉴욕에 있을 때 찾아온 모 교수가 아무리 연구를 해도 서양식 변소로는 일을 마칠 수가 없어 그 좁고 높은 변기 위에 위험스러운 꼴로 올라앉았던 모습이 떠올랐다.

"같은 경우였군요, 서로가."
하고 나는 중얼거렸다. 그리고
"그렇다면 그 학생의 일본 공부는 아직 멀었군요. 이제부터 시작하는 단계가 아닌가요?"
하고 말하였더니
"정말이야! 요전에는 제법 일본통(日本通)인 듯이 이야기하더니 결국은 일본 변소에서의 일 보는 방법조차 몰랐던 거야. 이것은 아메리카의 대학교육의 결점이라고 지적하고 싶어."

포겔 씨는 그런 말을 하고는 가수가 노래를 하고 관중을 향하여 취하는 흉내를 냈다. 포겔 씨 자신은 최근 일본 고전연구를 대충 마치고 이번에는 예능관계 방면에 손을 댄 모양이다..

"유대인이란 호기심이 강한 인종인가 보지요?"
나는 이런 말을 부지중 입 밖으로 내었다.
"글쎄, 일괄적으로 말할 수는 없으나 나처럼 수염을 매일 아침 밀어야 하며 2주일에 한 차례 이발소를 가야 하는 유대인은 이른바 순수한 정통파 유대교도가 아닌 셈이지. 나의 가족은 카라를 포함하여 뉴홈 즉 개혁파의 유대교도에 속한다고 할 수 있겠지. 나도 금요일에는 일을 쉬거나 하지 않거든. 그러나 이스라엘에 가보면 현재에도 2천 년 전과 같은 방법으로 살고 있는 사람들이 아직도 있어요. 제단을 축조하고 양을 희생 제물로 하여 번제를 지내는 모세 이래의 전통을 그대로 지니고 있는 셈이지. 우리들 뉴홈의 클럽은 그러한 일을 하지 않으나 역시 탈무드는 때때로 읽고 있고 시간이 있으면 유대교회(시나고그)에도 나간다네."

"아무리 생각해 봐도 신기하네요. 이 과학 만능의 문명세계에 어찌하여 당신들 유대인은 신이 있다는 등 그러한 것을 믿는다는 것인지 그것을 나로서는 도저히 알 수가 없어요."
하고 나는 솔직하게 내 생각을 그에게 토로하였다.

"유대인에게 있어 신이 존재한다는 것은 우주가 존재한다는 사실만으로 충분히 증명된다고 생각하네. 그런데 그리스도교 가운데에도 카톨릭에서는 여러 가지로 이론을 주물러 신의 존재를 증명하려고 하는데 나로서는 그것이 석연치 않은 부분이라고 생각하지. 그러나 더욱 이상한 것은 거의 대부분의 일본인 특히 지적인 일본인이 하나님을 믿지 않는다는 것은 도저히 이해할 수 없는 일이야."

"그렇다면 하나님은 천체망원경으로 볼 수 있는지. 현미경으로 살펴볼 수가 있는지. 그렇지 않으면 무슨 분석장치라도 포착이 되는 것인지. 당신과 같은 빼어난 지성의 소유자가 왜 이처럼 비과학적인 신을 믿는 것인지 알 수가 없군요. 이성의 활동을 신뢰하고 있는 현대인이 비이성적인 신이라는 허황한 것을 믿으려고 하는 지성의 정도를 의심하는 증거로서 나는 생각하는데…"
하며 내가 과학적 무신론을 제창하는 동안 그는 잠자코 내가 하는 말을 듣고 있었다.

"자네는 수학을 공부한 일이 있겠지?"
포겔 박사는 이런 식으로 이야기를 바꾼다. 나는 소위 유대식 사고법의 발상으로 환혹(幻惑)되어서는 안 되겠다 하고 정신을 바짝 차리고 이야기 들을 채비를 갖추었다.

"수학에서는 극한이라는 것을 항상 염두에 두고 있거든. 점은 면적이 없는 것, 점의 집합은 선. 그러나 너비는 없다. 선의 집합은 면적 그러나 거기에 두께는 없다. 이러한 추상적인 존재는 있을 수가 없거든. 그러나 이론적으로는 가능한 것이야.

같은 이치로 수열(數列) 1에서 시작하여 2에 이른다. n은 어떠한 수효일지라도 관계없다. 이것도 추상적 사고의 산물이나 이론적으로는 충분히 견딜 수 있는 것이야. 그러면 인간의 지성이라는 것에 대하여 생각해 보기로 하지. 지성의 극한을 1로 하고 즉 모든 지성의 최고도의 상태를 뜻하면 이 지성 레벨 1의 상태에서는 여러 가지 일이 가능할 것이야. 가령 생명의 합성이나 뇌를 만드는 작업 등 전부. 왜냐하면 그것은 극한의 지성 레벨에 있기 때문이지. 그 지성 레벨 1과 현재 우리가 가지고 있는 지성을 비교하여 보지. 아마도 그것은 대단히 낮을 것이 틀림없겠쟎나. 왜냐하면 현대의 과학자들의 최고의 지성을 가지고 만들어진 각양 각색의 생산물들이 완전하게 계산되어 있지 않기 때문이네. 예를 들어 탈리도마이드를 만들었을 때 기형아의 발생을 예측하지 못하였고 DDT를 제조할 때 그것이 순환작용으로 생물체 내에 농축되어 결국은 인간의 건강을 해친다는 상황은 예측 불가능였으니까. 공해의 발생도 이러한 과학적 지식의 근시안적 성질에서 유래되고 있는 것일세. 다시 한번 지성 레벨 1을 생각해 보세. 그러면 우리들의 지성 레벨이 얼마나 낮은 발달 단계에 그치고 있다는 것을 알 수 있을 것일세. 초등학생의 지성으로 대학생의 수학을 이해할 수 없듯이 우리들의 지성을 가지고 극한의 상태에 있는 지성 레벨 1이 이해될 것인가? 지성 레벨 1이라는 표현과 신이라는 것의 의미와는 같은 것이지."

라고 이 유대인 사업가는 말한다.

"옳습니다. 지성 레벨 1이라는 것을 좀더 생각해 봐야겠습니다."

나는 30분쯤 혼자서 조용히 사무실 의자에 앉아 생각해 보았으나 도저히 이해가 안 가기에 친구에게 쓰다 만 편지나 쓰기로 하였다.

그래도 그날 밤은 그 유대인이 이야기한 신이라는 것에 대하여 잠이 들 때까지 멍하니 생각하고 있었던 것은 사실이었다.

33

흑 막

　매일 탄복하리만큼 가지각색의 사건들이 발생하고 있다. 신문을 읽으면서 이것저것 생각하고 있는데,
"안녕한가?"
하고 순수한 일본어 발성과 함께 포겔 박사가 어슬렁어슬렁 사무실로 들어섰다.
　"요새는 웬 사건이 이렇게 매일 발생하는지 탄복하고 있는 중이다."
　"어디어디"
하며 포겔 박사는 내 손에서 신문을 낚아채듯 하여 그 1면을 위엄 있는 표정으로 쭉 훑어본다.
　"또 그 일본의 흑막들이 무엇인가 책모(策謀)를 시작한 모양인데."
　"허, 어떻게 그런 것을 아십니까?"
하고 내가 물으니
　"신문기사의 이면을 읽는 습관 탓이지."
하고 포겔 박사는 새침한 얼굴로 묘한 말을 한다.
　"어떻게 기사의 이면을 읽는다는 겁니까?"
　나는 무엇인지 여우에게 홀린 것 같은 기분으로 물었다.
　"일본인의 행동 양식을 연구해 보면 즉시 알 수 있는 일이니까.

가령 일본 정부가 무엇인가 발표하려 할 때에 그 그늘 속에는 반드시 흑막이 암약하고 있다고 해도 과언이 아니야. 흑막이라는 것에 대하여 알면 알수록 일본과 일본인이라는 세계에서도 묘한 사회상을 알게 되고. 그런데 당사자인 일본인들은 너무 그 점에 대한 관심을 가지고 있지 않다는 것은 이상하다는 것이야. 말하자면 일본 사회에서는 무엇이나 좀 큰 사업을 해보려고 한다든지 정부의 중요한 지위에 오른다든지 회사의 중역이 되고 싶다고 생각한다면 절대적으로 흑막의 원조가 필요하게 된다는 것이지."

"그렇다면 박사님은 신문기사를 읽으면서 그 배후에서 일어나고 있는 흑막을 들여다보고 있는 셈이군요."
하고 말하니
"그렇지. 그것을 모르고는 일본에서의 비즈니스를 할 수 없겠지. 흑막적 사고라는 것은 일본 사회에서는 매우 오랜 역사를 가지고 있다고 생각하네. 여러 가지 역사책을 읽을 때에도 그 시대의 흑막의 주인공이 누구였는가를 생각하지 않으면 일본 역사를 이해하기란 어렵다고 생각하니까."

"그러면 대체 어떻게 하여 일본사회는 흑막의 존재가 필요하게 되었을까요?"

"그 질문은 대단히 중요한 질문이야."
하고 포겔 박사는 나를 조롱하듯 하며 이야기를 계속한다.

"먼저 생각할 것은 일본 역사는 항상 진짜 실력자가 흑막의 지위를 차지하고 있다고 말할 수 있지. 왜 실력자가 제 1인자가 되거나 톱이 되지 않는가 하면 일본 사회에서의 톱의 지위는 항상 매우 위험하기 때문이지. 명치 이래 일본 총리대신이 몇 명이 암살되었는지 자네는 알고 있겠지. 그래서 정말 일본사회에서 세력을 떨치고 싶으면 절대적으로 흑막의 배후에 머물 필요가 있는 것이지."

"그렇다면 어떻게 해야 흑막이 될 수 있을까요?"
　이렇게 물었더니 포겔 박사는 싱글싱글 웃으며 대답을 하고 싶지 않다는 태도였다.
"너무 재지 마시고 가르쳐 주십시오."
하고 머리 숙여 청하니 그는 할 수 없다는 듯이
"그 점에 대해서 내가 발견한 열쇠가 있지. 그러니까 그렇게 간단하게는 설명하고 싶지 않지만 다른 사람 아닌 자네니까 얘기해 볼까."
　포겔 박사는 이야기를 계속한다.
"일본에서의 흑막의 자격은 그 사람의 이력이나 학력 같은 것은 전혀 관계가 없는 완전한 자유경쟁의 분야인 것이지. 표면적으로는 학력 사회라고 하여 동경대를 졸업하면 그대로 쭉 엘리트 코스를 걷게 되는 것으로 생각하는 모양이지만 그러나 일본에 머물고 있는 유대인의 객관적 눈으로 판단한다면 일본의 동경대 출신 엘리트들은 이 흑막의 잔심부름꾼으로 입신출세하는 예가 대부분이거든. 그 좋은 예가 다나까(田中角榮)씨. 만일 다나까씨가 수상이 되지 않았으면 현재에도 흑막으로서 마음대로 활약할 수가 있을 것으로 생각해. 반드시 매스컴에는 등장되지 않는 제2 제3의 다나까씨가 일본 사회의 각 분야를 휘어잡고 있거든.
　이러한 일본 사회에서의 흑막의 존재를 계산에 넣어 본다면 일본도 미국과 같은 경쟁사회지만 일본의 사회는 역사가 길기 때문에 경쟁에 견디지 못하는 약한 인간에 대하여도 그의 구제책을 착실하게 준비하고 있는 것이지. 그것이 종신고용제도(終身雇用制度)이며 에도시대(江戶時代)라면 무사계급(武士階級)의 가격제도(家格制度)가 되는 것이지. 가령 천해승정(天海僧正) 같은 에도시대 초기에 활약한 괴승(怪僧)의 일을 생각해 보면 좋을 것이네. 가격제도(문벌계급)가 빈틈없이 짜여져 있던 당시 일본 사회인데도 천해승정의 출신은 너무도 분명치 않거든. 그는 가이쓰(會津) 지방 출신이라고 하나 이 동북지방 출신의 사내가 이에야쓰(家康)로부터 3대 장군(三代將軍) 이에미쓰(家先) 때까지 흑막으로서 크게 정치적 영향력을 행사하고 있었던 것일세. 천태승정은 당시에도 반전설적(半傳說的)인 존재였네. 그 증거로서 그의 연령은 다만 1백 세 이상으로만 알려지고 있지. 즉 천대승정 개인에 대하여는 그의 생년월일까지도 분명히 밝히지 않았던 것이지. 당시의 다이묘(大名・江戶時代 俸綠萬石以上의 武家)들이 에도 막부(幕府)로부터 견책(譴責)을 받게 되면 반드시라고 할만큼 천해승정이 있는 지승상사(芝僧上寺)로 평신복두(平身伏頭)하고 빌려 갔었던 것일세. 그렇게 하면 또 반드시라고 할만큼 에도막부의 노여움이 풀려 그 다이묘의 지위는 안전해지는 것이었고 그렇게 큰 은혜를 입게 되니 그 다이묘는 자자손손 천해승정을 목숨의 은인으로 받들어 모시게 되는 것이 아니겠나. 여기에 흑막의 비밀이 잠재한다고 생각하네. 즉 일본 사회의 흑막과 인간관계는 표리(表裏)관계를 가지고 떨어지기 어려운 존재가 되는 것이니까. 이렇게 하여 몇 백년 간을 일본에서의 정책입안(政策立案)과 일본인의 성격, 일본사회의 구조 등이 차례로 형성되어 온 것이지."

"그렇다면 남의 불행을 잘 돌봐주는 것이 흑막으로서는 필요한 셈이군요."

"그렇지. 그렇게 하여 흑막의 힘이 형성되어 가는 것이지." 하고는 그는 내가 정말 알았나를 살피는 듯한 눈으로 내 얼굴을 힐끔 쳐다본다.

34

유대식 사고법

　겨울이 얼마 남지 않은 어느 깊은 가을밤. 근처의 지하철 공사 소음도 그치고 가끔 지나가는 자동차 소리도 그다지 신경이 쓰이지 않는 시각에 문득 창 너머로 하늘을 쳐다보니 처절하리만큼 밝은 달이 비쳐든다. 그 밤 나는 유대인들의 비밀 사상의 서(書)라고 일컫는 카발라의 영역본을 탐독하고 있었다.
　유대인들이 이산민(離散民)으로 유럽 각지로 흩어진 다음 거기에는 많은 박해의 역사가 기다리고 있었다. 대학살도 있었고 탈무드를 긁어모아 불사르는 계획도 몇 차례나 실행되었다. 왕국으로부터 봉건영주(封建領主)의 토지에서 유대인들은 쫓겨나 방황하는 유랑민이 되었던 것이다. 현실은 엄숙하고 거기에는 아무 행복의 조건도 찾을 길이 없었다. 이러한 절망의 나날을 유대인들은 랍비가 가르치는 탈무드나 토라의 교시에 따라 살고 그리고 오직 명상의 세계로 빠져들어 갔던 것이다. 어둠침침한 빈민가의 구석진 곳이나 먼지투성이의 랍비의 서재에서 조금씩 조금씩 카발라의 신비사상을 형성시켜 가고 있었던 모양이다.
　13세기경 스페인의 유대인들 사이에 "소하루(光輝의 書)라는 책자가 유포되기 시작하였다. 이 책은 아마 모세·도·레온이라고 불렸던 랍비에 의하여 편찬되었던 모양이다. 일서에 의하면 2세기경의 랍비, 시메온·벤·요하이에 의한 것이라고도 한다. 이 신비사상은 그리스 철학 특히 신(新)플라톤파의 영향을 짙게 받고 있었던 것이다. 카발라주의자들은 성서의 말씀을 모두 상징적인 약어로 보고 그것을 신비적으로 해석함으로 우주의 비밀을 이해할 수 있을 것으로 생각하고 있었다. 이 상징언어의 암호를 해독하는 데 쓰이는 방법을 게마토리아라고 한다.

 이것은 언어에 대응하는 수치(數値)를 찾아 그것에 의하여 언어 속에 감추어진 비밀을 발견하려는 방법이었다. 이러한 카발라사상은 성서의 묵시록(默示錄)을 이해하는 노력에 의하여 창출된 것이기도 하였던 모양이다. 요한계시록을 보면 그것은 상징에만 의하여 서술된 글이라고 할 수 있다.

 "내가보매 어린양이 일곱 인 중에 하나를 떼시는 그 때에 내가 들으니 네 생물 중에 하나가 우레 소리 같이 말하되 '오라' 하기로 내가 이에 보니 흰 말이 있는데 그 탄 자가 활을 가졌고 면류관을 받고 나서서 이기고 또 이기려고 하더라."

- 요한계시록 제6장 1, 2절

 이러한 문장을 그대로 이해하려 하면 무리일 것이다. 거기서 카발라의 신비사상은 위력을 발휘하게 된다. 즉 게마토리아의 수법이나 노타리콘의 암호 해석법이 필요하게 된다.

 카발라 사상에 있어서 중요한 역할을 성취한 글로는 《창조의 서(創造의 書)》라고 하는 것도 있다. 16세기경의 랍비 겔무의 엘리야는 이 글의 도움으로 고렘을 재생시켰다고 한다. 또 같은 시기에 예루살렘에서 태어난 이사크·루리아는 '소하루'의 연구를 계속하기 위하여 이집트의 사막에 연한 나일강에서 세상과는 연락을 끊고 7년간이나 이 비밀의 서에 대하여 명상에 골몰한 다음 제자들을 모아 그 신비사상을 가르쳤다고 한다.

그날 밤 나는 이러한 중세기의 유대인들에 의한 신비사상의 포로가 되어 정신없이 탐독하기에 밤이 깊어 가는 줄도 모르고 있었다. 그리고는 마음속으로,

"됐다, 이제는 포겔 박사를 혼 좀 내주어야지."

이렇게 벼르고 있던 것이 사실이었다.

카발라서를 덮어놓고 구약성서의 책장을 아무렇게나 넘기다 보니 거기에는 유대의 신비사상인 듯한 한 구절이 눈에 띄었다.

"아론이 팔을 애굽 물들 위에 펴매 개구리가 올라와서 애굽 땅에 덮이니 술객들도 자기 술법대로 이와 같이 행하여 개구리로 애굽 땅에 올라오게 하였더라"   - 출애굽기 8장 6, 7절

다소 수면 부족을 느꼈으나 다음날 아침은 비교적 상쾌한 기분으로 일을 마치고 오후가 되어 한숨 돌린 다음 포겔 박사에게 전화를 걸었다.

"내가 카발라사상에 대하여 조금 연구하였기에 이야기를 좀 했으면 하는데 어떠신지요?"

"허어, 카발라를 말인가. 자네가 혼자서 연구했단 말인가. 그것 재미있는데. 내 곧 가지."

그리고 불과 10분도 채 안 되어 그의 모습이 사무실에 나타났다. 내가 어제 밤을 새워 쌓은 카발라의 지식을 물 흐르듯이 도도하게 진술하였더니 그는 언제나 같은 모습인 싱글싱글 웃는 얼굴로 경청하고 있었다. 가끔 서가 밑에서 무슨 벌레라도 들어 있는 듯 바시락 소리가 났다.

"과연 카발라사상이 자네 같은 현대적 일본인의 흥미를 끌 수가 있다는 것은 나로서는 의외의 발견인데."

포겔 박사는 이러한 말을 하며 감동된다는 표정이었다. 그런데

서가 밑에서 바시락 바시락하는 소리는 계속되고 있었다. 나는 갑자기 그 소리에 신경이 쓰여졌다.
 "카발라의 사상이라는 것보다는 사고의 형태는 이른바 유대식 사고법이 충분히 받아들여진 것을 자네는 깨달을 수 있을까."
하고 포겔 박사는 이야기를 다시 시작했다.
 "3단논법 외에는 2단논법도 쓰고 직관에 의한 사고의 형태도 충분히 쓰여지고 있다네. 가령 칼·팔호벨논법이라는 사고 형태로는 작은 것에서 큰 것으로, 큰 것에서 작은 것으로 사고를 이동해 오지. 이 형식은 탈무드의 이야기 중에도 반복되고 있지. 또 유대식 사고법에는 헤케스논법이라고 하는 것이 있는데 이것은 유추 또는 대비에 의한 사고법이야. '포도주는 나이를 더할수록 맛을 더하듯 지혜도 그와 같아 해가 더한 만큼 맛이 나온다.'(탈무드)는 말은 이 헤케스논법에서 근거한 것이지. 피니아네·아푸논법은 원칙을 세움에 따라 생각하는 방법에 질서를 붙이는 방법으로 이것은 성서의 문장에서 올바른 해석을 인용할 때 같은 때에 쓰이는 방법이네. 예를 들자면 모세의 십계 등의 간단한 표현에서 실제적인 문제에까지 그 적용을 확대 해석하여 쓰기 위하여는 피니아네·아푸논법이 필요했다는 것이야. 그밖에 일반에서 특수한 데로, 특수한 데서 일반적인 데로 논법을 발전시키는 타입의 사고법이나 쿠리 또는 쿠테이프라고 불리는 교의(教義)에 근거를 두는 논법이 있고, 다시 카발라사상에 있어서는 상징에 의한 의미가 넘쳐흐르는 토라, 즉 성서의 세계에서 암시에 의하여 해석을 얻는다는 사고법이 발달하기에 이른다네. 그러므로 위의 암호·비유 등이 이러한 형태의 사고법에 있어 중요한 역할을 수행하고 있었던 것이야."
 이렇게 하여 중세기의 랍비들은 무한이라고 할 수 있을 만큼 상징의 세계에 살면서 상상도 미치지 못할 두뇌의 훈련을 쌓아 왔던 것이다. 이러한 유대인들의 노력이 현대의 유대인이 갖는 높은 지능과 어느 만큼의 관계가 있는가에 대하여는 포겔 박사 자신도 모르는 모양이다.

"당신의 이야기를 들으니 더욱 유대사상이라는 것이 뭐가 뭔지 모르겠군요."
하고 작은 목소리로 중얼거리니,

"그럴 리가 없네. 자네는 상당한 이해력을 갖고 있어. 카발라는 아주 난해한 사상 체계인데도 용케도 자네가 여기까지 이해하게 된 것에 나는 탄복하고 있어."

그것이 설사 그 사람 유의 형식적인 발언이라 하더라도 나쁜 기분은 아니었다.

35

계약에 대한 마음가짐

"우리들은 경제의 최전선에 서 있는 셈이니 그날 그날의 매상과 고객의 태도, 돈의 흐름 등으로 그 즉시 경제의 동향이 척 하고 피부에 느껴집니다."

"신문의 통계 숫자나 정부의 공식 발표보다도 먼저 무엇인가를 느낀다는 말이군."

나는 감탄하며 소매점을 경영하는 옛날 동기생과 이야기를 하고 있었다.

"경제원칙에서 말한다면 매년 조금씩 매상이 올라가야 할 필요가 있지만 최근에는 어쩐지 그와는 반대로 역행하는 것 같애. 어쩐지 기분 나쁜데…"

하고 이 저자세의 친구는 말한다. 언뜻 보아 중년의 소매 상인에 지나지 않는 친구처럼 보이나 그도 사적인 시간이 되면 손님 대하던 은근한 태도는 송두리째 버리고 매우 학술적인 발언을 하게 된다. 이 친구 일단은 알려진 관립대학에서 경제를 전공하였으니 저라고 뽐내며 물건 사러 오는 졸부들보다는 훨씬 깊은 학문적 배경을 가지고 있는 것이다.

"자네도 이만큼이나 장사꾼답게 되기까지는 많은 수고를 하지 않았나."

하고 내가 조롱하듯 말을 건네니

"그건 그래. 요새 식으로 본다면 별로 좋은 직업도 아니거든. 작업복이나 입고 사리 분별도 못하는 인간들한테 굽실굽실 머리를 숙여야 하니 때로는 성질도 나요. 그러나 한편 마음 편한 직업이라고 생각도 되거든. 열고 싶은 시간에 가게를 열고 닫고 싶을 때는 언제든지 닫고 한가할 때는 자네 같은 친구하고 학문에 대한 토론도 하고 두뇌의 퇴화를 막기 위하여 독일어의 경제 서적을 읽을 수도 있으니까 말이야. 제일 무서운 것이 세무서 아닌가."

"거기까지 들었으면 알았어. 그만두게."

하며 부담 없는 이야기를 주고받는데 또 포겔 박사가 슬그머니 나타났다.

"입은 것은 누더기지만 마음만은 비단이다 그 말인가?"

하고 엉뚱한 소리를 지껄여댄다.

"어허, 그 말 어디서 듣던 소리야. 유명한 유행 가수 누군가의 전용 문구 같은데."

소매상하는 내 친구는 상대가 외국인이라는 것도 잊어버리고 이렇게 빈정대고는 서로 얼굴을 바라보고 크게 웃었다.

"옳아. 자네는 보잘것없는 잡화상에 누더기를 입더라도 마음만은 비단이란 말이지."

하고 내가 감탄했다는 투로 말하니 다시 이 유대인이 말문을 연다.

"소매상의 경우는 어떻습니까. 도매상이나 제조업체와의 거래에 계약서를 주고받고 하겠지요. 나의 경우는 일단 수출입업(輸出入業)이라 하여 그러한 서류는 전부 갖추게 되었다마는…."

포겔 씨는 이 친구와 초대면인데도 그로서는 이상하리만큼 경쾌하게 담소(談笑)하자 나의 친구 역시 마음놓고 기탄 없이 대답한다.

"그런 것 없다. 전화로 주문하던가 소매점을 순회하는 세일즈맨이 수첩에 메모하여 가는 것으로 계약이 성립되는 셈이지요. 그래서 때로는 제조업체에서 주문도 하지 않은 상품을 잔뜩 실어 보내는 일도 있어요. 즉 판매 실적이 좋지 않게 되면 이러한 수를 쓰게 된다. 다시 반품하기도 귀찮고 하여 그럭저럭 소화시켜 줄 것으로 그들도 계산하고 하는 수법이지요."

"옳아. 나도 그럴 것이라고 생각했어요. 그렇더라도 일본 사람은 행복한다. 그러한 식으로도 무사히 잘 넘어가는 것을 보니."

포겔씨의 말에 의하면 유대인들은 그들의 역사가 시작되던 처음부터 '계약'이라는 관념에 의하여 움직일 수 없도록 굴레를 쓰고 살아온 민족이었던 같다. 그 계약도 사업이나 사회생활의 세부에까지 걸친 것만이 아니고 실로 신과 인간의 사이에 맺어지는 계약이라는 사고 방법에서부터 시작되었다는 것이다.

"허어 놀랐어요. 인간이 신과 계약서를 교환하는 것입니까."
하고 나의 친구가 기가 막히다는 표정을 지으니

"그렇습니다. 모세가 시나이산에 올라가 신과 만나 거기서 계약을 교환한 것이 소위 십계이다. 그 계약은… 돌 위에 새겨져 있었던 것인데 결국은 현대의 보험 계약서와도 흡사한 것이어서 인간이 그 계약을 성실히 준수하면 좋지만 만약 그 계약에 위반되는 행위를 한다면 신은 인간에 대하여 그 계약 위반을 책임 추궁하게 되는 것이지요."

"야아 되게 인간스러운 신인데."
하고 내가 빈정거렸다. 이것은 최근 나의 몸에 붙은 악취미의 탓이기도 하나 이것 역시 포겔 씨로부터 받은 영향이라 어쩔 수 없다.

"인간스러울 정도가 아니라 신은 굉장히 질투가 심할 때도 있으니까 계약자인 인간으로서는 그 행동에 특별히 주의하지 않으면 안 된다. 말씨라든지 잘 생각하여 경건한 행동으로 신에 대하여 말해야 한다. 거기서부터 유대의 지혜라는 것도 생겨나기 시작하였다."

포겔 박사의 발언은 나의 친구에게는 대단히 흥미를 주었던 것 같았다. 그 증거로 그날 오후는 종일토록 둘이서 입가에 거품을 물고 이야기꽃을 피웠으니 말이다. 나는 그들의 이야기가 싱거워서 일을 하려고 했으나 불덩이 같은 친구들이 맞붙은 사무실에서는 도저히 일이 되지 않아 말없이 빠져 나와 커피숍으로 도망쳐 버렸다.

36

정 서

텔레비전을 보고 있으면 위대하여야 할 장관들이 때때로 형편없이 저차원적인 발언을 하는 통에 이쪽이 차라리 보기 민망스러울 때가 종종 있다. 장관의 가치가 떨어졌는지 그렇지 않으면 우리들 서민의 수준이 높아진 것인지 그것을 분간할 수가 없다. 차차 해도 짧아지고 기온도 내려가니 저녁때가 되면 아무래도 텔레비전 앞에 붙어 앉게 되는 수가 많아졌다. 이러한 관계로 나는 나의 사무실에 소형 텔레비전을 테이블 옆에 놓고 본다. 어차피 나 혼자 쓰는 사무실이니까 이 정도 자유쯤이야 괜찮겠지 하는 생각이다.

오늘이야 그 짓궂은 유대인도 오지는 않을 것이고 텔레비전을 켜 놓고 프로야구를 보려고 하는데 일본 야구의 칠칠치 못한 플레이가 자주 눈에 띈다. 계속 보고 있으려니 점점 신경질이 난다. 나중에는 눈알이 뒤집히는 듯한 형상으로 텔레비전에 바짝 붙어 앉았다. 그런데 이러한 꼬락서니를 포겔 박사에게 또 들켰으니 말이 아니다.

그 사람 또 아무 기척 없이 살짝 실내로 들어와 텔레비전의 야구에는 눈도 돌리지 않고 나의 얼굴만 빤히 쳐다보고 재미있다는 듯이 히죽히죽 웃고 섰으니 견딜 수 없는 일이 아닌가.

"자네도 결국 속물일세 그려."

하고 나선다. 아니꼬운 일이지만 저 사람은 그러한 인물이지 하고 신경을 쓰지 않기로 했다.

"야구를 보고 즐기고 있던 것으로 자네는 생각하는 모양인데 그것은 오해야. 나는 어떻게 하면 일본의 프로야구가 좀더 성장할 수 있을까 하고 그것을 연구하며 보고 있다는 것쯤 통찰력은 있어야 하는데 슬픈 일이군."

하고 좀 억지 이론 같지만 이렇게 하여 일단 곤경을 모면하려 한 것이 잘못이었다.

"눈알을 둥글둥글 굴리며 사람이 들어오는 줄도 모르고 텔레비전에 취해 있지 않았나. 그러고도 그 사실을 부인하려는가. 엉뚱한 궤변만 늘어놓고…"

이렇게 나오니 정말 이 사람 만만치 않은 인물이다.

"이 매스컴 시대에 텔레비전을 보고 여러 가지 뉴스를 흡수해야 할 것 아닙니까. 즉 정보화 시대의 꽃인 텔레비전을 멀리한다는 것은 현대인으로서의 자격이 없다고도 할 수 있지 않습니까."

이렇게 말하면서도 이 말이 어쩌면 어느 장관의 발언과 같다고 나 자신 다소 갈팡질팡하는 기분이다.

"그것 재미있는데. 정보화 시대와 텔레비전의 관계라…"

포겔 박사는 의외로 나의 발언에서 중요한 의미를 발견한 듯한데, 대체 그것이 어떤 것인지 도리어 내가 흥미가 느껴진다.

"텔레비전이 알려주는 정보의 양은 대체 어느 정도일까. 유행가나 일일 드라마에는 이른바 정보라는 것은 포함되지 않았을 것이고 텔레비전의 코머셜에는 기업 측의 일방적인 선전에 지나지 않는 것이 대부분이거든. 그렇다면 텔레비전에서 흘려주는 정보는 뉴스 시간이나 시사문제 해설 또는 교육 문제 프로에 한정되고 있을 뿐이야. 말하자면 텔레비전의 대부분이 의사(擬似) 정보를 흘려주고 있다고 생각하거든. 그러나 이 의사 정보라는 것은 나에게 있어 흥미의 대상물이거든."
 "의사 정보라고요. 너무도 귀에 생소한 단어인데 당신의 창작어인가요?"
 "의사 정보라 하는 것은 영어를 번역한 것 같은데, 내가 만들어 낸 단어가 아닌 것은 확실해. 가령 자네가 최근 유행의 포크송을 들었다고 하고 그 곡이 현재 인기 1위라고 한다면 역시 이것도 정보의 일종에는 틀림없는 셈이지 않은가. 그러나 너무 알려졌거나 알지 못하거나 관계없는 정보라고도 할 수 있겠지. 즉 이러한 종류의 정보는 지식이라기보다는 차라리 우리들의 정서에 활력을 불어넣어 준다고 이해하고 있어. 젊은 사람들은 이 매스컴에서 흘러나오는 정보를 액면 그대로 받아들이기 쉽거든. 첨단적 유행을 흡수하는 인간 치고 실제로는 내용 없는 빈 탕인 정서적 인간이 되기 쉽지 않을까."
 "유행을 흡수한다는 것과 주체성이 없는 것과 같은 것이라고 생각하고 있군요."
하고 질문해 보았다.
 "그렇지. 자네는 어떻게 생각하고 있나?"
 "저의 생각으로는 이렇습니다. 즉 내가 야구를 열심히 보고 있을 때 확실히 나는 정서적이었고 주체성 같은 것은 염두에도 없었어요. 그러므로 즐거운 것이지요. 박사님 생각도 이해는 가는데 최근에는 조금씩 대수롭지 않은 일에도 열심히 하는 인간이야말로 삶을 즐기는 인간이 아닌가 하는 생각이 들어요. 이 사회에는 학문이고 무엇이고 모르더라도 인기 있는 스타가 될 수 있는 것이 마련되어 있지 않은가 말이다."
 이 의견에 대하여 나 자신도 다소 소신을 가지고 있었기 때문에 비교적 이론적으로 발언할 수가 있었다고 생각된다.

"부라보, 됐어, 됐어. 나는 히킨스 박사와 같은 심정일세."
"저 마이·후우·레데이 가운데 나오는 히킨스 박사 말인가요?"
"그렇지, 그렇지, 됐어. 부라보!"
어린애처럼 깡충깡충 뛰듯이 이 친구 밖으로 나가 버렸다. 나는 어리둥절하고 있었는데 조금 있으니 겨우 아 그랬었구나 하는 생각이 나는 것이었다.

37

나이 많은 늙은이

　대도시에서 혼자 사는 노인이 최근 부쩍 늘어나고 있다. 이야기를 주고받을 상대도 없이 쓸쓸한 나날을 보내는 노인들이 고독감에 시달리며 심한 불안에 떨고 있다는 불우 노인 기사가 신문에 실려 있다. 그 신문을 책상에 펴놓고 생각에 잠겨 있는데 포겔 박사가 찾아왔다.
　"노인 대책에 허술한 데가 많단 말이야."
하며 나는 신문을 포겔 박사에게 보라는 듯이 넘겨주었다. 그는 열심히 기사를 읽기 시작했다.
　"미국 노인들이 새빨간 셔츠를 입거나 알록달록한 유행 팬티를 입고 경쾌하게 운동 경기용 자동차를 몰고 다니는데 그것이 왜인지 생각해 본 일이 있나?"
　"미국에서는 노인 대책이 잘돼 있어서 일본에서와 같이 노인이 일찍 늙어 버리는 일이 없다고 말하고 싶은 것이지요?"
하고 내가 자못 자기 나라 자랑을 싫어하는 미국 사람에 대한 반감을 노골적으로 나타내며 이렇게 대답했더니 포겔씨는 그렇지 않다는 표현으로 한 손을 턱 근처에 갖다 대고 생각에 잠기는 시늉을 한다.
　"전혀 반대야. 자네가 그런 대답을 할 줄 짐작하고 있었는데 노인 문제에 대한 자네의 판단은 아주 틀렸어."

"어떻게 틀렸는지 설명해 주시지 않겠습니까."
하고 정색을 하니
"노인 문제라면 미국 측이 훨씬 심각하다고 할 수 있어. 미국 노인들이 왜 젊은이처럼 차리지 않으면 안 되나 하면 한번 젊음을 잃고 노인이 되어 버리면 사회에서 머물 수가 없게 되기 때문이야. 그래서 노인들은 필사적으로 젊음을 연출하지 않으면 안 된다는 지경에 빠지는 것이지. 이러한 이야기를 자네는 들은 적이 없겠지. 이것은 실화인데 뉴욕 교회에 화이트·프레인이라는 부호가 사는 거리가 있는데 거기에 살고 있는 한 사람의 노은행가(老銀行家)가 집안에서 골프의 클럽을 휘둘렀다고 하여 외아들로부터 정신병원으로 옮겨진 일이 있었어. 자네는 그 이유를 알겠나? 즉 노인이 정신이 흐려지는 것은 역시 노인성 정신 질환이라는 것이야. 거기서 이 노인은 필사적으로 자기는 이상이 없다는 것을 증명하려 하였으나 결국은 실패하고 죽는 날까지 정신병원 생활을 할 수밖에 없었던 거지. 그런데 그 외아들이 또한 형편없는 녀석이라 자기 아버지에게서 재산을 몽땅 승계 받은 후 연인과 함께 버뮤다 섬으로 요트 여행을 떠난 거지. 미국 노인이 왜 젊은 체하지 않으면 안 되는지를 알겠나?"

그것이 미국의 실정이라면 늙는다는 것은 실로 공포의 대상이다. 소설가 헤밍웨이의 자살도 이러한 노인관에 기인한 것이었던가 하는 생각으로 나는 골똘하고 있었다. 왜냐하면 어떻게 이러한 문제를 해결해야 할지 생각이 나지 않기 때문이다.

"우리 유대인은 노인들을 그렇게는 생각지 않아. 옛날 동양적인 사고와 같아서 인간은 해를 더할수록 원숙해진다고 생각하거든."

이렇게 말하고 그는 내 테이블 위에서 구약성서를 집어들고 한 대목을 폈다.

"내가 보았는데 왕좌가 놓이고
옛적부터 항상 계신 이(나이 많은 늙은 이)가 좌정하셨는데
그 옷은 희기가 눈 같고
그 머리털은 깨끗한 양의 털 같고."

- 다니엘서 7장 9절

유대인은 마음 깊이 명상을 거듭 쌓아 '나이 많은 자'의 내적 세계를 관상했던 모양이다.

"옛적부터 항상 계신 이라면 무슨 뜻인가요."

"노년의 극한에 있는 사람을 말함이겠지. 이 이상 더 늙을 수가 없다는 그러한 사람을 말함일세. 거기서 노년에 대한 존경심도 솟아나는 것이지. 일본에서도 옛적에는 노인은 존경의 대상이 아니었던가. 그러한 점에서 유대적 사고가 크게 동양적이라는 것이지. 그러나 세계가 기계화되어 컴퓨터화되며 점점 물질화된다면 현재의 미국과 같이 노인을 폐물시하는 시대가 되는지도 모르지. 이 신문 기사가 실제로 일본에서도 그러한 현상이 진행되고 있다는 무서운 사실을 보여주고 있는 것이 아니겠는가. 만약 그렇지 않다면 다행한 일이겠는데…"

포겔 박사와 나는 아무 말 없이 얼굴을 서로 보는 수밖에 다른 방법이 없었다. 사무실 창을 통하여 내려다보니 많은 자동차의 흐름 속에 가죽점퍼를 입은 젊은이들이 무서운 소음을 내며 오토바이를 몰고 질주하는 것이 눈에 들어온다.

'나이 많은 늙은이'라는 현실과는 거리가 먼 이야기를 주고받는 이 유대인과 나 자신은 역시 늙어 가고 있는 인간이라는 것일까. 확실히 50고개를 넘겨 버린 우리 두 사람은 벌써 결코 '젊음'이라는 자칭은 할 수 없을지 모른다.

38

상식의 함정

"상식이란 무엇인가?"

갑작스럽게 이런 질문을 받으니 난처했다. 상식은 어디까지나 상식일 뿐이기 때문이다. 그렇게 애매한 생각을 하고 있을 때

"상식이 무엇인가에 대하여 확실한 대답을 하고자 하지만 실제로 생각하여 보면 물건의 그림자 같아 좀처럼 잡을 곳이 없어서 어떻게 대답을 해야 할지 갈피가 잡히지 않는다고 생각하지 않는가."

하고 포겔 박사는 독심술로 꿰뚫어 본 듯이 말했다.

"그렇습니다. 상식이란 어떻게 해답을 해야 옳을지 막상 대답을 하자니 막연한다."

나는 무릎을 꿇고 말았다.

"상식이란 상황에 따라 여러 가지 형태로 변하여 나타난다는 것은 알아두어야 해. 가령 일본의 상식으로 말한다면 회사의 비용으로 고객을 접대하는 것은 상식이겠지만 같은 일을 아메리카나 유럽의 회사에서 하는 자가 있다면 회사의 비용을 사적인 목적에 소비하였다고 오해받아 스캔들의 씨앗이 된다 이 말이지. 일본 상식으로 말하면 얼큰히 취해 가지고 콧노래를 부르며 긴쟈(銀座) 뒷골목을 누벼도 멋쟁이 사내라고 하겠지만 뉴욕 같으면 공중도덕을 범한 혐의로 경찰의 보호를 받게 된다 하더라도 할 말이 없어. 가령 자네의 친구가 어느 회사의 간부로 그 회사의 주식 증자의 뉴스

를 개인적인 친분으로 슬쩍 가르쳐 주었다고 하세. 그 정보에 의하여 자네는 그 회사의 주를 쌀 때 사두었다가 며칠 후 증자가 발표되면 자네는 떼돈을 벌 수가 있거든. 이런 것이 일본 친구간에는 지극히 평범한 일로 상식적으로 받아들여지지만 일본 외의 모든 나라에서는 범죄 행위로 인정되지. 더욱 일반적인 예를 들어볼까. 일본에서는 호화 주택에 살고 멋있는 생활을 하는 사람들은 누구에게나 대우를 받고 사회적으로도 존경을 받으며 지방 명사로 추앙을 받지만 대학 연구실의 가난뱅이 교수나 낡은 집에 사는 학자는 어떤가? 아무도 상대하려 하지 않는 경우가 많지 않은가. 그러나 유대인의 상식으로 전혀 반대야. 돈은 우연이나 행운으로 얻을 수 있지만 학식은 우연이나 행운으로 얻어지는 것이 아니지 않는가. 그래서 아무리 토막집에 산다 하더라도 학자는 대단한 존경을 받는다네.”

그리고 또 이렇게 말을 이었다.

“일본 사회에서는 체면을 지키고 사회적 지위를 지키기 위해 에너지를 과분하게 낭비한다고 생각하네. 그런 생각은 비단 유대인인 나만이 아니라 일본에 사는 외국인이면 누구나 그렇게 느낄 것일세. 예를 들어 사람에 따라 경칭(敬稱)이 다르고 말의 방법도 변하지 않는가. 수하냐 동료냐 타인이냐에 따라 말씨가 각기 변하거든. 참 시시한 데다 머리를 쓴다고 생각해. 그런 지위관에 집착하다 보면 거기서 허례가 생기거든. 그것은 내가 설명을 않아도 자네 자신이 벌써 알고 있는 사실이 아닌가.”

39

돌

  도쿄만에서 불어대는 바람이 좀 차게 느껴지는 어느 날 오후, 사무실에서 나와 도로를 산보하고 있는데 저쪽에서 걸어오는 포겔 박사와 마주쳤다. 오늘은 블론드의 젊은 여성을 동반하고 있었다.
  "오! 안녕한가? 잘 만났어."
하고 그는 동반한 여성을 나에게 소개하였다. 그는 포겔씨의 동생으로 이름은 카라라고 했다.
  "아가씨는 지금 무엇을 하고 있습니까."
하고 좀 퉁명스럽게 물었더니 카라 양은 미소를 짓고 대답했다.
  "대학생이다. 캘리포니아대학에서 지금 민족학을 공부하고 있다."
  그로부터 우리 세 사람은 아까사까쪽을 천천히 산보하면서 몬데이누라는 커피 숍에 들렸다.
  "일본이라는 민족에 대하여 대학에서 연구해 보았습니까."
하고 나는 카라 양에게 물어보았다. 물론 영어로
  "얘는 일본인에 대한 연구과제를 받았지."
하고 옆에서 포겔 씨가 말참견을 한다.
  "일본인이란 이상한 민족이에요. 저는 지금 그 과제를 연구하기 위해 장학금을 받고 일본인의 실상을 알리려고 도쿄로 달려왔다. 도쿄에는 미국의 대학과 관계를 맺고 있는 일본연구센터가 있어서 연구에는 편리한다."
 이렇게 하여 우리 세 사람은 마음껏 여러 가지 의견을 교환하였다. 포겔 씨와 카라 양은 일본만을, 나는 일본인으로서 본 유대민족이라는 것을 숙고했다.
 카라 양에 의하면 일본인이라는 민족은 모노리틱한 인종이라는 것이다. 모노리틱이란 하나의 거대한 돌덩어리라는 것이다. 아무리 쾅쾅 두드려도 어느 부분에서도 똑 같은 반응이 나오므로 하나의 거대한 돌과 같다는 것이다.
 일본인끼리는 돌 속에서 뭉쳐 살기 때문에 그의 내부 상황과 외부에서 본 일본인이란 상태와는 전혀 이질의 것일 것이라고 그 여학생은 추정하고 있었다. 이것을 민족으로서 자아방위라는 어려운 용어로 그는 설명하고 있다.
 "그것도 일리는 있어. 그러나 그렇게 이론을 쉽게 단정한다는 것은 뭐랄까, 좀 지나치게 단순하여 중요한 특성을 잃을 것 같은데."
하고 포겔 박사는 의견을 말한다.
 "카라 양의 의견은 일본의 회사원에 대하여 적용하였을 경우 멋지게 들어맞을 것 같아요. 하나의 돌은 하나의 회사를 구축하는 같은 자료라는 식으로. 가령 회사를 대표하여 발언하는 샐러리맨이 자기 회사에 대하여 말할 때 한결같으니까요. 한 회사의 사원이 되면 그 사람은 회사의 기질에 물들어 버려 성격까지도 모두 닮는 현상이 돌의 이론으로 적합할지도 모를 일이다."
하고 내가 말참견을 하였다.
 "일본에서는 입형사회(立型社會) 구조니 응석이니 뒤돌아보기, 성격구조니 여러 가지 설(說)이 일본인 학자 사이에서 나오고 있는 모양이지만 나로서 흥미가 있는 점은 어느 것이나 다소는 일본인 자신의 성격에 대하여 비판적이라는 점이다. 즉 자학적(自虐

的)이라는 점에 공통되는 데가 있다는 것이다. 거기서 내가 생각한 일본인의 특성이라는 것은 이 자학성이라는 데 얽히게 된다. 자학성, 자신결핍, 숙고(熟考)의 결핍, 유동적, 적응성이 좋다, 불안이 발생하기 쉽다, 이러한 일련의 도식을 나는 생각하고 있는데…"
하고 포겔 씨가 말했다.

"에도시대 이전과 이후는 일본인의 성격 조성에 변화가 있었던 같아요. 내가 조사한 바에 의하면 쇄국 이전의 일본인은 매우 활동적인 민족같이 비쳐 보였어요. 그리고 천황이라는 존재와 일본의 '가정과 가장'이라는 지위도 미니 사이즈의 천황제라고 생각할 수 있을 것 같아요. 그리고 회사의 구성이니 일본의 질서 방식 경어(敬語)의 사용법 모두가 천황 중심이 되고 있는 것 같아요. 일본에서는 공산당원들도 반천황제(半天皇制)라는 것으로 천황을 철저히 의식하고 있어요. 거기에 재미있는 것은 현재 일본의 매스컴이 천황에 대한 기사를 일종의 터부로 취급하고 있는 일, 즉 천황이 싫어할 기사는 쓰지 않아요. 이러한 불문율(不文律)이 있는 모양인데 이것도 재미있는 현상이에요."

카라 양은 줄줄 거침없이 지껄여댔다. 이런 때의 젊은 여성의 표정에 나는 많은 흥미를 느꼈다. 그것 역시 아름답기 때문이었으리라.

40

소수파

 "나도 이제 미국으로 돌아가게 되었어. 아직 2~3개월의 여유는 있지만."
 포겔 박사는 자못 섭섭하다는 표정으로 말했다.
 "자네도 외국 체류 생활이 퍽 길었었지. 적당한 때에 잘 귀국했네. 너무 오래 해외 생활을 하고 있으면 뿌리 없는 풀같이 되기 쉽거든."
 "저도 6년이나 미국에 살았지만 나중에는 그러한 생각만 나더라고요. 그렇다고 일본으로 귀국해 보았자 별로 만족한 생활이 기다리고 있는 것도 아닌데…"
 그런데 유대인인 포겔 씨의 경우는 그렇지만도 않은 모양이다. 일본인이라면 누구든지 생각나는 조국을 떠난 쓸쓸함이라는 것이 전연 다른 모양이다. 아메리카나 가나다의 일계 이민자들이 품고 있는 조국을 그리워하는 감정 그런 것이 포겔 씨의 경우는 전혀 없어 보인다.
 "이상한데요. 박사님은 미국계 유대인이 아닌가요? 어찌 조국인 미국에 돌아가고 싶지 않다는 말씀이죠?"
 하고 내가 말했더니
 "미국은 아주 싫증이 났어. 마약이니 마피아니 정계의 스캔들이며 더 잘게는 뉴욕 같은 곳에서는 야간의 외출도 위험할 지경이 되어 버렸고. 생각하기에 따라서는 민주주의 자체가 무너져 가는지도 모를 일이야. 속담으로 한다면 상기둥이 넘어지면 모두 쓰러진다는 격이지. 미국이 결단나면 민주주의는 전멸할지도 모를 일이야. 지구상에는 많은 인종이 살고 있으니 자유경쟁을 위한 스페이스가 없어졌다 하더라도 별로 이상할 것도 아무 것도 없거든."

포겔 씨는 좀처럼 자신의 본뜻은 말하지 않고 즉시 화제를 돌려 버리는 경향이 있다. 그래서 나는 끈덕지게 그에게 같은 질문을 반복했다.

"박사님은 왜 미국에 돌아가기를 싫어하시지요?"

"허어, 자네 참 정신없네 그려. 내가 유대인이라는 것을 잊었나. 나의 조국은 탄식의 벽이 있는 고도 예루살렘이야. 이스라엘만이 나의 조국이지. 국적과 조국이 틀린다는 것은 일본인인 자네로서는 좀 이해하기가 어려울는지 모르지만…"

그는 이렇게 말하고 유대인들이 얼마나 선조들의 고향 예루살렘을 동경하고 있는지를 이야기하기 시작했다.

그 이야기는 까마득한 옛날에까지 거슬러 올라간다. 유대인들의 광영이었던 다윗왕에 의하여 그의 왕국이 구축된 것은 아마 기원전 1006년경으로 추정된다. 다윗의 아들 솔로몬은 당시의 세계로는 눈이 부실 만큼 찬란한 신전과 궁전을 건축하였었다.

구약성서에 의하면 솔로몬 왕의 궁전은 다음과 같이 기록되고 있다. 그것은 상상을 초월하는 것이다.

"솔로몬이 자기의 궁을 십삼 년 동안 건축하여 그 전부를 준공하니라."
　　　　　　　　　　　　　　　　　　　　　　　- 열왕기상 7장 1절

"솔로몬왕의 마시는 그릇은 다 금이요 레바논 나무 궁의 그릇들도 다 정금이라 은 기물이 없으니 솔로몬의 시대에 은을 귀히 여기지 아니함은"
　　　　　　　　　　　　　　　　　　　　　　- 열왕기상 10장 21절

이 유대인의 빛나는 왕 솔로몬은 또 빼어난 지혜의 소유자이기도 했다. 구약의 잠언서도 전승하는 바에 의하면 솔로몬왕이 쓴 것으로 알려져 있으며 서두는 이렇게 시작된다.

"다윗의 아들 이스라엘의 왕 솔로몬의 잠언이라. 이는 지혜와 훈계를 알게 하며 명철의 말씀을 깨닫게 하며 지혜롭게, 의롭게, 공평하게, 정직하게 행할 일에 대하여 훈계를 받게 하며 어리석은 자로 슬기롭게 하며 젊은 자에게 지식과 근신함을 주기 위한 것이니 지혜 있는 자는 듣고 학식이 더할 것이요 명철한 자는 모략을 얻을 것이라 잠언과 비유와 지혜 있는 자의 말과 그 오묘한 말을 깨달으리라"

- 잠언 1장 1~6절

이 빛나는 솔로몬 왕의 역사도 그로부터 수세기 후 가차없는 역사의 운명에 의하여 멸망하는 지경에 이르렀다. 그 영광의 땅은 바빌로니아 제국의 느부갓네살 왕에 의하여 정복되었다. 기원전 588년경 예루살렘의 성벽은 바빌로니아의 대군(大軍)에 의하여 포위되어 예루살렘은 6개월에 걸친 포위전 끝에 성벽이 돌파되어 유대인들은 학살당했다. 어떤 사람은 눈을 후벼 파내어 맹인이 되고 어떤 사람은 노예가 되어 팔려가기도 하였다. 그것은 단무쓰 달 열이레째였다. 단무쓰 달이란 현재로 말하면 6월에서 7월에 걸친 계절이다. 이렇게 하여 유대의 백성에게는 유명한 구약의 시편을 노래하는 운명이 기다리고 있었다.

"우리가 바벨론의 여러 강변 거기 앉아서 시온을 기억하며 울었도다 그 중의 버드나무에 우리가 우리의 수금을 걸었나니"

- 시편 137편 1~2절

여기에서 노래 불리는 시온이란 성스러운 도읍 예루살렘의 이름이다.

그 후 예루살렘의 신전은 헤롯왕의 시대 기원전 20년경에 재건되었으나 이것 또한 기원 70년경 로마군에 의하여 불타버리고 말았다. 아부의 달 9일 즉 7월에서 8월에 걸친 여름철이었다. 유대인들은 그로부터 2천년 동안에 파괴된 신전의 벽을 향하여 세계 각지에서 찾아와 눈물을 흘리며 유대의 빛나는 역사가 재차 돌아와 주기를 빌어 왔다. 현재에도 이 신전의 벽은 예루살렘 시에 남아 있어, "탄식의 벽"으로 전해지고 있다.

이산 민족으로서 유럽에서 소아시아 지방으로 분산된 유대 민족은 가는 곳마다 박해를 받았다. 특히 유대교인들은 그들과 같은 유대인으로 난 예수에 의하여 창시된 그리스도교에 의한 종교적 박해를 받아야 했고 제2차대전 때는 나치스에 의한 유대인의 대학살 사건 같은 시련을 겪어야 했다.

포겔 박사 일가 역시 폴란드 지방에서 제1차대전 후에 미국으로 이민한 유대 가족이었다.

"유대인은 언제나 소수였기 때문에 박해를 받아야 했지. 사회란 자기들과 이질적인 소수 단체에 대하여는 항상 가혹한 법이니까."

"그러면 박사님께서는 이스라엘로 돌아가고 싶은 것이로군요?"

나는 좀 끈덕지게 질문을 되풀이했다.

"그렇지. 내가 이스라엘로 돌아가는 것은 비즈니스맨으로서의 활동 연령이 지난 정년 후가 되겠지만 그 기간이 나에게는 얼마나 길게 여겨지는지 그대는 좀처럼 상상도 할 수 없을 것이야."

하고 그는 말을 끝낸다. 포겔 일가의 역사에서 보더라도 그가 이스라엘로 돌아가는 것은 2천 년째 되는 해가 될 것이다.

41

실용적인 유대인

 스모그와 흐린 하늘이 으스스한 동경의 오후는 소음으로 거리가 꽉 차 있다. 어디선가 해머를 내리치는 듯한 금속성이 귀청을 찌르는가 하면 덤프차가 달려가며 지축을 뒤흔드는 우르릉 쾅쾅하는 굉음.
 그밖에 형용할 수 없는 소음이 들리는 사이로는 끊임없이 유리를 긁는 듯한 소름끼치는 음향이 계속 귀청을 찌른다. 그런가 하면 또 어느 정당 단체의 자동차가 스피커를 울리며 거리를 지나간다. 가지각색의 소음의 홍수에 휩쓸려 뭐가 뭔지 알아들을 수 없다.
 나는 사무실 책상 앞에서 청각을 돋구었다. 보통 때는 별로 신경이 쓰여지지 않던 도시 소음이 오늘은 왜 이렇게 더욱 요란스럽게 들려 오는지 모르겠다.
 이러한 생각을 하고 있는데 포겔 씨가 수염을 기른 한 사람의 외국인을 데리고 사무실로 들어왔다.
 "재미있는 친구를 소개하지. 이 사람은 컴퓨터 기사로 2·3일전에 동경에 왔다네."
 포겔 박사와 이 사내는 친척 사이인 모양이다. 이러한 소개를 받는 동안에도 내 귀는 온갖 잡음으로 차 있었다.
 "굉장히 소음이 시끄럽지요? 동경은 소란스러운 도시라고 생각되지 않으십니까?"
 "그렇습니다. 동경이라는 도시. 참으로 기묘한 곳이다. 이 거리의 소음만 하더라도 매우 재미있는 현상이 있다는 것을 깨달았다."
　그는 동경에 도착하고 겪은 기묘한 체험담을 시작했다.
　그가 묵고 있는 호텔은 시나가와 역전의 초 근대적인 디럭스호 텔이었다. 이러한 호텔은 뉴욕에도 없다고 생각했다는 것이다. 일본이 경제대국이 되었구나 하는 실감이 이러한 디럭스호텔에 와 보면 잘 이해가 된다. 그가 묵고 있는 방은 동경만을 내려다볼 수 있는 근대적인 완만한 스페이스를 갖춘 훌륭한 방이었다. 조명도 좋고 가구도 그렇고 필요한 비품이 모두 부족함이 없는 호텔 룸의 대표적인 곳이라고 그는 생각하였다. 주간의 점보 제트기 내에서의 피로가 겹쳐 누웠었다. 보기에는 퍽 훌륭한 침대여서 모포도 순백의 최고급품인데도 어찌된 일인지 몸이 편안치 못했다.
　지나치게 스프링이 강해 몸이 도리어 불편하여 돌아누우려 해도 어떻게 이상한 자세가 되고 하여 괴로워서 잠을 이루지 못했다는 것이다. 침대 옆의 램프를 껐는데도 어디서인지 밝은 빛이 새어들어 오더란다.
　자세히 보니 양복장 문안에서 빛이 새어 흘러나오는 것이었다. 양복장 문이 열리면 내부의 전등이 자동으로 켜지도록 장치되어 있어서 그는 일어나 양복장 문을 꽉 밀어 닫았다. 안의 전등은 꺼지고 실내는 캄캄한 정적이 찾아 들었다. 이제는 좀 자야 되겠다고 침대에 누웠다. 그 순간 삐걱 소리가 나며 또 양복장 문이 열리고 안에서 눈이 부신 빛이 나와 실내는 휘황하게 밝아졌다.
　이번만은 양복장 문을 완전히 잠그려고 그는 주의 깊게 양복장 문 장식을 살펴보았으나 아무 데도 이상이 없었다. 단 한 가지 발견한 것은 양복장의 너비가 좁아서 코트 걸이에 양복을 걸어 놓고 문을 닫았을 때 소매 부분이 문틈에 끼여 문이 완전히 닫쳐지지 않는 점이었다. 거기서 그는 주의하여 양복을 한 손으로 밀어 넣고

옷이 물리지 않게 빨리 문을 닫았다. 그러나 또 실패다. 양복 소매가 문틈에 끼어 밖으로 나온다. 이렇게 하여 양복장 문을 상대로 악전고투하기 한동안 겨우 문을 완전히 닫기에 성공하였다.

휴우 하고 안도의 숨을 내쉬며 침대 위에 올라 이제야 좀 편안하게 자겠지 하고 눕는데 낮기는 하나 야무진 음향이 실내를 울렸다. 꾸 굴굴 쁘르륵 굴굴. 이렇게 형용하기 어려운 묘한 소리다. 컴퓨터 기술자인 그는 도대체 이게 무슨 소리인가 하고 살폈지만 원인을 알 수가 없었다. 다시 전등을 밝히고 실내를 살펴보니 야간 서비스로 맥주와 주스 등을 넣어 둔 냉장고가 방구석에 있는 것이 눈에 띄었다. 즉 사모스다트에 의하여 모터가 시동하고 멈추고 하는 데서 나는 잡음임을 알아냈다. 그는 냉장고의 전원 콘센트를 빼 버렸다. 이러한 소리가 밤새도록 났다가는 잠을 도저히 잘 수가 없기 때문이다. 이렇게 하여 겨우 침대에 누웠는데 또 실내 공기조절 장치에서 사악 사악하는 소리가 그치지 않았다. 그러나 그것은 어쩔 도리가 없어 피곤한 그였지만 그 밤을 새벽까지 꾸벅꾸벅 졸면서 새웠다는 것이다.

"일본 호텔은 돈은 많이 들여놓고도 이러한 미세한 곳에서 실패를 하고 있는 것이다."

이것이 그의 결론이었다.

"훨씬 돈을 덜 들이고도 호텔의 참 목적 즉 잠자는 곳이라는 점에만 중점적으로 생각하고 설계를 하면 되는 것이지."

하며 포겔씨도 그의 의견에 찬성했다.

"양복장 안에까지 조명을 단다는 아이디어는 좀 과민한 것이 아닐까. 그렇게 할 필요는 없다고 나는 생각하는데."

라고 그는 불만을 털어놓았다.

42

귀 신

　어느 날 깊은 밤 오후 11시부터 시작되는 NHK의 해외 보도 프로를 보고 있었다. 런던 금융가의 여러 가지 모습이 브라운관에 비쳐지고 있었다. 중절모자를 쓰고 박쥐우산을 든 어음할인업자들, 잉글랜드은행 기루도홀에서 중세기풍의 의식. 과연 고풍의 정취가 넘치는 거리 풍경. 거기에는 영어로 말하는 고상한 분위기가 거리 여기저기에 흘러 넘치고 있었다. 바에서 친구들과 술을 마시며 담소하고 있는 신사들, 거기를 걷는 미니스커트의 O·L들. 그야말로 역사와 전통이 가는 곳마다 생동하고 있다는 인상을 느끼게 했다.
　"나는 영국인이라는 민족에 대하여 다시 보아야 되겠다고 생각하네."
하며 다음 날 오후 어느 때나 마찬가지로 사무실로 찾아온 포젤씨는 말했다.
　"그러면 어젯밤 NHK프로를 보셨군요."
　"그대는 전파 같은 반응을 나타내는 타입이기 때문에 보고 있으면 참으로 재미있거든."
　이렇게 서로 넘겨짚는 식으로 나오니 어려운 일이다.
　"그렇다면 자네도 나와 똑같은 텔레비전 프로를 본 것이 아닌가. 자네는 그 화면을 보고 어떻게 생각하였나. 거기에 대하여 이야기를 해보게. 자네는 전연 감동이 없었던 것 같진 않은데…"
하고 말끝을 흐렸다가 다시 시작했다.
 "영국 신사들의 전통에 대한 편견 같은 생각은 우리 유대인들에게도 역시 존재하고 있지. 그 점으로 말한다면 영국인에 대하여 나는 깊이 공명되는 데가 있어. 저 빅토리아조 시대의 의상을 그대로 착용한 잉글랜드 은행의 경비원처럼 같은 것 참 좋다고 생각하지. 그것은 벌써 영화로도 되어 버렸거든. 이러한 전통에 대한 사고에 대하여 아주 조금이라도 일본인이 갖고 있었으면… 하고 나는 언제나 유감스럽게 생각하고 있는데."
 어찌하여 일본 사람들은 오래된 것을 그렇게 쉬이 파괴하여 없애 버리는 것일까. 동경도(道) 내를 달리던 전차만 하더라도 자동차 주행에 방해가 된다는 이유로 걷어치우더니 곧 자동차 배기가스에 의한 공해가 문제되기 시작하였다. 그렇게 되니 다시 공해가 없었던 옛날의 전차가 좋았다는 것이 되고 만다. 요전에도 니가다에를 가 봤더니 정서가 넘치는 동굴과 호수는 메워져 버리고 살풍경한 도로가 되어 버리고 말았다. 호수의 푸른 버들이 수면에 비쳐 산들바람이 불고 있던 풍경은 완전히 사라져 버렸다. 일본은 어디를 가도 빠찡꼬집의 빨간 네온과 상점가의 아케이드, 은행의 빌딩에서는 전통의 그늘조차도 찾아볼 길이 없는 것이다. 사는 것만이 그것도 그날 그날의 생활만이 모든 것에 우선되어 돈 있는 지방 유력자들은 시회의원으로서 이러한 파괴에 박차를 가하고 있다. 이런 내용의 말로 나도 포겔 박사의 의견에 맞장구를 치고 있었다.
 "아마 말 그대로일 거야. 자네도 알고 있듯이 나는 현재 일본의 고서를 수집하고 있어. 좀이 난 목판본이지만 이러한 책을 보고 있으면 매우 재미있는 현상이 눈에 띄거든. 가령 명치시대 이전의 책에는 멋대로 유령의 이야기가 나오기도 하고 도깨비나 귀신 이야기가 나오는데 재미있는 것은 명치시대에 이르러는 그런 것이 뚝 끊어졌다는 것이지. 이른바 문명개화의 세상이 되었으므로 일본 나라 안에서 유령이 없어져 괴조화가 일소된 것일까. 결코 그러한 이치는 없을 것으로 생각된다. 말하자면 일본인이 그렇게 급속히 변화될 리는 없을 것이기 때문이다."

그러면 그 많던 일본의 유령은 어디로 가 버렸을까 하고 나도 포겔 박사의 이야기에 흥미를 가지고 물었다.

"문제는 거기에 있지. 유령을 의식하고 있던 일본인의 마음은 실은 전혀 변화하지 못하고 있었던 것으로 나는 생각하고 있어. 다만 그러한 일본인의 마음의 방향이 일제히 방향전환을 하여 버린 것으로 생각되네. 예를 들자면 현재의 클락 비즈니스맨들 사이에서 대단히 인기가 높은 점성술이나 관상, 수상 등을 믿는 마음은 에도시대의 인간이 요괴 변화를 의식하고 살던 마음가짐과 별로 큰 차이가 없는 것이니까. 그밖에도 753의 축연 때 백화점의 붐비는 현상, 이것만하더라도 역시 일본인의 기본 감정이 알 수 없는 동향을 보이는 증거가 될 것이야. 소화의 과학시대라고 하는데 히노에우마의 해에는 결혼율이 감소되고 불멸의 날에는 결혼식장에는 뻐꾹새가 울(한적한 표현)정도로 한산하거든."

"옳아. 거기까지는 잘 알겠는데 왜 일본인이 이렇게까지 도시가운데 남아있는 전통을 파괴하는데 열중하고 있는 것일까. 그 사고는 요괴를 감지하는 마음과는 반대의 동향인 것으로 나는 생각되는데."

하고 반론을 펴 보았다.

"나는 유대인이기 때문에 어디까지나 제3자 입장에서 일본인을 볼 수밖에 없네. 그러니까 잘못 보는 데도 있을지 모르지. 그러나 일본에 있어서의 전통 파괴는 역시 요괴를 감지하는 마음과 같은 것이라고 생각해. 즉 일본인은 새로운 우상 숭배를 시작한 셈이지. 그 우상은 매우 구체적인 형상을 하고 있기 때문에 언뜻 보기에는 제법 합리적인 것같이 보이기도 하고 과학적인 것같이 착각되기도 하는 것이지. 일본인들의 새로 만들어진 우상은 은행의 예금통장에 씌어진 숫자라든지 철근 콘크리트의 빌딩이나 GNP의 숫자 또는 외화 보유 잔고 등의 형태로 변해 버렸다고 생각해. 그렇지 않으면 이렇게까지 광신적으로 척척 은행 예금을 하려 들지는 않을 것 아닌가. 즉 경제라는 형태의 종교가 생겨난 것이지."

"옳습니다. 알 것도 같고 모를 것도 같은 해석이다. 그러나 그것이 만일 종교라고 한다면 현시점에서 경제의 신화는 결단이 나 버린 것이 아닐까요? 그렇게까지 열심히 모아둔 달러가 그 가치를 잃게 된 지금이니까 말이다."

나는 생각하고 생각한 끝에 이러한 마무리로 이야기를 맺어 보았다.

"그렇기 때문에 현재 일본인의 심리가 얼마나 불안정한 상태에 놓여 있는지의 설명이 충분한 것이 아닐까. 일종의 허탈감이라는 것이 일본을 지배하고 있는 듯한 생각이 드는 것이지. 그런데 다시 서서히 새로운 신화가 생겨나고 있는 것 같거든."

포겔 박사는 야유하듯 말했다.

"대체 그것은 어떤 신화입니까?"

"모택동 신화라는 것이지. 중국으로 건너가는 직장인, 정치가, 좌파의 젊은 운동가들. 이 사람들은 새로운 종교를 위하여 파이어니어가 되지나 않을까."

새로운 궁전에는 귀신이 없다고 쓴 평론가가 있었다. 소화의 궁전에는 어디에도 귀신을 그린 벽화가 있는 방은 없는 모양이다. 그렇다면 소화 궁전은 엄청나게 근대적인 호텔과 같은 건축물에 지나지 않을 것인가. 거기에는 귀신은 없지만 포겔 박사의 말처럼 형태를 말끔히 바꾼 근대적 모양을 갖춘 새로운 귀신이 어디엔가 살고 있는 것이 아닐까. 만일 경제를 지향하고 중국을 지향하는 현대 일본인의 마음이 역시 요괴 변화를 감지하는 마음의 기본 형태를 허물어뜨리지 않는다면 거기서 어떠한 결과가 올 것인가.

나는 자못 진지한 태도로 이러한 생각을 해 보았다.

"야금야금 국가적 규모로 만들어져 갈지도 모르지."

하고 유대인은 냉정한 표정으로 말했다.

'올림픽이 끝나고 만국박람회도 끝나고 경제의 신화도 끝나면 새로운 형태의 우상이나 귀신이 차례차례 만들어지고 그 뒤에는 다시 파괴되어 간다는 것이 아닌가. 그렇다면 너무도 불안하고 너무도 일본 민족이 측은하지 않은가.'

무엇인지 가슴이 두근두근하는 불길한 생각이 들면서 나는 이러한 반론을 펴 보았다. 실은 그것이 반은 실제가 아닌가 하는 공포심도 있기 때문에 더욱 기분이 나빠지는지도 모른다.

"쭉 허리를 펴는 거야. 구식이라고 하든 비과학적이라고 하든 그러한 비판은 일체 개의치 않는 것이지 제일이지. 우리 유대인을 봐요. 이렇게 손역(損役)만을 안고 태어난 숙명적인 민족은 없었지 않았는가. 그에 비하면 일본인은 대단히 행복한 민족이야. 적응이 지나치다는 것은 다른 면으로 볼 때 주체성을 상실한 듯한 부작용을 갖게 하는 약 같은 것이니까."

그 순간 그 유대인의 웃는 모습은 '껄껄'이라는 웃음의 형용사와 꼭 들어맞는 웃음이었다. 귀신의 웃음이라는 것이 있다면 이러한 것이 아닐까… 웬지 등줄기가 섬뜩하다.

43

엉뚱한 유대인

샛노란 나뭇잎이 몇 개만 달렸던 가로수가 한 차례 기름 냄새 풍기는 바람으로 날려 떨어져 버린 으스스한 오후 오버코트 차림으로 찾아온 포겔 박사는 다짜고짜 나의 손을 잡는다.

"어떻게 된 일입니까? 도대체 악수를 한다는 게 좀 이상한데요."

하고 내가 머리를 갸웃했더니 포겔 씨는 오버 포켓에 손을 넣고 조그만 나무상자를 꺼냈다.

"자네에게 줄 선물. 덕분에 나의 동경 체재는 참 유쾌하게 보낼 수 있었으니까. 말하자면 작은 나의 정성이 담긴 정표이니 아무 말 말고 받아주면 고맙겠네."

이러한 때의 나의 나쁜 버릇은 즉시 그 상자를 열어 보고 싶은 충동을 누를 수가 없는 점이다. 그 고색창연(古色蒼然)한 상자 안은 적갈색의 비로드로 내장을 하고 그 속에는 아주 오랜 옛것으로 보이는 동전 한 개가 들어 있었다.

"……"

나는 뭐가 뭔지 몰라 멍하니 그 동전을 바라보았다.

"그것은 말이야. 유대의 동전이야. 지금 시가로 한다면 꽤 비싼 것이지만 소중히 보관해 주리라 믿고 드리는 것이니 받아 주게."

"아니, 대체 무슨 뜻으로 이런 것을 갑자기 선물할 생각을 하셨는지, 이상하네요."

"내가 언젠가 자네에게 말하지 않았나. 드디어 내일 동경을 떠나 귀국하게 되었어. 그러니 기념으로 받아 주게."

"너무하셨습니다. 왜 떠나는 날을 좀더 일찍 알려주시지 않고요. 매일 만나면서도 아무 말 않다가 이것은 너무 심하지 않습니까? 짐 꾸리는 일이나 각종 출국 수속 같은 것쯤은 제가 도와드릴 수 있었을 텐데요."

좀 넋두리 같은 말이지만 이런 때 이러한 표현밖에는 별수가 없었다. 내가 만일 프랑스어를 할 수 있었다면 훨씬 아름다운 표현으로 나의 진심을 표현했을지도 모를 텐데 아, 베, 세 이외는 아무 것도 모르니 어찌할 도리가 없었다.

"자네 사무실에서 소위 유대식 허튼 소리만 매일 하고 자네 사업에도 방해가 많았을 텐데 잘도 사귀어 주었다고 생각하고 있어. 우리 외국인들이 일본에 와서 고독할 때가 많은 것은 이렇게 자네와 나처럼 이야기할 상대가 없기 때문이야. 사업 이외의 잡담 시간이 인간에게는 필요한 것인데도 이 동경에서는 서로가 너무 바빠서 좀처럼 이야기할 기회가 없었거든. 이러한 것이 말하자면 동경의 고독이라고 하는 것이겠지."

"그 말을 듣고 보니 제가 겸연쩍은데요. 곤란해요. 그러한 말을 하는 것은 활달한 유대 상인으로는 실격이다. 말을 한다면 박사님 같은 사람이 동경을 떠난다는 것은 나로서도 불행한 일이다. 유대식 이야기 덕분에 나는 많은 지혜를 배웠어요. 현명한 솔로몬 왕까지는 못 되더라도 포겔 박사의 제자로서라면 훌륭히 통용될 수 있는 데까지는 도달하였으니까요."

"글세 말이네. 바둑으로 친다면 오목의 정석을 암기할 정도라 하겠지. 자네의 유대식 사고법의 레벨은. 그저 조금만 상대방이 공격을 해 온다면 감당할 수 없게 되는 것 아니겠나."

"어느 사이에 벌써 바둑까지 익혀 두셨군요. 나도 공인 급은 아니지만 6급 정도는 두는데… 그리고 이 사무실 구석에는 바둑판이 언제든지 놓여 있었는데요."

"아니야, 그렇게 말하면 곤란해. 나는 바둑을 두지는 않고 다만 정석 책을 읽고 약간 머리 운동을 해보았을 정도야."

"두렵습니다. 언젠가 골프처럼 모르는 체하다가 나를 철저하게 때려눕히던 그 솜씨, 유대식 게릴라 전법의 바둑을 또 해보려는 계산이시군요."

"그러한 사고를 민감성관계망상(敏感性關係妄想)이라고 한다네. 그것은 일본에도 역본(譯本)이 있을 것이니 자네도 한번 읽어 보는 것이 좋겠어."

그런데 이 포겔 박사는 미국에 돌아가서 어떠한 지위에 나갈 것인가. 그의 말에 의하면 미국의 동부지방의 대도시 지점장으로 전근 명령을 받은 모양이다. 그 사람이니 넉넉히 해낼 것이지만…

결국 그는 떠나 버렸다. 점보 제트기의 출발 직전에 경쾌한 차림으로 조그만 손가방 하나만 들고 공항에 나타나 "야아" 하고 친지들에게 한 마디씩 하고는 즉시 게이트로 들어가 버렸다. '이러한 것을 엉뚱한 짓이라고 하는지 몰라.' 하고 나는 생각했다.

하네다공항 옥상에서 올려다보았지만 점보 제트기는 창이 너무 많아서 대체 어디에 포겔 부처가 타고 있는지 알 수가 없었다.

그가 떠나간 후 나는 공기 빠진 풍선처럼 며칠 동안 멍청해 있었다.

44

불가사의한 민족

　유대인이란 대체 어떠한 민족일까? 현재 유대 인구는 약 1천 3백 50만 명 정도가 전세계에 흩어져 살고 있는 것으로 추정된다. 그 중 대부분이 아메리카 합중국에 살고 있으며 그 수는 약 5백 20만이다.
　그 다음 유대인이 많이 사는 나라는 언뜻 생각하면 이상스럽겠지만 소련에 약 3백만이 사는 것으로 알려지고 그 다음 세 번째가 유대인의 나라 이스라엘이다. 인구 역시 약 3백만이다. 그밖에 유럽에 1백 20만, 중남미에 1백만, 아프리카 25만 그리고 아시아에는 추정 인구 20만의 유대인이 살고 있는 것으로 생각되고 있다. 말하자면 유대인은 전체가 모여도 동경 인구보다 조금 많은 셈이다. 그러면서도 현재까지 노벨상을 받은 우수한 재능의 소지자 가운데 30% 정도가 유대인에게 점유되고 있으니 얼마나 그들이 우수한 종족인가는 상상하기 어렵지 않다고 할 수 있다.
　그런데 일본인으로 한다면 일본인은 일본에서 나서 살고 일본 국적을 가지고 있는 사람만이 일본인이라고 상식적으로 생각하고 있다. 그러나 유대인의 경우는 그러한 관점에서 다르기 때문에 어리둥절할 수밖에 없다. 이스라엘의 시민권은 반드시 이스라엘에 사는 자에만 한한 것이 아니다. 이스라엘의 독립선언에 의하면 그 것은 "유대 민족의 국가" 라고 되어 있다. 그래서 세계 어느 나라에 살고 있든지 유대인인 이상 언제든지 자유로이 이스라엘로 올 수가 있고 만약 희망한다면 즉석에서 이스라엘 국적을 취득할 수 있도록 되어 있다. 그런 점은 대단히 편리하고 자유스럽다.

만약에 소련의 시베리아 지방의 벽촌에서 노동에 종사하고 있는 한 사람의 유대인이 있다고 하자. 소련 정부가 이 사내에게 외국 여행 허가를 준다면 그는 다음 날 벌써 이스라엘의 국민이 되는 것이다. 이런 관계를 본다면 얼마나 유대인들이 국제적인 활동 무대를 가진 민족인가를 알 수 있다. 혹자의 말을 들으면 현재의 세계는 어디에 살든지 유대인의 영향권에서 벗어날 수 없다는 것이다. 그것은 세 사람의 유대인에 의해서이다. 즉 마르크스·프로이드·아인슈타인 등 3인이다.

알다시피 마르크스는 경제학적으로 세계에 혁명적인 영향을 주었고 프로이드는 인간의 마음의 구조를 연구하여 심리학에 큰 영향을 입혔으며 아인슈타인은 자연과학 전반에 걸쳐 영향을 준 상대성이론을 주장한 것으로 뉴턴 이래의 위대한 과학자로 일컬어지고 있기 때문이다. 물론 원자폭탄도 아인슈타인의 이론에 근거한 것임을 말할 것도 없는 일이다. 그렇기 때문에 우리는 싫건 좋건 유대인을 무시할 수 없는 입장이다.

유대인과 대화를 나누며 특이하게 생각되는 것은, 그들은 자기 민족의 오랜 역사와 옛날부터 전해 오는 속담이나 격언을 항상 이야기 속에 섞어 말한다는 점이다. 게다가 그들의 생활 방식은 심히 검소하고 근엄하여 고색 창연한 전통을 현재도 고수하고 있는 것이다.

그래서 유대인은 겉으로 보기에는 매우 보수적인 인간으로 보인다. 그러나 앞에서도 말한 바와 같이 세계를 놀라게 하는 전혀 새로운 발견이나 발명을 해내니 그것이 어찌된 일일까 하고 부지중

머리가 갸우뚱해지는 것은 당연한 일이다.

　내가 미국 유학 때였다. 아인슈타인은 사망했지만 그가 연구 생활하던 장소라도 보자고 차를 드라이브하여 뉴욕에서 프린스턴까지 가 본 일이 있었다. 마침 하기 방학중이어서 대학가인 프린스턴은 텅 비어 학생들의 모습은 눈에 띄지 않았다. 덕분에 캠퍼스를 어디든지 둘러볼 수가 있었다. 대학의 교정이라야 그것은 흡사 일본의 명문 골프 코스를 가는 듯한 느낌을 주는 넓으나 넓은 잔디에 느릅나무가 무성한데 중후해 보이는 벽돌 건물이 드문드문 서 있었다. 이러한 곳에 있으면 좋은 아이디어가 떠오를 것 같은 녹색에 싸인 별천지였다.

　이곳 저곳 기웃거리다 보니 낡은 목조의 흰 페인트가 벗겨져 떨어질 듯한 아주 한적한 작은 건물이 눈에 들어왔다. 그 정면에는 동(銅)으로 된 표지판이 '프린스턴 고급연구소'라고 씌어 있었다. 즉 그곳에서 노년의 아인슈타인이 그 더부룩한 머리에 입에는 담배 파이프를 물고 우주의 신비를 푸는 수식(數式) 같은 것을 명상하고 있었음에 틀림없을 것이다. 뒤로 돌아가 보니 거실인 듯한 유리 영창이 있는데 즉시 정원으로 나올 수 있는 방이 있었다. 유리창을 통하여 내부를 들여다보니 천장까지 닿는 서가에 책이 꽉 채워져 있고 한쪽 벽에는 벽돌을 쌓아 만든 날로가 칸막이로 되어 있었다. 무엇인가 멀리 현대를 떠나 18세기의 영국 농촌에 와 있는 것 같은 분위기가 감돌았다.

　나는 그곳에서 15분 가량 기웃거렸을 것이다. 저 의자에 아인슈타인은 허리를 걸치고 앉았었겠지… 이러한 공상을 하며. 부근은 너무 조용하여 바스락 소리 하나 들리지 않는다. 그러고 있자니 느릅나무 숲 그늘에 석양빛이 새어들어 하루가 저무는 것을 느끼게 했다. 아쉬운 마음으로 발길을 돌려 나의 낡은 차가 있는 주차장으로 돌아왔다. 생각해 보면 세계를 움직이는 위대한 아이디어는 오히려 소박하고 작은 서재에서 나오는 것이지 초근대적인 디럭스연구소에서 조성되는 것이 아닌지도 모를 일이다.

문득 그러한 생각을 한 것은 내가 이 아인슈타인이 그의 만년에 명상과 연구에 몰두하던 고색 창연한 연구실을 들여다보았기 때문인지도 모른다. 이런 것을 에필로그에 써보고 싶게 된 것도 결국은 유대인들의 전통과 혁신적 사상을 동거(同居)시키고 있는 기묘한 사람들이라는 것을 말하고자 하는 것 외에 다른 뜻은 없다.

45

유대인의 금전관

1. 자기가 가지고 있는 것을 필요한 사람에게 파는 것은 상술이 아니다.

자기가 가지고 있지 않은 것을 필요 없다는 사람에게 파는 것이 상술이다. 더운 여름날 냉수나 얼음 팔기는 쉽다. 그러나 더운 여름 날 펄펄 끓는 물을 팔기는 쉽지 않은 것이다. 겨울이나 남극 추운 지방에서 부채를 팔고 냉장고를 팔기란 더 어려운 일이다. 에스키모에게는 엽총이 필요하다. 그러므로 그에게 엽총을 팔기는 쉽다. 필요한 물건을 필요한 사람에게 판다는 것은 아무나 할 수 있는 일이며 그것을 상술이라 할 수는 없다. 참다운 비즈니스는 에스키모에게 냉장고나 제빙기를 팔 수 있어야 하며 상품 또한 자기가 가지고 있어서는 안 된다. 자기의 것도 없으면서 필요치 않다는 사람에게 파는 것은 물론, 산 사람이 만족하도록 하는 것이 뛰어난 상술이다. 장사를 한다는 것은 실로 어려운 것이다. 유대인은 중세 유럽에서 오랫동안 피압박 속에 시달려 왔기 때문에 제대로 바른 직업을 가질 수가 없었다. 그래서 그들은 불안정한 속에 상가를 이루고 주민의 대부분은 브로커로 활약했으며 시련 속에 상술의 엄격성을 깨닫고 지혜를 짜게 되어 세일즈 기법이 어느 민족보다 발달하게 되었다.

옛날 유대인은 자기도 가지고 있지 않고 시장에조차 없는 물건을 팔고 난 다음 그 물건을 찾느라고 시장을 헤매는 기막힌 일화들이 많았다. 유능한 세일즈맨은 이와 같이 하여 자라난다는 것을 유대인의 상업 역사를 통해 우리는 알 수 있다.

2. 돈은 저주도 악도 아니다. 그것은 인간을 도와주는 것이다.

어느 랍비의 제자들이 부자와 현자 중 어느 쪽이 더 위대할까 생각하다가 랍비에게 물어보았다. 랍비는 제자들의 질문에 한 마디로 대답했다.

"그거야 물론 현자 편이지."

제자들이 다시 물었다.

"랍비님, 그렇다면 어째서 큰 부잣집에는 학자나 현인들이 많이 드나드는데 현인의 집에는 부자들이 모이지를 않습니까?"

랍비는 조금도 주저하지 않고 대답했다.

"현인들은 똑똑하기 때문에 돈이 유익하다는 것을 잘 알고 있다. 그러나 부자는 돈을 가지고 있을 뿐 현인으로부터 지혜를 배우는 것이 얼마나 중요한 것인지를 모르고 있기 때문이다."

이렇게 하여 두 제자는 아무 말도 하지 못하였다. 돈을 너무 좋아하고 돈만 알고 살아가는 사람은 돈 이외에는 아무 것도 필요치 않다고 생각하지만 현자는 돈이 생활에 유익한 것을 안다. 유대인은 이렇게 현자에게도 부자에게도 돈이 얼마나 중요한 것인가가 머리에 박혀 있다.

3. 돈은 무자비한 주인이지만 유익한 종이 되기도 한다.

중세 유대민족은 다른 민족의 억압과 학대의 속에서 국가를 제대로 이루지 못하고 오랜 세월 유랑한 까닭에 완전한 기반을 잡을 수가 없었다.

유대인은 곳곳에 유대인가를 이루고 땅도 권리도 잡을 수 없었고 제조업이나 기타 공장도 소유할 수 없었다. 그뿐 아니라 그들이 거처하고 있는 땅에서 언제 추방당하게 될지도 알 수 없었다. 제 나라를 가지고 주권을 가진 민족이라면 그들이 처한 지역의 모든 사물 즉, 돌이든 강이든 모두를 자기의 것으로 느낄 수가 있었을 것이다. 그러나 그들은 오늘날까지도 세상의 사물에 대하여는 관심이 없다. 그들의 뼈아픈 역사가 안겨 준 것은 오직 현금의 힘이 얼마나 값진 것인가일 뿐이다. 세상에 의지할 수 있는 힘은 오직 돈뿐이었기 때문이다.

땅도 집도 없는 자에게 돈마저 없다면 어떻게 될 것인가. 돈마저 없는 자는 남의 종이 되는 길밖에는 살 길이 없는 것이다. 유대인은 사람의 종이 되어 일을 하면서도 자신은 절대 사람의 종이 되어 있다고 생각지 않는다. 그래서 그들의 머릿속에는 부자에게 절을 한다면 그 사람에게 하는 것이 아니라 부자의 주머니에 든 돈을 향해 절을 하고 있다고 생각할 정도로 돈의 가치를 인정한다. 종이 된 것 또한 돈의 힘 때문이지 인간의 종이 아니라는 강한 집념을 가지고 있다. 유대인은 동양인처럼 돈을 멸시하거나 죄악의 속물로 생각지 않는 반면 아주 좋은 것이라고만 생각하지도 않는다.

돈은 사용 방법에 따라 좋은 것이 되기도 하고 나쁜 것이 되기도 할 뿐 돈 자체의 책임은 따로 없다고 생각한다. 돈은 언제나 약한 자에게 힘을 주고 기회를 주는 역할을 한다고 생각하여 탈무드에도 돈은 기회를 제공한다고 했다. 돈은 게으른 자와 돈을 천대하는 자의 주인이지만 그것을 아끼고 근면한 자에게는 양순한 종이 된다고 생각한다. 유대인은 돈에 의지하는 반면 절대 돈의 노예가 되는 일은 피한다.

4. 돈이 든 지갑은 무겁다. 그러나 빈 지갑은 더 무겁다.

뿌듯하게 돈이 든 지갑이 훌륭하다고 할 수는 없다. 그러나 빈 지갑은 절대 좋지 않은 것이다. 비어 있는 물건 중에 세상에서 가장 무거운 것이 무엇이냐는 랍비의 물음은 유대인의 교훈 속에 여러 번 사용되었다. 그 대답은 빈 지갑이다. 유대인의 속담 속에 물건이 가득 찬 부대는 무겁다. 그러나 빈 부대 쪽이 더 무거운 것이다라는 말도 있다.

이 외에도 돈에 대한 잠언과 속담은 한없이 많다. 성서는 빛을 던지고 돈은 온기(溫氣)를 던진다는 말이 있는가 하면 돈은 아무리 더러운 때도 벗겨 내는 비누라는 말이 있다.

또 탈무드 속에는 몸은 마음에 의존하고 마음은 지갑에 의존한다는 구절이 있는가 하면 상대의 주머니에서 금화가 쩔렁이면 나오던 욕도 가라앉는다 했고 무거운 지갑이 무겁게 여기는 자는 하나도 없다고 했다.

아무튼 돈이란 소중한 것이다. 사람 중에는 도학자(道學者)라 하여 돈이 더러운 것이고 인간을 타락시키는 마물이라는 생각을 가진 이가 있는데 그것은 버려야 한다. 돈보다도 인간이 훨씬 위에 있는 것이다. 돈에 의해 더럽혀질 만큼 약한 인간은 아니라는 것을 알아야 한다.

5. 꼭 가난한 자의 말이 옳고 부자의 말이 틀린 것은 아니다.

탈무드의 미드라쉬에 이런 일화가 있다. 만약 두 사람이 나타나 자기의 주장이 옳다고 한다고 하자. 즉 가난한 자는 "내 비록 돈은 없지만 양심만은 바르게 쓴다. 저 자는 돈의 힘만 믿고 자기의 주장만 옳다고 고집한다." 라고. 이때 제3자는 가난한 자의 말에 동정을 하게 된다. 그러나 부자는 대개 이런 경우 "돈이 없으면 양심이나 바로 가져라 이 작자야!" 하고 상대를 공격하게 된다. 흔히 인간은 약자를 동정하는 미덕이 마음 밑에 깔려 있어서 은근히 가난한 자의 편을 들어 돈 없는 사람은 결백한 법이다라고 생각한다. 유대인의 사고방식을 통하여 본다면 반드시 가난하니까 거짓말을 하지 않는다고 판단할 수 없는 것이다.

6. 돌 같은 마음 문은 황금 끌로만 열 수 있다.

돈의 힘을 인정한 속담이다. 이외에도 유대인에게 돈에 대한 속담이 많다.

지식이 과분하면 사람이 늙지만 돈이 과분하면 사람은 젊어진다. 돈은 자기가 가지고 있지 않을 때 소중해 보인다. 돈을 사랑하는 것만으로는 부자가 될 수 없다. 돈이 당신을 사랑해야 한다. 자기가 자기의 돈을 벌 수 있다. 바로 가진 돈을 쓰지 않는 것이 그 방법이다. 부자가 되고 싶으면 내일 할 일을 오늘 하고 오늘 먹을 것을 내일 먹어라. 돈 꿀 때 웃으면 갚을 때 운다.

돈은 무슨 문이든 열 수 있다. 돈이 집안에 있으면 평화도 집안에 머문다 등등.

돈이 있는 집안이 화평할 가능성이 가난한 집안보다는 비율이 높다. 돈이 없는 집안에 우애와 사랑은 있을 수 있겠지만 오랜 평화를 기대하기는 어렵다. 1565년 출판된 〈유대인율회계〉에 인간은 본능적으로 부를 축적하기 바란다라고 쓰여있다. 아담 스미스가 〈국부론〉을 쓰기 훨씬 이전의 일이었으니 유대인에게 돈의 힘이 얼마나 크게 인정받았는가는 알만한 말이다. 유대인에게 돈은 인생 문제중의 하나이다. 랍비가 가두에 나서서 지나가는 사람에게 좋은 설교를 하느니보다는 10달러라도 나누어주기를 바랄 만큼 돈이 무엇보다 중요하다고 생각하는 것이다. 그들은 인간과 동물이 다른 점은 인간은 돈을 아는 동물이고 동물은 돈걱정을 할 줄 모르는 점이라고 했다.

7. 부자를 칭찬하는 것은 돈을 칭찬하는 것이다.

사람이 높은 지위에 있는 사람이나 권력을 잡은 사람을 공경할 때는 그 사람 개인이 훌륭하여 그것을 칭찬하고 존경하는 것이 아니라 그 사람이 차지하고 있는 지위에 대해 경의를 표하는 것이다.

어느 날 두 사람이 랍비를 찾았다. 한 사람은 그 고을에서 제일 가는 부자이고 또 한 사람은 가난한 사람이었다. 랍비를 만나기 위해 대기실에 둘이 나타났을 때 부자가 조금 먼저 나왔다. 그래서 도착순으로 부자가 먼저 랍비의 방에 안내되었다. 그리고 가난한 사람은 한 시간이나 밖에서 기다렸다. 한 시간이나 기다리다가 부자가 나온 다음에 가난한 사람이 랍비의 방으로 들어가게 되었다. 그는 5분 정도로 랍비와의 면담이 끝났다. 그래서,

"랍비님, 갑부가 왔을 때는 당신께서 한 시간씩이나 응대하여 주셨습니다. 그런데 저는 5분밖에 안 됐잖습니까. 이것은

공평한 처사가 아닙니다."
하고 항의했다. 랍비는 웃으면서 대답했다.
"오, 오, 나의 치구여, 당신의 경우에는 가난한 것을 한눈에 알아차렸다고. 하지만 그 부자의 경우에는 마음이 가난한 것을 알아내기까지 한 시간이나 걸렸다오."
이 일화는 부자이기 때문에 랍비가 더 오랜 시간 대응해 주었다는 말이 아니다. 부자를 상대하는 동안 자기는 그가 가진 돈을 상대하였다는 것으로 인간을 대할 때는 똑같으나 돈을 대하는 마음에는 차가 없을 수 없잖으냐는 뜻으로 보인다.

8. 큰 부자에게 아들은 없다. 다만 상속자가 있을 뿐이다.

돈은 많이 가지고 있으면 손에 미치지 않는 경우가 많다. 특히 금화나 은화 주화 등을 많이 가진 사람은 그것들을 창고나 큰 밀실에 쌓아두고 어떤 돈에 물이 묻든 녹이 나든 일일이 들여다보지 못한다. 더구나 손길이 미치기란 어려운 것이다. 그렇지만 돈이 손에 몇 푼 없는 사람은 그 돈이 소중하여 주먹 안에 넣게 꼬옥 잡아 체온으로 돈을 따뜻하게 길들인다. 돈에는 감정이 없고 다만 광물질로서 차가운 냉기만 있을 뿐이다. 돈이 따뜻하도록 손에 잡고 있다가 누구에게 내오준 경험은 누구나 있을 것이다. 그때의 감정과 아무렇게나 둔 돈을 꺼내어 남에게 줄 때의 감정은 어떻게 차가 있었던가?
부자는 돈이 많아서 돈 하나 하나에까지 정을 주지는 못하는 경우가 많다. 그래서 금화든 은화든 차갑게 머물다가 차갑게 내던지는 손길에 떠나기 마련이다. 부자는 자칫 지식을 대할 때도 돈을 취급하듯 하는 경우가 많다. 이렇게 될 때 부자는 지식을 잃어버린 상태가 되는 것이고 그때 부자에겐 상속인이 있을 뿐 자식은 없다는 변화가 일게 된다.

9. 재물이 많을수록 근심도 따라 늘어난다. 그러나 재산이 없는 편은 근심거리가 더 많은 법이다.

기독교 교도는 돈이나 물질 따위를 천시하는 경향이 짙다. 카톨릭 신부들은 가난한 자를 상징하는 검은 옷에 흰 칼라를 하고 있다.(단 최근에는 카톨릭교회 내에서도 가치관의 변화에 따라 보통 신사복 차림에 결혼을 하는 신부도 있다) 이는 기독교에 있어 돈이나 물질이 같은 것을 죄악시하고 있다. 그러나 어떤 경우에는 일반과 마찬가지로 사치를 즐기는 경향도 있다.

왜 기독교는 돈과 물질을 멸시하게 되었을까? 그것은 참 기독교도라면 청빈한 것이 미덕이라는 사상을 가졌기 때문이다. 기독교도는 청빈한 중에 기쁨을 찾고 돈과 물질과 섹스를 얼마나 물리칠 수 있느냐 하는 것을 자랑하고 살아간다. 기독교도들은 돈과 쾌락의 유혹에 빠지는 것을 가장 두려워하므로 그것들에 가까이하게 되면 자기가 그것들에게 지배당하게 될까 염려를 한다. 기독교도가 이러한 반면 유대인은 과도한 것을 타이르는 율법에 의해 자기에게 규율을 가하고 있으므로 부와 물질에 추호도 두려움을 가지고 있지 않다. 탈무드 속에 바다 가장자리에 서는 자는 다리를 꼭 붙이고 서 있으면 파도에 휩쓸리고 만다는 말이 있다. 기독교도들이 가진 돈과 섹스와 물질에 대한 멸시로 인하여 자기에게 필요한 재산을 비축하지 못하거나 인생의 낙을 상실한 사람이 과연 얼마나 될까. 인간은 자신을 가지고 살 때 행복하고 삶이 만족스러운 것이다. 재산을 종교의 교리 때문에 전적으로 무시할 때 인간에게는 근심이 따르는 법이다. 근심이 따르면 종교에 의존하는 의지가 흔들리기 쉽다. 그러므로 재산이 전혀 없는 편에 근심거리는 더 많은 법이다.

10. 가난은 수치가 아니다. 그러나 명예는 더욱 아니다.

유대인의 세계에는 동양에서와 같이 청빈이란 특수 관념은 없다. 그들은 돈은 선(善)의 상징이라고까지 생각은 하지 않지만 돈보다 좋은 기회를 제공하는 것은 없다고 생각한다. 인간은 돈에 의해 욕망을 채울 수 있는 가능성이 있다고 믿는다. 시(詩)나 문학 속에서 가난은 아름답게 표현되지만 집안에서의 가난은 극히 추한 것이 가난이다. 가난은 언제나 깨끗한 것처럼 우리 귀에 들려오나 실생활에서는 가장 비참한 것이다. 돈은 너무 추켜 생각해도 안 되지만 멸시해서는 더욱 안 된다. 돈은 아름다운 것도 아니고 더러운 것도 아니며 높은 것도 아니고 낮은 것도 아니다. 돈은 인간 생활에 필요한 일종의 도구일 뿐이다. 돈은 그저 생활에 유용한 도구이므로 넉넉히 가진 편이 없는 편보다 편리하다는 것이 다른 물질과 다른 점이다. 돈이 넉넉히 있을 때 소유주가 그것을 어떻게 쓰느냐가 중요한 것이다. 지성인에게는 지혜롭게 쓰여지나 무지하고 천한 사고방식의 소유자에 의하여는 나쁜 것으로 쓰여진다. 돈이 한푼도 없는 것을 깨끗한 것이라고 생각하는 것은 잘못된 생각이다. 돈이 있는 사람은 명예도 얻을 수 있지만 돈이 없는 사람은 명예에 때묻기 쉽고 천대받기 쉽다. 절대 돈 없는 것을 명예로 알아서는 안 된다.

제2부
****
유대 남자와 일본 여자

서 론

유대인과 결혼한 일본인 엄마의 육아 경험과 이질문화의 수용을 통하여 감성적인 유대인과 지능적인 유대인의 차이점을 볼 수 있다. 2부의 저자인 코헨 여사는 이렇게 고백한다.

"나는 순수한 일본인으로 태어나 자란 한 여성으로, 아이를 낳고 단란한 가정을 꾸미려고 노력하는 한 엄마가 되리라고는 생각지 못했다. 그러나 결혼은 하고 싶었고 할 생각이었다. 남편은 반드시 일본인이어야 한다고 생각했던 내가 180도 바뀌어 유대인과 결혼해서 두 아이를 둔 엄마가 되었다. 그리고 나는 주위에서 '교육 어머니' '마마건' 등으로 부를 만큼 달라지고 말았다. 왜 이렇게 변해 버렸을까? 그 큰 이유는 우리 아이들이 '유대인과 일본인의 혼혈아'이기 때문이라고 생각한다. 유대인과 일본이라는 전혀 다른 문화 사이에서 태어난 우리 아이들은 당연히 유대인과 일본인의 혼혈아 '유대 일본인'인 것이다.

나는 이 '유대 일본인'이 일본과 유대라는 두 문화와 관습과 사고방식을 이해하도록 교육하고 싶었다. 그리고 양쪽을 이해했을 때 단일 민족이 아닌 두 아이들의 장래에는 남다른 목표가 기다리고 있지 않을까 생각했다. 또 한편으로는 유대와 일본, 지극히 이질적인 두 개 문화 가운데서 자라온 두 남녀 사이에서 태어난 우리 아이들에게는 반드시 언젠가 자기 자신에 대한 의문이 차츰 나오지 않을까, 그리고 자기 안에 잠재해 있는 자신들의 뿌리에 대해서 알고 싶다고 생각하지 않을까 생각했다.

　아이들이 자라 그러한 문제에 부딪힐 때를 대비해 나는 유대인과 일본인의 '혼혈아'들을 어떻게 교육하며 일본인 어머니가 자기가 낳은 유대인 자녀에게 어떤 자세를 취할 것인가를 생각해서, 전부터 여기저기 적어 둔 글이 있었다. 그것을 기초로 해서 나 같은 사람들이 어떤 문제에 당면했을 때 조금이라도 도움이 되지 않을까 싶어 이 책을 썼다.

　동양 사람은 물론, 일본 사람 모두는 유대인을 모른다. 약간 안다고 해도 좀 심한 오해가 많다. 그래서 일본인의 눈으로 보고 생각한 유대인의 생활이나 사고방식·관습·제사 등에 대해서도 여기에 썼다.

　이 책을 통하여 유대인과 유대 혼혈아에 대하여 다소나마 이해할 수 있게 된다면 그 이상 바랄 것이 없을 것이다. 읽어주심에 감사드린다.

코헨　白木川富子

1

바 미쯔바까지

유대인의 성인식

일본에서는 해마다 스무 살이 되는 남녀에게 1월 15일, '성년의 날'이라는 국민적 행사에 따라 성인식을 치르지만 유대인의 경우는 다르다. 우리 쌍둥이 아들들은 작년 6월 13일에 13세 생일을 맞아 바 미쯔바라는 성인식을 치렀다.

일본에서 말하는 성인식을 올렸다는 말과 유대인인 우리 아이들이 성인식을 치르었다는 것은 같은 의식이라고 생각한다. 왜냐하면 일본의 성인식은 이십 세가 되었다는 연령을 의미하지만 유대인의 바 미쯔바의 경우는 남자가 13세가 되어 유대인으로서 계율을 따르고 준수하겠다는, 성인이 된 한 남자 자격의 맹세로써 13세 생일에 남의 손에 의해 결정되는 것이 아닌, 자력으로 깨달아 한 남자가 되어 모든 일을 하겠다는 것을 민중 앞에서 서약하는 행사이기 때문이다.

그렇기 때문에 유아기부터 그에 대한 준비를 위해 감성교육을 시킵니다. 그 감성교육은 일상 생활 속에서 개념을 갖도록 해주는 것이 부모의 역할이다. 특히 유대인 어머니의 역할이 중요한 것은 유대인 어머니의 평가가 자녀의 성장 여부로 내려지기 때문이다.

바 미쯔바 의식을 하게 되기까지에는 역사·성서·히브리어 공부를 몇 년 동안 하고 그 이상 기간 하프 토라(구약성서의 모세오경: 창세게·출애굽기·레위기·민수기·신명기)를 되풀이해서 연습하고 단상에 서게 된다.

하프 토라를 읽고 참석한 사람들 앞에서 강연을 할 때 흥분한 나머지 말을 바꾸어 버린 일도 있다. 그것은 유대인 사이에서 뿐 아니라 널리 알려진 이야기이다.

그것은 강연의 첫머리에서 Today I am a Man이라고 말하는 것을 Today I am a Fountainpen이라고 말하는 것이다. 왜 틀렸는가 하면 바 미쯔바에는 만년필이 따라 다니기 때문이다.

나는 독신 시절에 뉴욕에서 살았다. 그때 바 미쯔바의 초대를 받은 적이 있었다. 나는 유대인에게 무엇으로 축하해 드리면 좋을까를 물었다. 그러자면 돈을 드리는 것이 가장 좋은 방법이었지만, 바 미쯔바에서 가장 어울리는 축하 선물은 만년필이라고 가르쳐 주었다. 그래서 만년필이 왜 대표적인 선물이냐고 물었더니 그 대답은 이러했다.

'만년필이란 자립한 사람이 자기 자신의 책임으로 사인을 하는 도구이다. 그리고 성인으로서 사인을 해야 하는 일도 많고 그때에 사용하는 것이 만년필인 것이다. 이로써 어른임을 의미하며 또한 이때부터 만년필은 학문에서 유용한 것이라는 의미도 포함되어 있다. 13세가 되면 연필에서 만년필로 바뀌는데 연필 글씨는 지워 쓸 수 있지만, 만년필은 지울 수 없는 영구적인 것이다. 바 미쯔바를 받은 소년은 남자로서 책임 있는 행동을 하지 않으면 안 된다. 이것은 만년필로 쓴 일기처럼 자기의 행동을 지울 수 없다는 증거인 것이다. 그러므로 자중해서 생각을 깊이 하는 생활을 하라는 다짐이며 소년이 훌륭한 한 사람의 남자가 되었음을 인정한다'는 선물로써 어울리게 되었다는 것이었다.
 13세라는 나이로 성인식을 하려면 어머니가 일상생활에서 자녀를 유대식으로 교육해야 하는 것이다. 그렇지 않으면 유대의 계율을 지킬 수 없고, 결국은 바 미쯔바는 통과는 불가능하게 된다.

유대인과 계율

 유대인은 이교도와의 결혼을 피한다. 그 이유는 자녀가 어떤 사람인지 모르게 되어 불안한 상태로 성장하기 때문이라고 한다. 자녀가 성장하는 과정에서 어머니에게 배우는 것이 많으며 그것들로 인해 인간이 형성된다고 해서 유대인 어머니들에게는 중요한 역할과 의무를 요구하고 있다.
 어머니가 이국인인 경우 아버지가 유대인일지라도 그 2세는 유대인으로 인정되지 않는다. 유대교는 종교가 아니라 풍속이라고 말하며 개념으로서 그렇다는 것이다. 랍비 마빈 토케이어는 바 미쯔바 자리에서 남자의 탄생에 대해 이렇게 잘라 표현했다.
 "이제부터 나는 내가 모든 것을 결정하는 주인공이다. 일상생활은 모두 나로부터 출발한다. 그런 만큼 책임은 나에게 있다. 인간은 자신의 행동에 모든 책임을 진다. 예컨대 자고 있는 순간에도"
 유대인 남자는 기도를 하러 가든, 가지 않든 결정에는 개념을 가진 것이라고 말한다. 유대인으로서 이교도와 결혼하는 사람은 정통파(유대교 계율에 가장 엄격한 그룹)나 보수파(정통파만큼은 아니지만 계율에 충실한 그룹)에는 거의 없고, 개혁파(계율이 너그러운 그룹) 유대인에게만 있다. 특히 미국계 유대인에 있어서이다.
 남성이 유대인으로 개종할 때는 신과의 계약인 할례를 행한다. 물론, 유대인이 소중히 여기는 공동사회에서 인정받은 후의 일이다. 남성의 할례는 생애에서 잊을 수 없는 고통이라고 할 수 있다.

이교도 여성이 유대인이 되는 경우는 유대교의 개념이나 지식, 역사와 성서를 배우고 생활 습관 등을 배운 다음에 시나고그(회당)에서 열 명의 유대인이 모인 앞에서 랍비(교수・재판관・목사의 역할을 하는 사람)의 질문에 대답하고 유대의 선조가 '주'와 맺은 계약에 의해 태어나는 것이다.

식사의 계율・축제일・안식일에는 모친이 가정에서 주역을 담당해야 한다. 예컨대 식사 계율이다만 유대인의 식탁에는 쇠고기와 우유가 함께 놓이는 일이 없다. 또 요리에는 이 두 가지가 혼합되는 일이 없고, 식사에 사용하는 그릇에도 우유와 쇠고기를 담는 그릇은 각각의 용기에서 씻어야 한다.

그것은 구약성서, 출애굽기 23장 19절에 '염소 새끼를 그 어미의 젖으로 삶지 말찌니라'라고 되어 있기 때문이다. 우상숭배자들은 그렇게 하지 않지만 유대인은 '주'에 의해 금지하고 있기 때문이다. 그러나 아이에게 이 설명만으로는 부족하다.

"왜 고기는 먹고 우유는 마시면 안 되는 거야?"
라는 질문을 받았을 때 유대인 어머니는
"모체인 고기를 빼앗고 나서 어떻게 자녀에게 줄 우유까지 빼앗을 수 있겠니? 빼앗긴 어미 소의 기분을 생각해 보아라. 얼마나 어미 소의 가슴이 아프겠니?"
라며 생각을 바꾸어 해 보도록 하는 것이다.

또 기원전부터 유대인은 고기에 포함되어 있는 피가 인간의 체내에 들어가 그것이 체내의 피와 혼합된 경우를 연구했다. 이것은 신체 상태에도 따르지만 발발할 수 있는 병에 대한 예방법이라고 할 수 있다.

내가 랍비 토케이어를 방문했을 때, 우리 몇 사람을 향해 일본인은 유대인을 '복어'라고 부르는 것 같다고 알려 주었다. 나는 꽤 정확한 표현을 쓴다고 감탄했다.

유대인은 사용하기에 따라서는 매우 좋지만 취급방법이 틀리면 생명에 위험을 줄만큼 독하다고 한다. 복어는 요리 방법에 따라 천하일품의 맛을 가진 고기지만 조리법이 잘못 되면 생명도 잃는다는 양면성을 가지고 있기 때문이다. 그 양면성이 있다는 것을 생각하고 감탄하는 것까지는 좋았는데 먹보인 나는 그만,

"복어는 참 맛있어요. 최고입니다."
라고 말하자, 토케이어 부인이,
"복어가 그렇게 맛있어요? 먹어 보고 싶네. 복어에도 비늘이 있나요?"
라고 묻기에 나는,
"복어에는 비늘이 없어요. 그래서 유대인에게는 금단의 물고기입니다."
라고 바보 같은 대답을 했다. 유대인은 물고기를 먹는 데도 비늘이 없는 물고기는 먹지 않는다. 문어·새우·뱀장어도 먹지 않는다.

가축에 있어서도 유대인은 발굽이 갈라져 있지 않은 동물의 고기는 먹지 않는다. 식사도 매일 생활 가운데서 사항이 없는 것들만 계율에 따라 한다.

제일(祭日)과 유대 정신

제일에도 계율을 지킨다. 근대화 따위는 염두에 두지 않는다. 그 증거로 봄이 오면 주요 행사의 하나로 유월절이 있다. 이 제사는 모세가 이집트를 탈출할 때부터의 기념이기도 하고, 일년의 마지막 축제라고도 할 수 있다.

유대인은 여행을 하다가도 이 축제가 되면 체재하고 있는 지역의 공동체에 가서 축하를 한다. 몇 년 전 유월절 때 일인데, 맞은편 좌석에는 가나다 몬트리올에서 사업차 일본을 방문한 부부와 옆자리에는 뉴욕에서 역시 사업차 체재하고 있던 부부가 앉았다. 이들은 이구동성으로 말한다.

"우리는 사업차 여행을 많이 합니다. 그리고 각처에서 축제일을 보냅니다. 어디서든 자기 고향에서와 똑같이 동경에서든 독일에서든 축제를 맞으면 축제 행사에 참가합니다. 그것은 누구나 똑같이 지키고 변화가 없습니다."

유대력으로 5700년이나 되지만, 축제일은 그 동안 한 번도 변함 없이 연속되고 있다. 축제일은 반드시 유대 정신을 새롭게 하고 있다. 유대인이 이집트에서 탈출할 때 빵을 구워낼 시간이 없었기 때문에 이스트를 넣지 않고 태양으로 달구어진 돌 사이에 끼워서 구워내고 그것을 먹기 때문에… 라고 해서 유월절 8일간은 가정에서 이스트를 쓰지 않는다. 그리고 누룩 없는 빵만 이 기간 동안 먹는다.

유월절 첫날과 둘쨋날 밤은 만찬연회가 가정과 공동체서 열리는데 그 때의 메뉴는 정해진 대로만 만든다. 그 가운데는 부서진 구운 달걀이나 서양 고추냉이, 사과와 꿀, 땅콩을 섞은 것이나 봄이 오는 것을 알려주는 파슬리 등이 있다.

이들 하나 하나에는 까닭이 있는데 애굽의 노예였던 선조를 위로하고 잊혀지기 쉬운 유대 정신을 기억하게 하는 것이다. 서양 고추냉이 한 조각을 베어 물고 눈물을 흘리면서 '이것이 노예의 고통이다'라고 가르치며, 사과와 꿀로 만든 할로셋을 들며 밝든 어둡든 조상이 만들었던 벽돌이라고 가르치고 부서진 구운 달걀은 파괴된 신전의 상징이라는 것을 말해 준다.

무려 3시간에서 4시간에 걸친 연회는 유월절이나 유대인 선조에 관한 질문이 되풀이되며 해마다 변함없이 행해진다. 이 행사를 연출하는 것은 엄마이자 아내의 역할이다.

안식일

엄마로, 아내로서의 역할 중 지켜야 하는 하나가 안식일이다. 유대인의 안식일은 금요일 저녁부터 토요일 저녁까지를 말한다. 정통파 유대인은 이 안식일에는 일체의 일을 하지 않는다. 가정주부도 이때는 불을 사용할 수 없으므로 미리 안식일에 먹을 식사준비를 해두어야 한다. 그리고 자녀가 있는 가정에서는 샤워나 목욕으로 몸을 청결히 하고 안식일을 맞아야 한다. 그런 것은 저녁 전에 끝내 두어야 한다.

한정된 시간 내에 정해진 일을 끝내 두어야 하는 것은 주부가 꾸려나갈 수밖에 없다고 할 수 있지만 저녁 20분 전에는 안식일 만찬을 탁자에 차리고 양초에도 불을 붙여야 한다. 양초를 켜는 것은 주부로서의 특권이라고 한다.

그것은 아담과 이브 시대에 이브가 금단의 열매인 무화과를 먹고 어두운 밤을 초대함에 대한 속죄에의 빛을 밝히고 밝은 세계를 만들어내기 위한 것이지만, 최대의 개념은 빛을 지켜 밝은 가정을 만든다는 의미가 함축되어 있다고 생각한다. 평안을 지키고 밝은 가정을 만드는 것, 싸움을 예방하는 배려를 태만히 하지 않는 것도 의미한다.

개인을 소중히 여기다

유대인은 세계 각지에 분산되어 여러 지역에 살고 있으면서 유대인으로서의 생활을 영위하고 있는데, 유럽이나 이스라엘, 미국의 유대인 모두가 같은 생활을 하고 있는지를 알기는 어려운 문제라고 생각한다. 그것은 그 지역 사람들 가운데서 유대인 그룹을 형성하고 있기 때문이다. 여기서 내 주변의 일로 유대 어머니의 예를 소개하려 한다.

나의 시어머니도 두 명의 아들을 두고 있다. 남편이 청년시절의 일이다. 현재 사용하고 있는 성은 선조 대대의 성이 아니고 몇 대 전의 선조가 오스트리아에서 이민 왔을 때 영어를 할 수 없었던 까닭에 이 성을 쓰도록 해서 사용하게 된 것이다. 그래서 자기들의 진짜 성이 아니다. 자기들도 그 성을 따르든지 바꾸어 달라고 제안하여 개인의 의지에 의해 정하든지, 정하게 된 것이다. 그래서 남편은 형제마다 성을 따로 가지고 있다.

시나고그 예배당 의자는 긴 의자지만, 한 사람 한 사람 구별이 있다. 그것은 각 개인이 귀중하므로 단체나 가정 전체주의가 아닌, 개인만으로 존중된다는 생각에서 출발한 것이다. 아무리 어린아이일지라도 의견을 묻는다. 그래서 유대인 5명이 모이면 10인 이상의 테이블이 준비된다고 하며, 각각 자기의 의견을 주장한다.

그러나 결코 자신의 의견을 다른 사람에게 강요하지는 않는다. 또한, 납득할 수 없는 것을 받아들이는 일도 없다. 요리를 배우려고 하지 않는 사람에게 강요하려 들지 않는다. 가르치는 방법으로 매일 아침 다른 오믈렛을 만들어 좋은 시간에 그 사람 앞에 내놓는다. 단지 침묵하는 것이다. 그러면 먹기 시작한 사람은 어제와 다른 오믈렛의 맛에 흥미를 느끼고 질문을 한다.

그때서야 비로소 설명을 한다. 맛과 설명은 적시에 뇌리에 저장되어 요리 과정을 습득하게 되는 것이다. 처음부터 강압적인 설명은 필요 없는 것이다. 또 흥미가 있으면 질문을 하지 않을 수 없게 된다. 흥미 없는 일로 구태여 얽매이지 않는다는 이념을 가지고 있다. 그러므로 어떻게 흥미를 갖게 하는가를 생각하는 것이다.

모친과 경쟁 상대

우리는 대개 말로써 남에게 대단한 폐를 끼친다. 남편은 대학원에서 일본어를 전공했다. 그리고 최초 강의가 시작된 아침에 아들이 오늘부터 일본어 공부를 시작한다고 한 것을 들은 어머니는 행운을 빌며 문 앞까지 배웅하고 아들의 모습이 보이지 않는 것을 확인하고 곧 외출 준비를 했다.

집안 일은 제쳐두고 도서관으로 달려가 일본어 책을 찾다가 못 찾자 다른 도서관으로 가 찾아 헤맸다고 한다.

그리고 그 일본어 책에서 일본어로 어떻게 인사를 하면 좋을까, 어떻게 말을 걸면 좋을까를 공부했던 것이다. 그리고 두 번, 세 번 반복해서 연습하고 연구한 후, 돌아온 아들에게 어머니 쪽에서 아들이 말을 걸기 전에 일본어를 먼저 사용했다고 한다.

아들인 남편은 놀라서 선뜻 입도 벙긋 못하고 멍하니 있었다고 한다.

여기에서 어머니는 아들에게 언제든지 당신의 경쟁 상대가 된다는 것을 가르쳐 주고 있으며 그것은 방심하지 말라는 경고인 것이다. 이후에 어머니는 두 번 다시 도서관에 가서 일본어를 찾아다니는 일은 하지 않아도 되었다고 한다.

남편은 10개월만에 대부분의 상용한자를 마스터했다고 한다. 이 점이 유대 어머니의 특성이라고 할 수 있다. 필요에 따라 대처한다. 물론 상대를 알고 연구하는 일도 소홀히 하지 않는다. 좋고 싫은 일은 좋아하고 싫어하는 것으로 인정한다. 정정하라고 말하지는 않지만 정정하는 쪽이 좋다고 깨닫도록 본인에게 맡긴다.

유대교에서는 성서의 가르침에 따르라고는 말하지 않는다. 따를 것인가, 아닌가는 스스로 결정할 것이기 때문에 누구나 자신에게 선택할 권리가 있다고 말한다. 따르지 않는다면 어떻게 될 것인가는 성서가 보여주고 있으므로 유대인 세계에서는 자녀를 개성 있는 자녀로 교육하려고 한다.

자녀 한 사람 한 사람이 제각기 다르듯이 가정도 양친도 다른 인간이므로 같을 수 없다고 가르친다. 물론, 어머니에게 반항하는 자녀도 있고 다른 어머니를 인용하기도 한다. 그럴 때 자녀에게 이렇게 설명한다.

"신은 너희에게 선택할 권리를 주셨다. 자신이 어떠한 인간이 될지, 어떤 직업을 선택할지, 어디에서 살지, 그리고 어떤 상대를 골라 결혼할지는 각자가 마음대로 선택할 수 있는 일이다. 그러나 세상에는 자기 마음대로 선택할 수 없는 한 가지 중요한 사람이 있다. 그것은 어머니이다. 어머니야말로 아들이 고를 수 없는 대상이다. 이것은 하나님이 선택해서 당신의 어머니에게 어울리는 자녀로 만드셨기 때문이다."

이것은 바로 하나님의 존재를 가르치고 또한 자신의 존재를 인식시키는 것이다.

시련 속에서 양육하다

유대인은 괴로울 때 신께 구원을 청하는 기도를 하지 않는다. 만약, 자녀가 어려운 문제에 부딪혀 고통으로 괴로워하고 있을 때, 어머니는 자기 마음속의 아픔을 누르면서도 결코, 당신의 괴로움을 나누어 갖겠다고 말하지 않는다. 그래도 반드시,

"나는 언제라도 협력하겠다. 하지만 하나님이 너로 꼭 극복하게 하고 해결할 수 있다고 확정하신 이상, 주어진 고통이나 어려운 문제라고 하더라도 끝까지 해내어 보아라."
라고 격려한다. 이 말을 하기까지는 그만큼의 자신감과 용기가 필요하다. 결코 방관만 하고 있는 것이 아니라 지혜도 주어야 하는 것이다. 자기 자신이 극복해야 할 필요를 분명하게 이해시키는 것이다.

뮌헨 올림픽 때 이스라엘 선수가 게릴라에게 살해되었다. 그 때 유대인들은 가해자를 원망하기 전에 이렇게 당한 자기 스스로에게 분노를 털어놓았다. '어째서 우리는 자신들을 지키지 못하였는가' 라고 말이다. 주의를 태만히 하였다는 것에 대한 분개였다. 평소 시련을 받으면서 성장하는 것이 유대인이라고 한다. 이들은 대부분이 가정에서 부모로부터 매일의 생활을 통하여 역경을 극복하는 법을 습득하는 것이다.

부모와 형제

유대인은 '학교는 지식을 얻는 곳이며 지혜는 가정에서 얻는다'고 가르친다. 그렇기 때문에 가정에서 위엄을 가지고 자녀를 지도하는 어머니는 언제나 가족 전원에게 희망을 주려고 노력한다. 그리고 자녀를 그들의 명예로 여긴다.

유대 어머니의 긍지의 표현으로 이국계 유대인 2세로부터 이런 말을 들은 적이 있다. 'My son, the Doctor. My Son, the lawyer'이다. 이것은 '나는 아들을 의사로 만들었고 변호사로 만들었다'는 것으로 자녀를 단지 낳아 놓기만 하고 내버려두어서는 안 된다는 것이다.

어머니로서 지혜와 의무인 그 역할을 다하고 있다는 것과 함께 경제적으로도 노력하였고 축복 받았다는 것도 의미하고 있는 것이다. 또 어머니가 얼마나 견실하였는가 하는 사회에 대한 상징이기도 하다.

가령 중류 가정에 네 명의 아들이 있다고 가정하면, 우선 한 사람을 의사로 만들기 위해 전원이 노력한다. 의사가 되려면 절대량의 공부가 필요하다. 경제적으로 아르바이트가 필요한 경우는 의사 지망생인 아들을 대신해서 다른 아들이 하고 형제를 도와준다. 변호사의 경우도 같은 식이다. 그래서 다른 아들은 운전이나 특별한 교육을 받지 못하게 되는 경우도 있다. 이런 민족이기 때문에 전 미국내 의사의 70퍼센트가 유대인이라는 것도 이해가 간다.

또 유대인 생활의 안전성에도 그런 것이 지적되고 있다. 의사는 신체를 보호하고 변호사는 법을 지켜 준다. 또한 지식을 주고 얻기 위해서는 그 근원을 보호해야 한다. 대학 교수의 수도 유대인이 타민족에 비해 압도적으로 많은 것이다. 이 점이 소위 유대인의 지혜라고 할 수 있을 것이다.

두 명의 아들들

나는 두 명의 아들에게 너희는 유대인이며 일본인이기도 하므로 양쪽의 좋은 점을 흡수하고 필요하지 않다고 판단되는 것은 버리라고 말한다. 그리고 자신만의 세계가 아니라 다른 사람도 존재하는 세계를 만들어 가도록 가르친다. 결코 작고 옹졸한 마음을 가진 인간만은 되지 않았으면 하는 바람으로 노력하고 있다.

두 아들은 각자 학교를 선택하여 입학했다. 카톨릭 국제 학교에 다니는 하나는 종교 수업을 구약성서에서 시작하므로 의기양양한 얼굴로 수업을 받더니 2학년이 되어 신약성서에 들어가자 수업에

귀를 기울이지 않게 되었다. 물론 그때까지도 학교에서 기도를 한 적은 없었다.

　그것을 안 급우가 선생님께 고자질을 했다. 아들은 자기는 카톨릭이 아니므로 카톨릭의 기도는 하지 않겠노라고 말했다. 선생님은 그렇다면 너의 방식대로 하라고 말씀하셨다고 했다. 그러자 이번에는 신약성서를 거부하는 것이었다.

　나는 그 이야기를 듣고 아무 말도 하지 않았다. 남편도 같았다. 그리고 몇 개월인가 흘렀다. 금방이라도 비가 내릴 것 같은 아침이었다. 아들을 향해 '오늘 아침은 학교까지 데려다 주마'라며 차의 시동을 걸었다. 아들은 기쁜 듯이 차에 올랐다. 학교 길을 가면서 물었다.

　"오늘이 특별한 날이라는 것을 알고 있니?"

　아들은 계속 생각하고 있었지만 정확한 답을 하지 못했다. 그 날은 나치에 의해 살해된 6백만 유대인을 추모하는 날이었다. 그날 나는 가족을 모아놓고 추도회에 참석하자고 하고 어째서 6백만 유대인의 살해 사건이 일어났는가를 물어 보았다.

　"만약 서로가 서로를 잘 이해했더라면 이런 일은 일어나지 않았을 거야. 적어도 사전에 방지했을지도 모른다. 그 때문에 다른 사람들도 서로 이해하려고 노력해야만 하는 것이다. 지금 네가 신약성서라고 해서 자기와는 관계없다고 물리쳐 버리면 네 인생에서 카톨릭이나 크리스천을 이해할 기회를 잃게 되는 것이다. 상대방을 이해하는 것과 배우는 일은 필요한 것이 아니겠니?"

　학교에 도착하는 동안 한 마디도 하지 않던 아들은 차에서 내릴 때 다녀오겠다고 인사하며 노력해 보겠다는 말을 덧붙이고 멀어져 갔다. 이것을 계기로 아들은 신약성서에도 다른 과목에서와 마찬가지로 흥미를 갖기 시작했다.

자신만으로 머물지 않고 넓게 다른 사람의 마음의 인간이 되어 주길 우리들은 바라고 있다. 그리고 바 미쯔바 자리에는 유대인만이 아니라, 크리스천이나 카톨릭 신부님도, 불교도나 회교도들도 참석하여 축복해 주시는 바 미쯔바가 되기를 원해 왔다. 그리고 실제로 아들들의 바 미쯔바에서는 그러한 분이 많이 오셨다.

2

혼혈아

 큰 가방을 짊어지고 땀에 젖은 머리카락을 쓸어 올리며 몇 번이나 베레모를 고쳐 쓰고 걸어가는 남자아이가 있다.
 "어머, 너는 외국인?"
 "나…? 나는 혼혈아예요."
 "어머나! 그런 건 말하는 게 아니란다."
 그 부인은 나무랐지만 혼혈아는 영문을 모르겠다는 듯 멍하니 있었다. 그 혼혈아가 바로 내 아들 야곱으로 쌍둥이 중 한 명이다.
 일본인 아이스하키 그룹에 참가했던 첫날 생긴 일이었다. 그는 단 한 명의 외국인으로서 나이도 어렸고 더구나 연습 부족이었던 아들은 모두의 뒤에서 간신히 따르고 있었다. 그런 그를 애처롭게 생각하고 말을 걸어 주신 것이었다. 이때 양쪽이 당황한 것이다.
 아들로 보면 혼혈아만이 갖게 되는 두 민족의 피를 갖게 되고 양국이 서로 통하는 인간이라는 자기 표현의 기분에서 혼혈아라고 답했을 것이다. 그러나 이 부인으로서는 많은 일본인이 개념적으로 가지고 있는 예의 혼혈아라는 인식이 잠재했던 것이다.
 최근 바식이라고 해서 모델이나 가수 등 특수한 직업에서 인기가 있다만, 혼혈이라는 말에서 우선 일반적으로 상상될 수 있는 것은 전쟁의 부산물, 혼혈 고아, 부랑 소년 등등….
 "저 애는 혼혈아래요!"

라고 하던 시절, 거기에는 잡종을 경원하고 일본인은 순결하다는 우월감이 작용했다. 일본인처럼 단일 민족으로 구성되어 있는 사회에서는 특히 그것이 강조되는 듯하다.

일본인 모친을 가진 혼혈아는 일본 사회를 피하여 살아갈 수가 없다. 그렇기 때문에 두 아들이 혼혈아라는 말에 열등감이나 비굴한 굴욕감을 갖지 않도록 키우겠다고 생각했다.

어느 사립학교 선생님으로부터 '우리 반에도 스페인과 일본인의 혼혈아가 있어요. 그 아이가 일본 학교에 다니고 있는 이상, 언젠가는 혼혈아라고 불리는 일이 있을 것입니다. 그때 그 의미를 업신여기는 말로 받아들여 자기 자신을 비하하는 일이 없도록 하기 위해 그 아버지가 아들로 하여금 혼혈이라는 말을 스스로 사용하게 한다는 것입니다.'라고 말하는 것을 들은 적이 있다. 나는 그 부친의 교육 방침에 매우 감명을 받고 나도 내 나름대로 아이들에게 말하려고 노력했다.

"당신 아드님이 스스로 혼혈아라고 하는군요"
라고 나에게 묻는 부인에게 나는
"네, 그렇습니다. 제가 너희들은 혼혈아란다 라고 말해 주었답니다. 혼혈아! 라고까지 부른 적도 있어요."
라고 대답했다. 그 부인은 어이없어 하며 멍하니 내 얼굴을 보더니 다음 말을 잇지 못했다. 나도 그들처럼 혼혈아를 가진 부모다라는 긍지를 갖지 않고 그들만큼의 인식만 가지고 있으면 언제 허물어질지 모른다고 생각하고 있었다.

언젠가 청산(靑山)학원 초등부에 막 입학하려던 아들 나단이
"엄마! 오늘 말이야, 몇 학년인지는 모르겠는데 나한테 혼혈아! 라고 말했어."
라며 내게 입을 삐죽 내밀어 보이며 호소하는 것이었다. 나는

"그 애가 말한 것처럼 너희들은 혼혈아잖아. 아버지가 미국인이고 엄마가 일본인이니까 말이야. 이것은 굉장한 일이라고 생각하지 않니? 두 가지 언어를 구사할 수 있으니까 양쪽에서 말하는 의미도 알 수 있고."
라고 들려주었다. 나단은 혼혈아라는 말에 저항을 느끼고 있는 듯했다. 그래서인지 스스로 혼혈아라고 말하지 않는다. 그런데 혼혈아라고 대답한 야곱은 이 단어에서 두 개의 나라와 두 개의 문화 그리고 두 개의 언어라는 뉘앙스를 이해하고 스스로 자신을 가져왔다고 할 수 있을 것이다.
돌아오는 길에 아들과 혼혈아에 대한 이야기를 나누었다.
"야곱… 너는 혼혈아니?"
"응, 혼혈아 맞아."
"어째서 혼혈아라고 하지? 혼혈아라는 게 뭘 뜻한다고 생각해?"
"혼혈아는 절반씩의 나라와 나라를 갖고 있어. 나는 일본과 미국, 엄마가 일본인이고 아버지가 미국인이니까?"
"그럼 국적은 어디니? 혼혈아에게 나라는 없는 것일까? 반은 일본인이고 또 반은 미국인이라고 말하지 않으니까 말이다."
"응, 미국에 있으면 미국인이고 일본에 있으면 일본인이야."
대단히 요령 좋은 대답이었다.
"하지만 야곱은 유대인이잖니. 그럼 유대인이란 무엇이지?"
"그건 종교… 아니 사람."
"그렇구나, 엄마는 랍비 토케이어로부터 유대는 종교가 아니라 민족이라고 배웠단다. 그러니까 사람, 피플인 거야. 즉 야곱은 일본계 유대인이 되는구나."
아들은 연방 고개를 끄덕이며 생각에 잠기었다. 나는 항상 그 애들이 유대계 일본인으로 자랄 수 있도록 모든 노력을 해 왔음에도 때때로 커다란 벽에 부딪혀야만 했다.
"엄마! 나는 혼혈 유대인이야?"
하고 물으면 그렇다고 대답해 준 다음 이렇게 덧붙였다.
"유대인에도 여러 나라 사람이 있지 않니."
"응. 그렇네. 미국인, 프랑스인, 이태리인, 그렇지만 이스라엘이 조금 더 많아. 일본인이 있냐 하면… 있어. 엄마, 엄마 말예요."
나는 깜짝 놀라 아들의 얼굴을 보았다. 나는 사실 그 지적에는 약했다. 어느 날 일이 불현듯 떠올랐다. 어느 일요일 아침, 야곱이 내 침대 속으로 들어왔다.
"엄마, 카톨릭에서는 세례(물로 세례를 한다)를 하죠. 유대에서도 같은 일을 하는 거야?"
불쑥 꺼낸 질문이라 반쯤 꿈속에 있던 나는 어린 아들을 끌어안으면서 대답했다.
"음-. 그렇단다. 하지만 세례라고 하지 않고 미크화라고 하는데 거의 같단다."
"일본에서도 해요?"
"그럼, 지금은 동경에만 남아 있다고 생각되는데 아직 신호(神戶)에도 남아 있을는지 모르겠구나. 그것은 말이다. 풀과 같은 큰 목욕탕인데 계단이 나 있지. 그 계단을 통해 내려가 물 속에 몸 전체를 잠기게 한 다음 기도를 하고서 올라오는 것이란다."
이렇게 대답했지만 사실 나는 아직 본 적은 없었다. 미크화와 비슷한 일도 없었다.
"그것은 언제 하는 거야? 그러니까 카톨릭은 카톨릭 교도가 될 때 하는 것처럼?"
"그렇단다. 유대인의 경우에는 다른 종교와는 달리 다른 종파에서 개종하는 일은 없어. 태어날 때부터 유대의 피를 이어받아야 하는 것이 조건이니까 말이야. 그렇지만 그 가운데는 유대교가 된 사람도 있을 거야. 그 때는 미크화를 받을 거야. 그래도 가장 많은 경우는 결혼할 때야. 결혼식 전에 여자는 미크화를 받고 정결히 해야만 하기 때문이다. 아주 옛날에는 여자는 매달 갔었단다. 지금은 어떨까? 이스라엘이나 미국, 유럽의 정통 유대인들 중에는 하고 있는 사람이 있을지도 모르지."

고대 유대에선 일부 일처제가 아닌 여러 아내를 두는 일이 허용되었다. 여성은 부정하게 취급되었으므로 고대 일본에서처럼 여성의 생리 기간 동안에는 남성과 접촉하는 일이 허용되지 않았다.

물론, 식사 시중도 남성에 대해서는 금지되었다고 한다. 그래서 생리가 끝났을 때 미크화로 신체를 깨끗이 한 후에야 남편 곁으로 갈 수 있었던 것이다. 그런 아내에게 남편은 꽃을 선물했다고 한다. 매월 그 때마다 남편이 꽃을 가지고 새로운 기분으로 아내를 맞았던 모습을 떠올리면서 나는 미소를 지었다. 남편이 그처럼 매달 꽃을 들고 나를 맞으러 와 준다면 미크화를 받고 싶다고까지 생각하는 데도 남편 쪽에서는 아무 관심도 보이질 않았다. 잠시 생각하고 있던 아들이,

"그럼 엄마도 미크화를 한 적이 있었겠네. 어떤 기분이었어?"
"아냐. 엄마는 한 적이 없었단다."
"어째서?"
"엄마는 유대인이 아니잖니."
"거짓말쟁이!"

아들은 벌떡 일어나 나를 공박하기 시작했다.

"거짓말쟁이! 엄마가 유대인이 아니라는 거야? 그렇다면 나도 유대인이 아니어야 해. 하지만 나는, 나는 유대인이란 말야. 엄마는 거짓말쟁이야!"

일순간에 나는 잠에서 학 깨었고 다음 순간에는 깊은 골짜기로 굴러 떨어지는 듯한 아찔함에 후회해야 했다. '아차' 하고 마음속으로 몇 번이나 반복해서 외치고 있었다.

유대교로 개종을 결정해야 한다는 생각이 정리되지 않은 생활 속에서 언젠가 이런 날이 오리라는 예측도 하고 있었음에도 불구하고 돌연 맞게 된 이 순간을 얼마나 원망하며 애석해 했었는지 나 이상으로 큰 충격을 받은 아들이 큰 소리로 울부짖는 것을 보며 아들에게 변명조차 못하고 다만 '용서해 주렴'이라며 중얼거렸을 뿐이었다.

그는 여덟 살로 감수성이 예민하고 정신적 동요가 심한 시기였다. 말없이 얼굴을 외면한 채 내 옆을 지나치는 아들을 보면서 그의 충격의 크기와 고통을 짐작하면서도 이 때만은 어찌할 바를 몰라하는 무능한 어머니였다. 그는 '혼혈아'라는 것 이상으로 유대인으로서 큰 자부심을 가지고 있었던 것이다.

이러한 두 명의 유대 아이들의 어머니로서 나의 그 자그마한 체험을 통하여 극히 소수민족인 유대인들의 특징을 널리 알리고 싶다는 생각이 싹트기 시작했다. 나는 이제부터 유대인 아이들의 탄생으로부터 성인식인 바 미쯔바에 이르기까지를 차례대로 기술하려 한다.

3

쌍둥이 탄생

 건조한 한풍 속을 유대 센터까지 출석하는 일은 커다란 배를 안고 있던 내게는 대단한 중노동이었다. 그런 나를 보고 나의 두 번째 선생님이었던 콜드스틴 부인은 말했다.
 "그녀가 애처로워 보이니 이제부터 그녀 집에서 하지 않겠어요?"
 그리고 처음이자 마지막으로 단 한 번 우리 집에서 공부하는 모임을 가졌다. 그리고 돌아갈 때 선생님은,
 "자, 다음 주도 열심히 해요."
라고 말하고 가셨다. 그랬었는데 뜻밖에도 나는 다음날 아침 40일이나 빨리 출산하였던 것이다. 2킬로 160그램과 2킬로 65그램의 자그마한 인형 같은 남자 아기 쌍둥이였다. 아직 머리카락이 한 가닥도 없었다. 그들은 보육기 안에서 삼 주일을 보내야 했다.
 아이들의 이름은 족보의 계승적 의미를 겸해 남자아이라면 남편쪽의 두 조부 이름으로 하고 여자아이면 조모의 이름을 쓰자고 상의 끝에 결정했지만 우리는 쌍둥이라는 사실을 미리 알고 있었으므로 여자아이일 경우에는 약간의 문제가 있었다. 왜냐하면 그 시점에서 조모 한 분은 아직 살아 계셨기 때문이다. 살아있는 사람의 이름을 따서 붙이는 일은 유대 사회에는 통하지 않는다. 그것은 만약 한 가정에 같은 이름을 가진 사람이 여럿이면 이름을 부를 경우에 어떤 사람을 부르는지 모르기 때문이다.

또한 개인 존중의 면에서도 좋을 리 없다. 선조의 이름을 따르는 것은 그 사람처럼 되고 싶다는 바람과 가족이라는 두 가지 의미를 가지고 있다.

내 아이들에게 행복한 남자아이가 되기를 바라며 큰 아이에게 나단(Nathan), 둘째에겐 야곱(Jacob)이라고 붙였다. 이것을 알게 된 뉴욕에 있는 남편 부모님은 기다렸다는 듯이 달려왔다. 그런 정통적인 유대의 이름을 따르지 말고 좀더 일반적인 이름을 지으라고 권유해 왔지만, 우리는 이만큼 훌륭한 이름은 없을 것이라고 둘러대며 양보하지 않았다. 성씨는 코헨(Cohen)으로 순 유대 이름이 된다. 가운데 이름은 모친과의 애정 어린 인연과 일본적인 것이라는 의미가 함축되어 둘 다 원래의 성으로 이름을 붙였다.

문제는 그 다음이다. 한 명이 나단(Nathan)으로 히브리어 의미로는 Noh(노아)가 된다. 그는 정직히 살아갈 것을 약속한 자이다. 또 한 명은 야곱(Jacob)으로 그는 아브라함의 자손으로서 야곱도 쌍둥이로 아우이다.

이것은 매우 우연이라고 할 수 있었다. 아이가 선조의 이름을 물려받음으로 인하여 '내 이름을 가졌던 할아버지는 어떤 분이셨을까. 사람들은 그 분을 어떻게 보았을까? 친절했을까? 성실한 사람이었을까? 현명했을까? 키는 컸을까, 작았을까…'라며 생각도 하게 될 것이다. 더욱이 내 아들이라면 어떤 운동에 특기를 가졌던 사람일까. 다음으로 하던 일은 무엇이었을까 하고 관심을 가질 것이다.

이처럼 실재한 인물의 이름이 몸 속에 있게 되는 만큼 친근감이 강해지고 자기와 일치하는 것이 있다고 하면 자신도 그렇게 되고 싶다고 원하게 되어 그 사람인 양 행동하기도 하는 것이다.

당연히 우리는 죽은 사람들의 일을 이야기할 때 기억에 남아 있는 가장 좋은 점만을 얘기한다. 그것은 장점과 단점이 있지만 사람들의 이미지로 남는 것은 즐거운 기억뿐인 듯하다.

  아들은 자기들의 선조에 대해서 영웅처럼 존경을 하고 있다. 특히 야곱은 조부와 같이 또한 성경에서의 야곱과 같이 행동하려고 한다.

4

할 례

　잊을 수 없는 그 날, 문 밖에는 상큼한 5월의 산들바람이 불고 있었다. 나는 간신히 잠이 든 아들들에게 기도하는 기분으로 속삭였다.
　"이제 울지 말고 내일까지 푹 자 두렴."
　아무 것도 알지 못하는 생후 120일 된 아기에게 상상도 하기 힘들만큼 고통스런 하루가 기다리고 있다. 오늘이 다 지나기 전에 확실히 오늘밤에 내 아기들은 크게 한번 울어야 할 일이 있다.
　오늘, 그들은 할례를 받아야 하는 것이다. 그것도 생후 4개월이나 지나서이다. 유대 남자는 하나님과의 계약의 증표로 생후 8일째 되는 날 할례를 행하도록 되어 있다. 그러나 우리집 아이들은 그때 미숙아로 보육기 안에서 자라고 있었으므로 그 기회를 잃었던 것이다.
　3주일이 지나고 존슨 의사에게 할례를 한 후에 퇴원시킬 것인가를 질문 받았지만 나는 할례는 첫째 가는 의식이므로 유대 방법으로 하고 싶다고 사양했었다.
　한창 추운 엄동 속에서보다는 조금 따뜻해질 때 하는 쪽이 안전할 것이라면서 4개월이나 미루어 왔던 것이다.
　어머니인 나는 유대인이 아니기 때문에 유대학을 진지하게 공부하고 있었다. 유대 가정에서처럼 매우 비슷하게 표면상으로는 같지만 이것은 의식이라도 아직 신과의 계약이 성립한 것이 아니라 계약을 성립하기 위한 준비 단계라고 몇 번이나 다짐했다.

유대 사회에서는 어머니가 유대인이어야 하는 것이 절대적인 조건이었으므로 그 랍비가 비 유대인 산모의 아이에게 할례 행하기는 처음이었다. 나는 그 날이 되었어도 할례가 어떻게 행해지는지 전혀 몰랐다. 그래서 같은 유대학 세미나를 받은 분으로 사내아이를 두고 있는 분에게

"부인, 보신 적이 있나요?"

라고 묻자,

"네, 보았어요. 엄마로서 차마 볼 수 없는 일이었답니다. 먼저 불쌍한 느낌이 들어서 말이에요. 그래도 나는 아들의 할례를 끝까지 지켜보았답니다. 남편은 보지 않고 피하고 싶다고 했지만요."

남자분 쪽에서는 피를 보는 일은 참을 수 없어 하는 듯했다.

"어떤 일을 하는 것이죠?"

"남성의 생식기 끝의 피부를 잘라내는 것이랍니다."

"어느 정도 잘라내나요?"

"자른다고 해도 상처를 내는 정도로 30초 정도였을 걸요."

"아무튼 30초라도 긴 시간이에요. 아이는 울겠지요?"

"그렇게 길지는 않아요. 소독하는 시간도 포함해서니까요. 아픔 때문에 울음소리를 내게 되긴 해도 마취하는 대신 와인을 마시게 하고 있으니까 그 덕분에 나중엔 콜콜 잘 자게 되지요."

그는 잠시 내 얼굴을 보다가

"그러니까 걱정하지 말아요. 랍비는 그 일에 있어선 의사보다도 베테랑이랍니다. 몇 천년 전부터 행해져 왔지만 죽었다는 얘기는 못 들어봤어요."

"아, 그래요. 그러면 걱정하지 않겠어요. 유대 남자로서 인생의

출발을 하는 것이니까."

이렇게 해서 편안한 기분으로 오늘을 맞았던 것이다. 할례 의식에는 최저 열 사람의 유대 남자가 필요하다. 아들은 불빛 아래 놓인 탁자 위에 누워 있었다. 남편과 산 다크(카톨릭에서 말하는 신부, 곧 대부)가 손과 발을 누르고 있었다.

여기까지 보고 나는 뒷방으로 도망쳐 갔다. 아무래도 끝까지 지켜볼 용기가 나지 않았기 때문이다. 그 날은 많은 손님이 오셨음에도 나는 아무 것도 할 수가 없었다. 와인을 여는 일은 물론 남자의 일이었지만 비유대인인 나로서는 요리에 손을 대는 일조차 허용되지 않았으므로 공동체 센터에서 만든 요리를 랍비 부인이 솜씨 좋게 봉사해 주었다.

먼저 시작했던 나단의 자지러지는 울음소리가 귀를 찌르듯이 들려왔다. 언제 울음을 그칠 것인가. 이제나저제나 기다리고 있는 내 귀를 향해 한층 더 격렬한 울음소리를 내고 있었다. 귀를 막고 쭈그리고 앉아 있던 나를 부르는 소리가 들렸다. 황급히 달려가 안은 나단은 좀처럼 울음을 그치지 않았다.

나는 무척 애를 먹었지만, 우리에게는 또 한 명의 아들이 있으므로 나는 여전히 안절부절못했다. 그 아이의 할례가 아직도 남아 있는 것이다. 울고 있는 나단의 눈물을 닦아주고 있으면서도 내 눈물은 나단이 입고 있는 비단 배내옷 위로 방울져 떨어지고 있었다.

할례를 마친 야곱도 나단과 같았다. 울음소리를 내지르고 있는 두 명의 아들 사이에 앉아 이제 울지 마라, 이제는 울지 마라 하며 매달리고 있을 뿐이었다. 그런 상태가 8시간이나 지속되다가 겨우 잠이 든 듯했다.

내게 무슨 죄가 그리 많았던 것일까 후회하기도 했다. 8일째에 했어야 할 일을 120일이나 지난 다음에야 했기 때문이었을까. 어짼든 아이들은 취해 오랫동안 자고 있었고 이제는 아기로서 비로소 성장하고 있음을 실감할 수 있었다. 또한 자기 인식 부족에 생각이 미쳐 더욱더 유대 엄마로의 공부를 해야 하겠다고 결심하고 있었다. 오랜 동안을.

"이제 아들은 필요 없어요. 아들은 더 이상 낳고 싶지 않아."
라고 말해 보기도 했다. 한번 생각해 보라, 두 명의 울부짖는 아기들 사이에 앉아 있는 나를. 그것도 지금까지 내 생활에 없던 전혀 미지의 상황에서라면, 8시간은 정말이지 너무너무 길고 괴로운 시간이었다.

몇 번이나 와인을 입에 머금게도 했지만 울음을 그치게 할 재간이 없었다. 그렇게 울었기 때문인지 지금도 아이들은 곧잘 눈물을 흘리고, 눈물이 많은 것인지도 모르겠다. 장난꾸러기이면서도 그렇게 눈물을 잘 흘린다.

유대인 가운데서 할례가 행해지게 된 것은 구약성서 창세기 17장에 의한 것이다. 아브라함이 99세 때 주께서 그에게 나타나셨는데 10절에

"너희 중, 남자는 다 할례를 받으라. 이것이 나와 너희와 너희 후손 사이에 지킬 내 언약이니라. 너희는 양피를 베어라. 이것이 나와 너희 사이의 언약의 표징이니라. 대대로 남자는 집에서 난 자나 혹 너희 자손이 아니요 이방 사람에게서 돈으로 산 자를 물론 하고 난 지 팔일 만에 할례를 받을 것이라. 너희 집에서 난 자든지 너희 돈으로 산 자든지 할례를 받아야 하리니 이에 내 언약이 너희 삶에 있어 영원한 언약이 되려니와 할례를 받지 아니한 남자, 양피를 베지 아니한 자는 백성 중에서 끊어지리니 그가 내 언약을 배반하였음이니라."

이로써 이때를 경계로 하여 할례가 행해지게 되었다. 그리고 유

대 민족이 신과의 계약을 지켜 대대로 할례를 행한 것도 성서에서 흔히 찾아볼 수 있는 것이다.

할례는 유대인들 속에서 지금도 여전히 철저하게 지켜지고 있다. 예컨대 종교적이 아닌 사람이거나 바 미쯔바를 받지 않은 남편조차 할례를 행하였으며 이교도 남성이 유대 여성과 결혼할 경우에도 유대인이 되기 위한 할례를 행하는 것이다.

이 경우에는 생후 8일째는 아니고 성인이 될 때까지이지만, 유대인이 되기 위한 첫 번째 조건임에도 변함이 없다. 단지 현재에는 건강상의 문제로 병원에서도 같은 일이 행해지고 있으며, 유대인의 경우에도 랍비에 의해서보다는 의학적으로 하는 편이 좋다고 해서 병원 의사의 손으로 행해지기도 한다. 또한 가정이나 공동체 센터에서 리셉션을 갖는 일도 있다.

5

쌍둥이 교육

 쌍둥이는 상대방이 항상 있으므로 다른 사람과의 대화를 필요로 하지 않기 때문에 둘 이외의 사람과 대화하기가 어렵다고 한다. 그러한 사실을 처음부터 의식했기 때문인지 모르지만 다른 단체와 될 수 있으면 접촉할 수 있도록 노력했다. 또한 어머니가 두 사람을 비교하기보다는 다른 사람이 둘을 어떻게 비교할 것인가를 공부하고 싶었으므로 템포와 성격이 다른 둘이 3세가 되기를 기다려 미국 학교의 자유 단체로 일보를 내딛어 몬테소리 유아 교육을 받게 하려고 유치원을 옮겼다.
 몬테소리 교육이란 한 반이 모두 같은 일을 하지 않고 각자 다른 교재에 도전하도록 하는 방법이다. 예를 들면, 손수건을 세탁하는 아이, 공을 컵에 넣는 일을 반복하는 아이, 몸을 되풀이해서 움직이는 아이, 이처럼 한 사람 한 사람의 행동이 다르다. 그것은 다른 사람을 흉내내지 않고 주어지는 것에 어떻게 대처할 것인가, 그 아이의 행동 방법을 선생님 쪽에서 관찰하게 된다. 세 살이나 너댓 살 된 아이들은 다른 사람의 행동을 보고 있을 여유가 없는 만큼 자신의 일에 도전하는 것이다.
 이 교육에 의해 나단은 그가 가지고 있는 성격을 살릴 수 있었다. 그는 다른 아이들의 두 가지 일을 하는 동안 한 가지밖에 할 수 없었다. 대신 일은 완벽하다. 그가 자신의 페이스대로 하지 않고 만약에 모두와 같은 일을 동시에 하게 된다면 단체는 그가 일을 끝낼 대까지 기다려 주지 않으면 안될 것이었다. 그리고 그는 느림보라고 불리게 될 것이고 더욱이 야곱과 비교되기 시작할 것이다.

그것은 결코 좋은 결과를 불러오리라고는 생각지 않는다. 그러한 의미에서 본다면 몬테소리 교육 방침은 내게 많은 것을 배우도록 하였다고 하겠다.

하나님께서는 일란성 쌍둥이에게도 각각 다른 성격을 주셨다고 생각한다. 그런데 가정에서 부모나 주위 사람들이 쌍둥이니까 무엇이든 같아야 하지 않느냐는 관념으로 교육하는 것은 옳지 않은 것이다.

나는 아이들이 3세 되는 생일 파티에 쌍둥이만을 초대했다. 그들이 다른 쌍둥이와 접촉하게 함으로써 쌍둥이는 자신들만이 아니며 이렇게 많은 쌍둥이가 있구나 하는 것을 배우게 하고 싶었기 때문에 같은 연령의 쌍둥이를 열두 쌍이나 불렀다. 세 살이 된 쌍둥이들은 각자 어머니를 따라 와서 열둘의 세배인 서른 여섯 명이나 되었다. 어머니들은 서로 다른 쌍둥이들의 행동을 관찰하며 즐거워했지만 사실 그 해 우리 집 아이들은 유치원 누구의 생일 파티에도 초대받지 못하고 완전히 밀려나 있었다.

친구들 쪽에서 두 사람은 쌍둥이로서 사람의 증가를 마음에 두었다는 것과 내 아들들의 생일 파티에 친한 유치원 친구들을 부르지 않은 때문인 것이다.

그러나 이것을 계기로 쌍둥이 의식이 급속히 줄어들었다. 그것은 쌍둥이만의 공동체를 가지면 그 이외의 공동체에서는 배타적인 취급을 받는다는 지식을 얻었기 때문일 것이다.

1년 반의 몬테소리 교육을 마치고 다음 단계로 나가기 위해 다음은 성심 국제 유치원으로 전원했다. 그곳에서 아들들은 처음으로 같은 반에서 지내게 되었다. 학급 인원 20명이란 작은 단체에서였다. 작은 그룹에 지나지 않아서인지 쌍둥이로서 야곱은 항상 학급의 리더였다.

그가 모래사장에 나가면 그 뒤를 모두가 따라가고, 정글 집에 가면 또 그 뒤를 줄줄이 좇는 형편이었으며 이때 나단은 완전히 야곱의 그림자가 되어 눈에 띄지 않았다. 만약 학교를 같이 가면 나단은 반드시 야곱에게 눌려 그의 존재 의식이 나타나지 않을 것이라는 걱정으로 조바심이 났다.

어떻든 한 명은 일본 학교에 보낼 생각이었으므로 이왕에 이런 상황이라면 개별교육을 받게 하는 편이 좋으리라 생각했다. 그래서 나는 야곱을 일본 학교에 보내기로 결심했다. 그러나 야곱의 '노'라는 발언으로 빗나가자 나는 완전히 실망하지 않을 수 없었다. 그때 구원해 준 것은 나단으로 그가 자진해서 일본 학교에 가겠다고 한 것이다.

어쩌면 나단은 마음속으로 야곱과 다른 행동을 보여줌으로써 자기의 존재를 알게 할 수 있다는 심정이 일어났던 것 같다. 그림자 역할의 존재로부터 양지로의 존재로 옮겨 나갈 수 있다는 생각이었는지도 모른다. 그로부터 두 사람은 각각 다른 길을 걷기 시작했다. 나단과 야곱, 이 두 아이들에게 나는 각각 다른 대처 방법을 찾아갔다.

유아기가 되어 한 사람의 인간으로서 한 사람 몫의 취급을 해 가야 했던 것이다. 그들은 각자가 대단히 개성이 강한 남자아이이다. 그러나 한 사람이 그림자 역할을 해 주는 것은 의도적인 듯하다.

쌍둥이 그룹 어머니들의 편지 소식('하나님께 선택받은 사람들'라는 부 표제가 붙어 있지만)을 읽고 있는 동안 내 자신이 쌍둥이를 두고 있음을 잊어버리기도 했다. 다 그런 것이라고 중얼거리며 읊고 있기도 했다.

편지 소식에서의 이야기로 6개월 된 여자 쌍둥이를 가진 어머니가 아이들을 자꾸 오인하자 한 여자아이의 발에 매니큐어를 발라 구별했다고 하는데 하루는 매니큐어가 지워져 어느 쪽이 어느 쪽인지 알 수 없어서 곤혹스러웠다는 이야기였다. 쌍둥이는 그렇게 구별하기 어려울 만큼 매우 닮는 시기가 있다.

그리고 변화하는 동안 어제의 A군과 오늘의 A군은 다르다. 어제까지는 울기만 하다가 순간적으로 반대가 된다. 그래서 울고 있는 쪽이 A군이라고 생각하고 있던 부모나 가족은 당황하게 된다.

언제나 따뜻한 색인 빨강이나 오렌지색을 좋아해서 청색이나 황색셔츠를 입으려 하지 않던 아이가 갑자기 상대방의 옷을 입으려고 하는 일도 자주 있다고 한다. 그러나 이것은 주위 사람들을 어리둥절하게 하려는 의식이 움직이고 있는 듯이 생각된다.

어느 해 편지 소식의 한 페이지에 동경대학 부속 중고등학교의 한 선생님의 「쌍둥이는 어느 쪽이 위에 있는가」가 특집으로 게재되었다.

미국에서는 쌍둥이에 대해서 첫째○○, 둘째○○로 장남이냐, 차남이냐 하는 이름은 없다. 따라서 장남이니까도 없고 차남이니까도 없다. 그에 비해 최근에는 처음에 태어났으므로 연상, 따라서 첫 아이가 장남이거나 장녀이다. 그러나 현재까지도 지방에 남아 있는 가치관이지만, 예전에는 나중에 태어난 쪽이 연상으로 했다고 기록되어 있다. 이유는 의심스럽지만 나 자신은 어느 쪽을 연상으로 했는지 자문했다.

읽기를 끝낸 나는 우리 아이들이 한 명은 유대교 랍비가 그리고 또 한 명은 선사의 승려라도 된다면 그때는 종교의 일체화를 바라지는 못하게 될 것이라든지, 미국 사회의 가능성으로 보아 한 명은 미국 대통령이, 한 명은 일본 수상이 된다면 반드시 미일의 협력 체제가 생겨 평화 관계는 한층 긴밀해지지 않을까 등을 상상해 보며 자식 귀여운 줄만 아는 어리석은 부모 흉내를 냈다.

두 명은 집요함까지 함께 가지고 있으므로 쌍둥이로서 이 격렬한 세상 속에서 서로 좀더 좋은 파트너가 될 수 있을 것이다. 두 사람은 한편이 있다는 것을 최대한으로 이용해도 좋을 것 같다. 싸움을 하고 경쟁하고 서로 미워하는 두 사람일지라도 한편이 의외의 사건을 만나 궁지에 몰리게 될 때는 한 명을 결코 못 본 체하지는 않으리라고 믿고 있다. 이런 생각은 결국 쌍둥이의 어머니이기 때문에 갖는 것이 아닐까.

6

미국에서의 캠프 생활

　두 아들의 조부모님은 미국에 살고 있다. 아이들이 두 살이 되면 나는 둘을 데리고 미국으로 가기로 했었다. 그들이 두 살이 되었을 때 나는 계획대로 미국으로 건너갔다.
　우리는 아파트 7층에 살고 계신 부모님 밑에서 뉴욕 생활이 시작되었다. 당시 동경에서 볼 수 있는 거리 풍경과는 다른 고층 아파트 단지였고 자동차는 어머니의 차(코로나)와 같이 작지 않은 미국제의 대형차들이었고 사람들도 크고 대담한 걸음걸이로 활달하게 거리를 걷고 있었다.
　나는 이국 생활이기 때문에 그러려니 생각했는데 어린것들은 환경에 적응하지 못하는 것이었다. 시간이 가면 환경에 맞겠지 하면서 아이들을 돌보았지만, 나단 쪽은 오히려 미국(뉴욕)에 정을 들이지 못하고 노이로제까지 걸렸다. 철로 만든 철컹하고 소리를 낼 적마다 점점 더 의기소침해졌다.
　일주일 동안 뉴욕(맨하탄)에 머문 다음 우리는 숙모가 경영하는 여름 캠프로 출발했다. 이 일이 의욕을 잃었던 나단을 구제해 주었다. 다른 캠프와는 다르게 두 살 된 아이들과 함께 잘 수도 있었지만, 적어도 미국 사회에서 일본과 전혀 다른 생활을 맛보게 되었던 것이었다.
　현재 미국에는 2천 개 정도의 캠프가 있다고 한다. 숙모가 경영하는 캠프는 뉴욕주와 메사츄세츠주의 경계로 맨하탄에서 자동차로 세 시간 정도면 갈 수 있는 곳이다.
 그곳 호수 부근에는 25,6채의 방갈로가 즐비하게 세워져 있다. 이전에 미국인 폰티아킨티안이 살고 있던 곳으로 폰티아크라는 지명이 붙어 있다. 캠프는 8주간의 프로그램으로 짜여져 있는데 그 가운데 하루는 야영의 날로 되어 있었다. 꼭 주일이 끝난 중간이다. 야영을 할 수 있는 사람은 6세 이상이어야 하고 무엇보다 편지를 쓸 수 있어야 한다.
 연령별로 나뉜 반은 8명에서 10명의 아이들로 한 사람의 카운셀러가 붙어 있으며 두 개의 반이 한 그룹이 되어 한 개의 오두막을 사용했다. 기상해서부터 침대나 복장 정리 등 일상 생활을 통해 스스로 하도록 하는 능력을 기르는 것으로 카운셀러는 아이들의 모습을 주의 깊게 관찰하면서 도와주는 역할만 담당한다.
 카운셀러는 현역 학교 선생님으로 미국 학교의 선생님이 대부분이지만 그 중에는 유럽에서 미국 아이들의 생활을 조사하기 위해 오는 사람도 있었다.
 참가자중에는 나와 아이들처럼 동양에서 온 사람들도 있으므로 인간적인 교류만이 아니라 문화까지도 습득할 수 있게 한다. 태권도를 익힌다거나 유도와 씨름 같은 것이 프로그램에 등장하는 것으로도 알 수 있었다.
 부모들이 캠프를 선택할 경우에 조사하는 것이란 자신들의 가족에게 맞는 캠프인가, 생활이 극단적으로 변하는 일은 없는가 하는 것이다. 또한 종교 문제도 있고 그에 따른 식생활 문제도 있다. 그것은 소유주나 수석 카운셀러의 사상 등에 따라 프로그램이 달라질 수도 있기 때문이다. 유대인 캠프의 경우에는 안식일(금요일 밤부터 토요일 저녁까지)에는 안식일 기도가 있으며 카톨릭 사람들은 주일 예배에 빠져서는 안 되는 것이다.

아이들은 때로 나와 함께 큰 아이들의 흉내를 내면서 수영하거나 테니스 라켓을 휘두르기도 하고 미니골프에 열중하거나 저녁식사의 운동이라고 할 수 있는 달리기를 했다. 풀밭을 몇 바퀴씩 뛰어다니며 뒹굴기도 했다. 각자 소풍에도 참가하고 승마도 하고 바베큐 파티에도 그릇을 들고 줄에 끼기도 했다. 두 살임에도 그들은 한 사람 몫을 해냈다.

캠프가 끝나 미국을 떠날 때 나단은 하루라도 빨리 동경으로 돌아가고 싶어했지만 야곱은 할아버지와 미국에 미련이 남는지 애석해하며 비행기가 날 때까지 울고 있었다. 하지만 조금 후에 두 사람의 가슴은 자신들의 모국 땅을 밟았다는 만족감으로 가득 채워졌다.

7

유대계 일본인

남편은 유대계 미국인으로 뉴욕 태생이며 그의 부모님은 개혁파 유대인이다. 나는 사쓰마 태생이며 아버지는 완전한 사쓰마 무사였다. 그리고 내 두 아이들은 9세를 맞이하는 쌍둥이 남자로서 유대인과 일본인의 혼혈아로 유대계 일본인이다.

학교 생활은 장남인 나단이 일본 학교를 택해 청산(靑山)학원 초등부에 입학하면서부터 시작되었다. 차남 야곱은 국제학교 성 마리안느(통칭, 세인트 메리) 카네디안 카톨릭 학교에 입학했다.

일본 학교는 짧은 바지이고 국제학교는 긴 바지를 입었으며 제복의 넥타이는 나단이 초록, 야곱이 붉은 색이었다. 일단 집을 나가면 오른쪽과 왼쪽으로 나뉘어 등교하였고 입학 시기는 4월과 9월로 반년 차이가 있었다. 현재는 둘 모두 성 메리 9학년이다. 나는 자주 질문을 던지곤 한다.

"쌍둥이가 왜 학교는 따로 들어갔니?"

"나는 아주 욕심쟁이거든. 그래서 두 나라의 배경을 가지고 태어난 사람이 하나만 선택하는 일은 없고 시키는 일도 없다고 생각해. 가능하다면 모두 할 수 있어야 할 거야. 쌍둥이의 경우에 한 사람이 A를 배우고 또 다른 한 명이 같은 A를 배운다고 해도 두 사람이 합해져 한 사람은 아니야. 한 사람이 A를, 또 한 사람이 B를 배운다고 해서 $A+B(A+B)$의 방정식이 아니라 $A+B=(AB)^2$

즉, AB의 두 배 정도나 5배, 10배가 될 수도 있다고 생각해. 왜냐하면 일란성인 우리 경우에 둘 사이에는 항상 경쟁심이 강해서 서로가 가지고 있는 힘이나 지식에 도전하려고 해. 그래서 한 명이 A를 배우면 B를 배우고 있는 다른 한 명 때문에 B도 자기 속으로 얻으려고 하는 거야. 그리고 둘이 협력할 때 두 사람의 힘은 두 배든 5배든 불어나서 $A+B=(AB)^2$ 이 되는 거예요."
라고 대답했다. 그러자 사람들은 놀라서 어이없어 하며 호기심을 가지고 앞으로 쌍둥이는 어떻게 될까 묻기도 한다.

한 명이 일본 학교에서 일본 교육을 받으면 당연히 일본어가 강해진다. 또 한 명은 영어 학교, 당연히 영어가 강해지는 것이다. 쌍둥이는 본래 두 사람 사이의 경쟁심이 격해지기 때문에 자신이 얻지 못한 것을 상대방이 갖고 있으면 어떻게든 자기 것으로 만들려 한다.

이 경쟁심을 살리면 반드시 양쪽을 마스터할 수 있다고 생각한다. 또 동시에 내 마음 밑바닥에 자리 잡고 있는 "나는 일본인, 일본인이다"라는 의식으로 비롯한 일본인 모친을 이해하기에 앞서 일본인도 이해할 수 없다면, 그들 속에 흐르는 절반의 피에 대한 불안이 솟아나지는 않을까 하는 생각이 들었다.

그래서 어느 연령이 되면 아니 벌써 그럴지도 모르지만 그들이 모든 것에 의문을 가지고 추구하고자 할 때 어떤 괴로움은 없을 것인가 생각한다. "나는 어떻지? 대체 어떤 사람일까!" 여러 개의 아이덴티티(신분)를 가지고 있다는 것만으로도 방황을 하게 되는지도 모른다.

그러나 그러한 의문들을 생활 속에서 자연스럽게 해결하기 위하여 각각의 학교로 그들은 출발하였다. 입학 때 나와 아이들 사이에는 선택의 큰 실수도 있었다. 아무래도 요령 좋은 야곱을 일본 학교에 보내고 싶었지만 내 기대와는 어긋나기도 했다. 쌍둥이가 어찌 이렇게 성격이 다른지 어머니인 나조차도 놀랐지만 능력에 있어서는 큰 차이가 없으리라고 확신했다.

유아기를 국제 학교에서 보내고 국제적인 친구가 많은 때문인지 아이들이 일본어는 서툴었다. 그래서 일본 학교에 들어간다면 마스터하는 것이 빠르고 사교적인 야곱이 대화에도 지장이 없을 것이라고 생각했던 것이었다. 둘 모두를 입학 시험을 치르게 하려던 나는 테스트라면 불안해하리라는 우려 때문에,

"너희들, 일본 학교를 알고 있지. 하지만 아직 가 본 적이 없을 거야. 어때, 한번 놀러 가지 않겠니?"

"응, 좋아. 언제?"

대답은 쉽게 돌아왔다. 호기심이 왕성한 두 아이였기에 계획대로 합격자 발표 날 가슴을 조이며 보러 갔는데 두 명 모두 합격이었다. 나는 안도의 숨을 내쉬었다. 저녁 식사 후에,

"전에 일본 학교에 놀러 갔었잖니. 그것은 말이다, 그 학교에 입학하기 위한 테스트였단다."

하고 말하자 야곱의 얼굴이 험상궂게 변했다.

"하지만 둘 다 잘했어. 합격이란다. 그래도 한 사람만 입학해도 좋아. 그리고 한 사람은 국제 학교에 간다고 해도 말이다."

말을 마치자 야곱이 큰소리로 외쳤다.

"엄마는 거짓말쟁이! 왜 진실을 말해 주지 않고 테스트를 그렇게 해? 테스트라고 말해 주었으면 나는 내 테스트를 치렀을 거야. 하지만 엄마는 놀러 간다고만 했어."

나를 매섭게 노려보고 있는 것은 5살 된 아들이었다.

"나는 싫어. 내가 갈 학교는 나 스스로 이미 결정했단 말야. 성메리로 그 이외에는 내 학교가 아니야!"

야곱은 내가 일본 학교에 입학하고 싶어하는 기분을 알고 있는 것 같았다.
"엄마가 그렇게 말한 것은 너를 생각해서였는데!"
"그렇다면 자진해서 가면 좋잖아."
머리를 껴안고 있는 나를 향해 나단은
"엄마! 내가 가면 안 될까. 나는 아주 즐거운걸."
그 애는 내 어깨에 손을 얹고 말을 건넸다. 나는 그 애를 꼭 껴안아 주었다. 내 볼에서는 눈물이 흘러내리고 있었다. 이렇게 해서 두 사람 각자의 학교 생활이 시작되었다. 부드럽게 끌어안아 준 나단은 학교 생활을 맞이하여 일본어 핸디캡을 짊어진 채 즐겁게 등교하고 있었다.

일본어가 부족해서 전날 있었던 일도 잘 설명할 수 없었기 때문에 나는 하루라도 빨리 부족한 일본어 실력을 채워주고 싶다는 소망이 간절했다. 하지만 집에 돌아오면 지금까지의 생활에 극단적인 변화는 주고 싶지 않아 그대로 영어로 말했으며 이전의 친구와도 되도록 교제를 유지하도록 했고 양쪽 사회를 통하고 있다는 사실을 인식하도록 했다.

일본어를 강제로 하게 하지 않은 이면에는 핸디캡을 가지고 있는 그에게 무리한 짐이 되어 '이제 일본 학교에는 다니지 않을래'하고 말하는 것이 두려웠기 때문이기도 했다. 그런데도 3학년이 되자 일본어에 대한 거부반응이 심해지고 특히 한자에 대해서는 더했다.

"나는 미국인이야… 영어는 소리를 듣고 쓸 수 있지만 한자는 그것이 안돼. 역시 내게는 영어 쪽이 맞아. 그래서 미국인인 걸."

그때마다 내 가슴은 아팠습니다. 그리고 나는 아들의 기분도 이해하고 있다. 한자는 시각에 의해 깨달을 수 있지만 영어는 소리로

판단해서 쓰면 되니까. 어느 날 랍비 토케이어로부터,
"그는 미국인임을 자각하고 있지만 미국을 방문했을 뿐이고 살고 있지는 않으므로 정신적으로 불안한 것이다. 자기 나라는 어디이고 어떤 곳일까 하는 불안과 의문을 가지고 지금까지 살았다. 8세는 감수성이 강한 시기이므로 주의를 하는 편이 좋다."
라는 충고를 받았다.

우리는 생각 끝에 그 애를 한번 모국인 미국(그들이 미국 국적을 가지고 있고 미국인이라고 자각하고 있기 때문에)에 살도록 하여 보자고 결정했다. 반년이든 1년이든 미국 생활을 하고 동경으로 돌아오게 하자는 것이었다. 그리고 그 다음 새롭게 그가 갈 학교를 결정하게 하자는 것이었다. 그리하여 나단의 3학년 수업이 끝나기를 기다려 부모와 동생과 일본을 떠나 미국 학교로 전학하기 위해 여행을 떠났다.

나는 이 9년간을 아니, 그 이전부터를 회상해 보고 묻고 싶다. 한 사람의 인간이 하나 이상의 아이덴티티를 갖는 일이 가능한지 아닌지, 특히 부모가 단일 민족이 아닌 경우에도 가능한 일인지를.

나는 다행히 그 애들이 태어나기 전부터 태어날 아이들이 쌍둥이라는 것을 알고 있었다. 이것이야말로 우리에게 주신 매우 멋진 작품이라고 하나님께 감사했으며, 미국인과 일본인이라는 양쪽을 갖춘 인간이었으면 하는 인간 형성에의 「지침」을 만들기 시작했었다. 왜냐하면 우리들은 서로의 나라를 알고 있다고 자부할 수 있기 때문이다.

나는 1961년에 미국과 가나다를 여행한 적이 있다. 도중에 각지를 다니며 여행했지만 미국, 멕시코, 쿠바를 돌아 다시 뉴욕으로 되돌아왔을 때 나는 도대체 어떤 사람이고 무엇을 알고 있으며 혹시 아무 것도 모르는 것은 아닌지, 그리고 나는 일본인이라는 것조차 잊고 있는 것은 아닐까 따위의 자문자답을 하면서 국제 도시라는 뉴욕에 눌러 앉아 있었다.

다행히도 붙임성도 있고 스스럼없이 어떤 사람과도 어울려 즐거워할 수 있는 천성을 갖고 있던 까닭에 이 여행도 가능했던 것이다. 사람들은 나를 가리켜 '어디에 던져 놓아도 살아갈 사람이다.' 라고 할만큼 칭찬을 들었던 나이기에 미국에서 아는 사람으로부터 사람을 소개받는 일이나 아르바이트를 구하는 일도 그리 어렵지 않았다. 뉴욕에서 보도·영화·TV·광고 등 전문 직업을 가지고 있는 사람들 가운데는 유대인이 많아서 보이지 않는 곳에서 나를 도와주신 분들도 대부분이 유대인이었다.

언젠가 유대인과의 교제가 많게 되자 조금이나마 유대인에 관한 공부를 하려고 안내서를 구하겠다고 이스라엘 대사관(뉴욕에 있는)으로 뛰어 들었다. 들어가는 것까지는 좋았지만 내가 '아무런 지식도 없다'고 하는 야단과 함께 몇 권인가의 책을 권해 받고 나서는 풀이 죽었다.

그 때 깊이 생각지 않고 이 사람이라면 생활을 함께 할 수 없을까 생각한 사람이 나타났다. 그도 유대인이었다. 최초의 데이트 날, 전부터 아는 친구와 저녁 식사를 함께 하고 그가 처음으로 차에서 내렸을 때 나는 외쳤다.

"저, 그는 유대인이 아니겠죠?"

유대인 프로듀서와 카메라맨으로부터 들은 대답은

"틀림없는 유대인입니다. 코헨이라는 성은 유대인이 아니면 쓰지 않는 것으로 코헨은 유대인 고유의 이름이지요. 앗핫하…"

운명이란 참으로 재미있는 것이다. 지어진 운명은 도망가면 갈수록 이런 형태로 다가드는 것이란 생각이 들었다. 도망치는 일이 불가능하다고 생각하게 된 것은 그가 이미 대학 졸업 후, 일본 대학에서 건축학을 공부하고 경도에서는 대덕사 안의 작은 절의 하나인 홍림원에서 침식하고 일본에서의 생활 체험이나 지식을 갖고 있는 이상으로 일본어를 읽고 쓰는 것은 물론 일본에서의 생활 체험이나 지식을 갖고 있는 이상으로 일본어와 일본사에 대해서도 조예가 깊었기 때문이다. 또 당시 일본 대사였던 신도(神島) 태랑(太朗)씨가 사장을 맡고 있는 일본 타임스에서 일하기로 되어 다시 방일하기로 했다.

국제 결혼의 경우 아내의 나라에서 사는 것이 좋다고들 하지만 그것은 어디라도 좋았다. 단지 국제 결혼을 하면 남편이 외국 아내를 가졌다는 만족감으로 지낼 수 있지만 시간이 흐름에 따라 지루함과 여러 가지 불편한 점이 나타나게 되고 자국에 대한 애국심 같은 것이 되살아나 관계가 변모해 갈 것이다. 그것이 원인이 되어 이혼율이 높다. 타국인이라 해도 피차가 유대를 갖고 있는 것이 결혼 생활을 성공시켜 주는 관건이 된다.

내 경우는 그가 일본 문제 연구가로서 아시아를 잘 이해하고 있고 일본 문제에 능하다는 것이 일반 국제결혼한 사람과 다른 점이었다. 오히려 일본인이면서 일본을 알지 못하는 나는 그 점에 큰 매력을 느껴졌던 것도 사실이었다. 그래서 나도 유대인을 알자는 생각으로 유대인에 대한 공부를 시작했고 이런 기분으로 결혼을 하였고 마침내는 혼혈아를 두는 아이 엄마가 되었다.

8
유대 어머니에의 도전

　미국에 사는 유대인, 특히 2세들의 입에서 "My Son, the doctor" 또는 "My Son, the lawyer"라는 표현을 듣는다. 나는 아들을 의사로 만들었다, 혹은 변호사로 만들었다는 유대 어머니의 큰 자부심의 표현이다. 의사나 변호사로 만들기 위해서는 내버려두어서는 불가능하다. 어머니로서의 지혜와 중요한 의무에 최선을 다했다는 것과 동시에 경제적으로도 노력하였고 더불어 축복 받았다는 의미로서 어떻게 가정에서 어머니가 견실하였는가를 사회에 보여주는 것이기 때문이다.

　예컨대 중류 가정에서 네 명의 아들을 두었다면 우선 장남을 의사로 만들기 위해 모두가 협력한다. 의사가 되려면 절대량의 공부가 필요하게 되므로 경제적인 이유로서 아르바이트를 해야 할 때는 다른 자녀들이 대신 아르바이트를 해서 의사를 지망하는 형을 돕는다. 또 변호사의 경우도 마찬가지이다. 그것이 불가능하게 되면 다른 전문직에 종사하게 한다. 셋째, 넷째 아들이 운전수 등으로 취직하는 일도 종종 있다. 때로는 능력에 따라 불가능한 경우도 있겠지만 모두가 협력한다.

　이러한 이유로 전 미국 의사의 70%가 유대인이라는 사실은 납득할 만하다. 이것은 유대인의 생활 안전을 위해서도 바람직한 것이다. 의사는 신체를 보호하고 변호사는 법을 지켜 주기 때문이다.

나는 이 속담을 좋아해서 아이에 대해 물어 오면 내 아들은 의사와 변호사라고 말하곤 한다. 유대인이나 미국인에게는 그것만으로도 어떤 것인지 알 수 있다. 이것이 내가 '유대인 어머니이다'라는 행동 표현이기도 한다. 그러면 '그녀는 유대의 두뇌와 영리함을 가지고 있다'라고 소곤거리므로 '그래요' 하고 웃으며 수긍한다. 그러면 그 뒤는 깔깔거리는 웃음소리로 가득해진다.

나는 내 자신이 일본인임을 누구보다 잘 알고 있다. 그럼에도 내 안에 없는 것에 대한 동경과 흥미 그리고 내게 잃어버린 것을 되찾기 위해 필사적이었다.

어느 저명한 유대인 작가는 한 번도 유대인으로서 규율을 지킨 적이 없고 내색조차 보이지 않았다. 그러나 그는 유대인임을 버리지 않았고 이교도가 되는 짓도 하지 않았다. 그의 아들은 자신이 유대인이라는 생각을 하지 않고 성장해 갔다.

그러나 그의 아들은 자신도 모르는 사이에 부모의 사고 방식, 관념이나 사상이 유대적임을 알게 되었고 자신들이 유대인이라는 것도 깨달았다. 그리고 지금까지 한 번도 가정에서 행해지지 않던 안식일과 제사 의식을 아들은 지켜 나갔고 아버지와는 전혀 다른 생활을 시작했다. 자신의 피와 가족의 역사를 상세히 안 후 그의 행동은 잃어버린 것에의 애착과 집착으로 자신이 누구라는 것을 증명했던 것이다.

내 경우, 나는 틀림없이 일본인이다. 어느 정도 유대교를 공부한 바도 있고 히브리어를 능통하게 했으며 그 전통이나 습속을 마스터했지만 그 정도로 내 자신이 완전한 유대인이 될 리는 없다. 그러나 미국인이며 일본인과 유대인 사이의 아이들에 대해서는 나로 인하여 유대교에 대한 습득이 활발해지지는 않았을까 생각했다. 내가 유대교의 사고방식으로 아이들에게 말한다 해도 순수한 유대인으로서가 아니라 일본인으로서의 내 말하는 방식일 것이다. 이것은 어떻게 해 볼 수 없는 것이었지만 아이들의 마음 바탕에서라면 일본적 관념과 유대교 관념의 장점을 이해하여 주기를 바라는 것이다.

　유대인 사회에서는 이교도간의 결혼을 기피한다. 아이들 자신이 어떤 사람인지 모르게 되어 불안한 정신 상태로 성장하기 때문이라고 한다. 특히 모친이 이교도일 경우에 유대교도로서의 어떤 종교 교육도 받지 않는다. 아버지가 유대인이라도 아이들에게 유대 공동체 센터에 대한 연대감을 만들어 낼 수 없다. 따라서 유대인이 아닌 남자아이가 바 미쯔바를 받을 경우에는 먼저 어머니의 유대교에 대한 지식·관습·이상을 묻고 어머니가 유대인이라고 인정될 때 비로소 바 미쯔바를 허가하는 것이다.

　그것으로 나의 유대 공동체와의 교제에 아이들의 미래가 걸려 있다고 할 수 있었다. 나는 하루하루 유대학에 매진해 갔다. 언젠가는 완전한 유대인이 되겠다는 결심으로. 남편이 유대 공동체 센터에 그다지 출입이 없어서 나는 다른 사람보다 배의 노력을 해야만 했다. 남편의 가정은 개혁파였지만, 3살이었던 남편의 아버지는 1세·2세와 같은 종교에 관심을 나타내지는 않았다.

　그러나 아버지 자신이 유대인이라는 사실을 바꾸지는 않았다. 그러나 유대인이라고 밝히면 직업 선택이 자유롭지 못하다. 유대인은 유대 제사일에는 반드시 일을 쉬어야 하기 때문이다. 아마 그는 유대 전통과 미국 사회와의 갈등으로 고민했을 것이다.

　그 결과 유대인보다는 미국인이 되겠다며 유대 공동체 센터와의 접촉을 끊었다. 자신이 보다 좋은 미국인이 되려고 노력하는 동시에 아이들은 좋은 미국인으로 교육하였을 것이고, 남편은 히브리어나 일본 학교의 문도 두드리지 않은 채 13세를 맞았다.

그 때문에 아무런 지식도 없는 남편은 바 미쯔바를 받지 못했다. 지금도 남편의 부친은 내게 말씀하신다. 히브리어나 일본 학교도 좋겠지만 남편과 같이 손자에 대해서도 유대인이기 전에 미국인으로 일반 사회에서의 적응 능력을 길러 주어야 한다고 말이다.

이러한 가정에서 자란 남편은 유대 가정에서 자란 가정에 대해 잘 모른다. 그래서 남편으로부터 유대의 일상 생활을 어떻게 하면 좋을지, 어떻게 하면 좋은 유대 가정을 만들까를 배우는 일은 쉽지 않았다. 그러나 남편의 밑바탕에 흐르고 있는 사고방식의 기본은 틀림없는 유대인의 그것이었다.

언젠가 이런 일이 있었다. 막 자동차를 운전하기 시작했을 무렵이었다. 눈이 녹은 교차점에서는 앞을 볼 수가 없었고 더구나 점멸 신호만 켜져 있는 장소였다. 나는 빨간 색 점멸 신호를 무시하고 가만히 전진했다.

그 때, 왼쪽에서 버스가 오는 것이 보였다. 급히 차를 정지시켰지만 범퍼에 접촉하고 말았다. 단순한 접촉 사고였던 것은 버스 운전사가 내 차를 보고 브레이크를 밟아 주었기 때문이었다. 그러나 브레이크를 밟은 것으로 인해 다음 정류소에서 내리려고 일어났던 노파가 쓰러져 가벼운 타박상을 입게 되었다. 결과는 버스 쪽이 우선 도로였으므로 내 쪽에 잘못이 있었다. 그래서 사고가 일어났다는 것을 나는 곧 남편의 근무처로 알렸다.

집에 도착했을 때 남편은 집에 돌아와 있었지만 사고의 상태 따위는 일체 묻지 않았다. 이후의 사고 처리에 대해서도 한번도 묻지 않았으며 자신의 의견을 말하는 일도 하지 않은 완전히 노 코멘트였다. 나로서는 뭐라고 호통이라도 치며 말해 주지 않을까 했었지만 몇 개월이 지나고 나서야 빌어 쓴 보험금 지급은 언제 이루어질 것인지 물었다. 자기가 저지른 일은 스스로 처리하는 것이 당연하다는 게 그의 사고방식이었다.

　나는 사고를 일으킨 일로 인해 여러 가지를 알 수 없었다. 괴로워하면서도 어떻게 처리할 것인가를 이리저리 궁리했고 여러 사람의 지혜를 빌어 지금까지 전혀 몰랐던 지식을 얻게도 되었다.

　사고로 인한 일련의 문제가 내게 주었던 시련으로 말미암아 비록 반려자라고 해도 자신으로 인하여 생긴 문제는 스스로 해결하고 상대방에게는 의존하지 말라는 것을 배울 수 있었다.

　이때 나는 사춘기 무렵 다녔던 카톨릭 교회의 뭐라 말할 수 없는 따뜻한 분위기를 떠올리면서 그에 비하여 내 전신에 소름이 끼치는 찌르는 듯한 시선을 받으면서까지 들어간 유대 센터와의 차이를 증오할 만큼이나 뼈저리게 느끼고 몇 개월 동안 유대 센터와 가까이하지 않았다.

　남편이 유대인이므로 회원은 될 수 있어도 그 사회에 들어가는 어려움이란 이루 말할 수가 없었다. 그것은 나를 유대인의 아내, 유대인 어머니로 인정해 주는 어려움을 보여주는 듯했다.

　어떠한 곤란도 남편에 의해 달라지는 것이므로 문제는 남편이 해결해야만 했다. 하나님은 무엇을 해서는 안 된다거나 어떻게 하라고 지시하지도 않지만 지키지 않으면 어떻게 하겠다는 것도 없다. 다만 그 뜻은 스스로 알아야 한다.

　나는 유대인의 엄격함에 강하게 이끌리어 시아버지와는 반대의 길을 걸었다. 교육 내용이 나의 이상에 맞았기 때문에 아이들이 카톨릭 유아원에 다니게 했고 학교도 한 명은 카톨릭 국제 학교에 다니게 했다. 가정에서도 유대인만이 아닌 카톨릭 신부나 수녀들도 손님으로 초대했다. 수녀가 유대인에 대하여 알고 싶어지면 내게 무엇이든 물었다. 그만큼 이교도인 내가 부담 없는 상대로 말하기가 쉬웠는지도 모른다.

9

외국인이 본 일본인

 아들이 6세 생일을 맞던 날 그 애 유치원 친구 스물 두 명 전원을 초대했다. 그때 학교 버스로 함께 오신 버스 어머니(1주일 교대)와 인사를 하고 조그마한 선물을 드렸더니,
 "코헨 부인, 당신의 이름은 어떻게 되죠?"
하고 물었다. 외국인은 성보다 이름을 부르는 것으로 친숙함을 나타내는 일도 있지만, 이름으로 어느 나라 사람인가를 알 수도 있는 것이다.
 "도미 꼬랍니다."
 "네! 그러면 일본인?"
 "그래요. 나는 일본인이랍니다."
 "정말로 일본인인가요? 2세인가요?"
 "아뇨. 나는 일본에서 태어나 자란 순수한 일본인이에요."
 그녀는 멍하니 내 얼굴을 쳐다보았다. 납득이 되지 않은 듯했다.
 "나는 틀림없이 필리핀이나 베트남의 2세로 생각했어요."
 옆에서 우리들의 대화를 듣고 있던 유치원 수녀가 설명해 주었다.
 "아녜요. 이 분은 일본인 중의 일본인으로 그 이상의 일본인이 없을 정도예요."
 이 유치원에는 일본계 사람이 거의 없으므로 일본인이라고 생각

지 못한 것도 무리는 아니었다. 나도 가끔씩 동양인들의 단체에 출입하는 일은 있었지만 목례만 할 정도로서 대화에는 끼지 않았고 친숙하게 말하는 상대는 미국인이나 유럽인이 대부분으로 큰소리로 떠들어서는 모두들 웃게 한다.

언제나 확실한 화법을 가지고 있는 점만을 본 어머니들은 나의 일본인다운 면은 찾아보지 못했던 것이다. 그녀는 수녀의 「매우 일본인답다」는 설명에 대해 반신반의하는 양으로 어리둥절해 하던 것이 기억난다. 나는 자주 이런 상담을 받곤 한다.

"내 딸이 외국인과 결혼하고 싶어하는데 당신은 어떻게 생각하세요? 당신은 행복합니까?"

나는 이렇게 말했다.

"상대되는 분이 일본을 얼마나 이해하고 당신 따님은 상대 나라나 문화에 대해 어느 정도나 알고 있나요? 중요한 점은 일본인으로서 자기 자신을 잘 아는 것이겠지요."

국제결혼을 한 사람들은 많은 공통 감정을 갖고 있기도 하다. 예컨대 저녁 식사에 초대되어 국제 결혼을 한 사람들끼리 모이면 모일수록 상대방의 됨됨이와 역사 등이 대단한 흥미거리가 된다. 이모저모로 남편을 어떻게 취급하는가, 가정 내에서의 양식은 어떠한가를 묻고, 또한 상대 쪽에서는 어느 정도나 남편의 나라가 가진 문화를 이해하고 받아들이는가를 살피게 된다. 그럼으로써 상대방의 경력을 조금씩 알 수 있다. 또 이런 작은 모임에서 뿐 아니라, 학부형들의 집회에서도 아는 사람 외에는 목례를 하는 일도 없고 물론 말을 거는 일도 없다.

그렇지만 아들 한 명만 다니는 국제 학교의 경우에는 되도록 외국인 단체에서 아는 얼굴을 찾아 가까이 간다. 그리고 외국인처럼 말하면서 나는 외국인 속에 섞여 있어도 대화할 수 있다는 것을 보여준다. 그리고 일본인이 어디에 있는지 모르므로 결국 다른 사람에 대한 험담이나 한탄밖에 할 수가 없다.

국제 학교에 아이들을 보내면서도 일본인 사회에서 외국인으로 보이고 평가 당하고 싶지 않다는 감정이 잠재하고 있음도 부정할 수 없다. 내가 일본 사회를 피하려 한 것이 아니고 오히려 적극적으로 대화를 만들어 가는 타입이라고 할 수 있다.

일본인 사회에는 없지만 외국인과 결혼한 순수한 일본인들이나 단체에 대해 서로가 됨됨이를 알았다고 해서 이러쿵저러쿵 비판하거나 하는 일은 하지 않는다. 묵묵히 있으면서도 그 살아가는 방식으로 그 사람을 이해하려 함이다. 외국인 사회에서 능력을 인정해 주는 일은 있어도 직업으로 차별하는 일은 없기 때문이다.

자기가 가지고 있는 지식을 발휘하면 크게 평가되는 반면 자신의 주관을 갖지 못하고 자기 의견을 말하지 못하는 것은 대화에서 경멸 당할 수 있는 구실이 된다. 부인회 회합에서 사람을 선출할 경우 대화에 오르는 것이 예의 전형적인 화법이다.

"히로꼬는 매우 매력적이고 인형 같기는 하지만 재미라는 건 없고 미소만 돌아올 뿐이에요. 머리 속은 텅 빈 게 아냐?"

"수수한 미인으로 사랑 받는 아내 같은데 대화에서 의견을 말하는 일이 없고 묻는 일도 없더군요. 정말 그녀는 인형인가 봐요."

이런 식으로 말거리가 되는 것이다. 내가 뉴욕에서 살며 최초로 아파트를 빌었을 때, 미국인으로 아동 작가였던 '자키'의 룸메이트가 되었다. 혼자서 스튜디어 룸(목욕탕·화장실이 붙어 있는 방)을 비는 것보다는 몇 개의 방도 있고 집 뒤에는 일광 욕실도 있어서 시간이 있을 때는 일광욕을 즐길 수 있어서 마음에 들었다. 매우 쾌적한 생활이 시작되었지만, 현재와는 달리 외국인에 대한 관광 허가가 나지 않던 때라 일본인, 특히 여자 혼자 외국을 여행하는 일은 극히 드물던 시대이기도 했다.

그래서 뉴욕에 살기 시작한 내가 조금은 이상하게 보였던지 매일 점심과 저녁 식사 초대가 끊이지 않았다. 이젠 혼자서 차를 마시고 싶다고 생각할 정도였다. 그때 쟈키는 친절하게도 데이트에 대한 지도를 해 주었다.

"도미꼬, 세 번까지는 데이트 신청은 거절하는 거예요. 그럴 때 일이나 공부, 아프다는 식의 서투른 변명으로 거절하면 안돼. 오늘 밤은 선약이 있다. 그리고 나서 상대방이 그렇다면 언제? 라고 묻는다면 그 날도 남자 친구와 데이트 선약이 있어서 거절해야겠다고 하고 또다시 전화가 오면 말이죠! 그렇게 3번까지는 반드시 거절할 수 있어야 숙녀인 거예요."

그녀는 전화가 걸려올 적마다 다시 한번 수화기를 귀에 대고 윙크로 신호를 해서 도와주었다. 그리고

"세 번 계속해서 데이트를 하게 되면 그것은 이제 모든 것을 상대에게 주었다는 것이니까 주의해요…."
라고 말했다. 그리고 반드시 자신에게는 남자 친구가 있다는 것을 그 사람에게 확인시키라고 했다. 그것은 상대가 자기 이외에 남자 친구가 없다는 것은 그녀에게 매력이 없다거나 혹시 무슨 문제가 있어서가 아닌가 의심하기 때문이다.

처음에는 즐겁게 도와주던 쟈키도 나중에는 소리를 질렀다. 너무나 많은 신청이 있기 때문에 어느 날 질투가 섞인 진지한 얼굴로 말했다.

"도미꼬, 당신은 자기에게 매력이 있어서 호의를 가지는 줄로 생각하겠지만 그게 아니에요. 미국 남성 사이에서 말하는 것을 모르는군요. 동양인은 머리는 텅 비었지만, 성적 과시가 있기 때문이라더군요. 그리고 동양 여성은 종과 횡이 다르기 때문에 그 횡을 맛

보고 싶다는 이유로 당신을 쫓아다니는 거라구요."
 "쟈키! 그 종과 횡이 다른 것은 뭐죠?"
 "정말 몰라요? 그것은 여성이 가지고 있는 거예요. 우리들은 종뿐이지만 당신들의 것은 횡에 붙어 있다고 생각하는데."
 이런 표현이 그녀의 질투심에서 나온 말은 아니라는 것을 줄리아드 음악원에 유학하고 있던 친구에게 물어서야 알았다. 또 내가 결혼했을 때, 남편에게 물어 보고 미국 남성 사이에서 오가는 말이라는 사실도 재차 확인할 수 있었다. 종과 횡의 소유만으로 남성의 주목을 모을 수는 없었으므로 급히 그녀의 아파트에서 도망쳐 나와 방 하나에서 혼자 살기 시작했다.
 뉴욕은 국제 무대이다. 이것은 모든 면에서 그렇다고도 말할 수 있을 것이다. 국연 대표의 한 사람이 주최하는 파티에 나갔을 때이다. 혼자 가야 하는 불편함도 있었지만 동행할 남성을 찾는 일도 귀찮아서 초대해 준 주인이 나와 자주 대화했던 무리의 회원이었으므로 귀모노를 입고 가벼운 마음으로 갔다.
 어림잡아 2백 명 이상이 모인 가운데서 일본인 같은 얼굴을 한 사람은 나 혼자뿐이었다. 끝내 부인회만의 단체에는 갈 수 없었는데 그 중 한 사람이 귀모노 입는 법을 본 적이 없기 때문에 오늘밤에는 꼭 보고 싶다고 부탁해 왔다. 그래서 잠깐 실례하겠다고 말하고 침실을 빌어 옷을 입게 했던 것은 좋았지만 뭐라고 말할 수 없는 이국적 분위기였다. 옷을 입는 실습이 끝나자 숨을 돌릴 틈도 없이 몇 사람의 부인이 무리하게 부탁을 해 와 피곤해서 말할 기력도 없어 돌아와 버렸다.
 그 후 그분은 두 번 다시 말을 걸지 않았다. 언젠가 다시 그분을 만났을 때 어떻게 지내세요라고 물었다. 그는 인사하고 나서
 "당신에게 귀모노 행진을 하라고 부른 것이 아니었다"

고 했다. 그 말에 나는 파티에 가서 대화다운 대화도 없이 돌아왔던 것을 반성했다. 원래 분명하게 말을 하는 나였지만 이때 이후로 더욱 더 확실하고 결단성을 갖게 되었다. 어떤 때든 자기 의견을 가지고 있으며 태양 한쪽에서만 아닌 다른 사회에 들어감을 보여주는 자기 방위 같은 것이 몸에 배어 외국인 속에서는 반대로 일본인을 피하는 것인지도 모른다.

그러나 또 하나의 사회를 가지고 있다는 것은 피할 수 있는 장소이기도 한다. 그것은 나만이 아니라 아들 나단의 경우도 마찬가지라고 생각한다. 나단이 청산 학원에 통학하면서 어떻게든 자신이 들어가고 싶지 않은 것이거나 무시하고 싶어질 때는 자신을 합리화시킬 수 있는 사고 방식으로서 '나는 일본인이 아니니까'라든지 '나는 미국인이다'라는 식으로 말하며 단체 의식을 없애고자 한다.

나도 남편이 미국인이니까 미국류라거나 미국인 부인이니까라는 이유로 돌려버린다. 그렇다고는 하지만 미국에 치우치거나 유대에 치우치는 것도 아니다. 어찌 어찌해서 미국인과 동등한 어학을 하고 있고 습관을 마스터했다고 해도 나는 어디까지나 일본인이다.

교육받은 문화는 그리 쉽게 변할 수 없다. 때문에 나도 내 모든 생각들을 남편에게 강요하거나 내 쪽으로 끌어들이거나 하지 않고, 남편도 남편대로 노력은 하지만 일본인일 수는 없고, 나도 미국인을 알고자 노력은 아끼지 않지만, 미국인이 되려는 생각은 없다. 단지 서로 서로를 이해하는 동시에 인정해 주고 존경하며 상대방의 입장에서 생각하는 일이 중요하다고 생각한다.

이와 같은 것들은 생활 속에서 얻는 것이라고 생각했기 때문에 아이들의 생활에서도 가능하다면 일본의 행사와 관습을 빠짐없이 행하고 더불어 미국인으로서 일본에 살고 있는 때인만큼, 이국 땅에 있을 때는 가정에서 특히 그 나라의 행사를 지키기로 했다. 이웃이 다르기 때문에 더욱 그렇다.

매년 행하는 미국 독립 제나 할로윈 등의 파티는 미국에서 여느 파티보다 완벽했다고 말해 준 사람도 있을 정도였다. 일본에 있고 일본적 생활을 하고 있는 것이야말로 어느 날엔가 다른 나라에 갔을 때도 그것들이 저절로 몸에 배어 있을 것을 생각하여 원형 그대로의 생활을 하고 있는 것이다.

그러나 언어상으로는 묵묵히 바라보는 것만으로는 의사를 전달할 수 없으므로 단도직입적으로 말하게 되었고, 아이들의 정신면에서는 유대 관념으로 사물을 생각하도록 하고, 생활 속에서도 되도록 유대 습관을 받아들이게 하고 있다.

이렇듯 세 가지 생활이 현재의 우리 집이라고 할 수 있으며 아이들이 세 가지 아이덴티티를 가지고 있는 것도 사실이다.

일본인이 본 나는 일본인이라고는 할 수 없고 외국인이 본 나도 역시 일본인답지 않은 일본인이라고 말한다. 그러나 나는 내 자신이 갖고 있는 것에 의심을 갖지는 않는다. 그래도 자신을 잃을 때가 있다. 그것은 외국인과 결혼하여 친구도 없이 일본인으로부터
"저 사람 어떤 사람이야. 외국인과 결혼을 하다니"
라고 말하고 있는 상대방의 억측을 등으로 느낄 때이다. 그런 때 나는 남편과 어디에서 만나 무슨 일을 해 왔는가 말하지 않아도 좋은 것까지 끝내 말해 버리고 만다. 그리고 외국인 가운데서 자연스런 인종이라는 견해에 대하여 나는 당신들과 동등한 것이 아니라 그 이상이라는 듯한 태도를 보였다. 때로는 외국인 가운데 있는 일본인이라는 자신이 애처롭게 느껴지곤 해서 어느 사이엔가 자신을 바싹 껴안고 있는 나를 발견하기도 한다.

가슴이 뭉클해지며 눈물이 흘러나오면 "아아, 나는 일본인이야"

라고 외치고 싶어진다. 이런 감정은 무엇 때문일까. 외국인과 결혼한 까닭으로 일본인 사회의 성원으로 백퍼센트 인정될 수 없다는 것은 알고 있다. 그것은 일본이 단일 사회이므로 이미 길을 떠나 양쪽 사회에서 같은 질량으로 사회 관계와 부형 관계를 지켜 나가기 어렵게 한다.

외국인과 결혼한 일본 여성이 일본에 살고 있음에도 불구하고 일본인 사회에서 멀어지게 되는 것은 이런 면 때문에 도망치려는 기분이 강하게 작용한다고 생각한다.

10

두 사람의 학교 생활

 야곱이 아직 유치원에 다니고 있을 때, 나단은 소학교 입학식을 맞이했다. 빗속에서 아는 얼굴도 없었다. 입학식 후에 기념 촬영이 있어서 일동이 나란히 서서 사진을 찍었다.
 나단만 장화를 신고 있었다. 나나 나단은 이런 비 내리는 날씨에 장화를 신는다는 것은 당연한 것으로 아무 주저 없이 신었던 것이다. 나중에야 사진을 보고서 나단이,
 "나 혼자만 장화네?"
하고 특별히 이상하게는 생각하지 않은 듯, 오히려 비오는 날 장화를 신지 않은 다른 사람들을 의아해 하는 듯했다. 그로부터 1년이 지나서 2학년이 되자, 비오는 날에는 장화를 신지 않고, 가죽 구두 위에 비닐 외투와 구두를 신고 싶다고 했다. 일부러 미국에서 그것을 주문할 정도로 그것도 두세 시간이라는 짧은 시간이었으므로
 "유치원과 다를 게 없어!"
라고 말하며 나가곤 했다. 혼자 전차 통학을 하고 싶어했던 것은 나단의 마음속에서 성장했다는 자각이 싹텄기 때문인 것 같다. 처음에 마중을 나갔을 때는 약간의 반발도 있었다. 3일째 되던 날,
 "이제 오지 않아도 괜찮아!"
라며 집을 나갔다. 아들을 미더워하지 않는 나는 아들을 위해 사람을 보냈다. 학교 현관 앞에서 기다리던 심부름꾼을 발견한 나단은

불만스러운 듯 도중에 그녀에게서 도망쳐 버렸다. 당황한 그 사람은 왔던 길을 되돌아가 헤매다가 나에게 "나단을 찾지 못했어요"라고 전화를 걸고 있을 때 아이는 이미 현관 계단을 오르고 있었다. 현관을 들어선 나단의 얼굴은 만족감으로 기쁨이 가득 차 있었다.

"나단, 방금 학교에서 전화로 네가 없어졌다고 걸려왔다."

"엄마, 내가 말했잖아, 이젠 혼자서 오겠다고 말야! 벌써 오늘이 사흘째란 말야."

그의 어조는 불만으로 변했다. 아아, 이것을 일본어로 말하면… 응 … 어떻게 말하면 좋을까…라고 하다가 '이제, 아냐! 아무 것도 아니야.'라고 중얼거리는 동안 이미 말할 순서가 지나가 버려 기회를 놓치자 입을 다물어 버리는 나단이었다. 이만큼 일본어에 서툴었던 것이다.

야곱은 9월에 입학할 예정인 성 메리에 입학 테스트를 받기 위해 교장실을 방문했다. 성 메리나 다른 국제 학교에서는 한 곳에 모여 테스트를 하는 것이 아니라, 한 사람씩 미리 예약 시간을 잡은 후에 시험관 선생님 앞에 앉게 되어 있다. 필기와 구두시험이다. 한 사람당 대개 30분 단위씩 배정 받게 되지만 단시간에 끝나거나 시간을 채우게 되기도 한다.

"이것이 내 입학 테스트예요."

라고 우리들에게 확인시키고는 옷깃을 점검하고 군대식의 걸음걸이를 하며 방안으로 사라져 갔다. 시험 결과를 그 장소에서 곧 합격이라고 말해 주는 일도 있고 차후에 연락하기도 해 각각이 다르다. 야곱은 자신이 갈 학교라고 정한 성 메리에 다행히 합격했다.

나단의 2학기가 시작되었을 때, 야곱은 입학식이 있었다. 입학식이라고도 할 것 없이 무엇을 가지고 등교하라는 통지 뿐으로 부형에 관해서는 한 마디도 써 있지 않았다. 전화를 걸자, 온다면 아이와 함께 학교 버스를 타고 와도 좋지만, 아이가 교실에 들어가면 특별한 용무가 없는 한 돌아가 달라는 것이었다.

입학한 첫날부터 도시락 지참에 운동복을 가져가야 했고, 상급생처럼 오후 3시까지 수업이 있었다. 귀가 시에는 제복을 착용하지만, 학교 내에서는 각자의 운동복으로 갈아입는다. 나단이 입학했을 때와 같은 광경은 찾아볼 수 없었다.

"아아, 오늘부터 1학년이구나"

뭐라고 감상적인 기분으로 아이를 바라보지 못하고 센티멘탈한 감정을 털어 버리고 나는 담담하게 학교에서 나왔다. 야곱이 입학했던 그 날도 비가 내렸고 역시 야곱도 장화를 신고 있었다. 또한 장화 신은 사람은 야곱뿐이었다.

다음날 아침부터 매일 주 5일을 그들은 함께 집을 나갔다. 한 사람은 제복을 입고 짧은 바지에 칼라 없는 쟈켓 차림이었으며 또 한 사람은 긴 재색 바지에 빨간 넥타이를 매고 그날그날 좋아하는 색의 구두를 신고 나갔다. 후에 빨간 넥타이는 베레모를 쓰고 케이스를 손에 들고 등교했다.

어느 날, 성 메리 아이들이

"유대 일본 학교는 어떤 느낌이냐?"

라고 물었을 때, 성 메리에 다니는 아들은

"청산(靑山)말이냐? 별로 규칙적이 아니라서 구두는 회색, 넥타이는 녹색이지만, 그것도 특별할 때 뿐이야. 넥타이를 매지 않으니까 이상해, 그 위에다 쟈켓을 입거든."

이렇게 비평을 하고 있었다. 성 메리에서는 기후에 따라 쟈켓을 입지 않는 경우도 있었지만 반드시 넥타이만은 등하교 시에 매도록 했다. 넥타이를 잊을 경우에는 그 생도는 벌금을 10원씩 지불해야만 했다. 그것은 넥타이를 매게 함으로써 학교에 가고 온다는 구별이라고 생각한다.

또 등교시에는 반드시라고 해도 좋을 만큼 교장이 입구에서 맞이한다. 하교시는 출구에서 담임 교사에게 인사를 하고 귀가길에 오르는데 그때도 반드시 교장이 배웅한다.

아침과 모습이 다른 아이를 발견하면 묻기도 하고 친히 보고하는 쪽이 좋다고 생각하면 담임과 함께 검토하게 된다. 어느 아침, "엄마! 알고 있어? '갔다 오겠습니다' 이것이 일본어에는 없다던데. '다녀오겠습니다' 이것이 진짜 인사라고 선생님이 가르쳐 주셨다구요. 그러니까 오늘부터 '다녀오겠습니다'" 하고 나단은 머리를 숙이며 한 마디씩 정확히 또박또박 말했다.

그의 뒤에는 "See you mother." 하고 한 손을 올리며 계속해서 계단을 내려가는 야곱이 있다. 큰 가방에는 몇 권이나 되는 책이며 노트가 들어 있어 무겁게 보인다. 그와는 반대로 나단은 손으로 만든 가방을 텅 빈 듯이 가볍게 들고 있는데 안에는 노트만 들어 있을 뿐이다.

시간을 염두에 두지 않은 듯 두 사람은 어깨를 나란히 하고 걸어가면서 이야기에 열중해 있다. 역 개찰구를 들어가면 좌우로 나뉘어 자신이 갈 방향의 플랫폼에서 전차가 오는 것을 기다린다.

두 사람의 학교는 반대 방향에 있기 때문이다. 돌아오면 나단은 '다녀왔어요'라고 인사하지만, 야곱은 창에서 아들의 귀가를 애타게 기다리던 어머니에게 "하이(Hi)" 하고 손을 흔들어 보이다.

현관문을 열어 주면 첫날은 "Hi, 엄마" 둘째 날에는 "Hi, 어머니" 그리고 셋째 날은 "Hi Mom"(Mom은 연장이 되면 쓰는 말로 어른이 된 사람이 어머니를 부를 때 사용한다. 아버지는 Dad가 된다.)이 되어 나도 놀라 버렸다.

"야곱, 너는 하루가 다르게 어른이 되어 가는구나. 그래, 내일은 뭐라고 불러줄 거니?"
 "어머니, 내일은 학교에 가지 않아요. 토요일이니까. 어머니! 내 넥타이가 어울리지 않잖아?"
 "무슨 소리니?"
 "난 넥타이가 하나밖에 없어, 넥타이가 좋지만 훅을 거는 넥타이는 어린애들이나 하는 거야. 어린애에게 어울리는 것이니까. 사주지 않을래요, 오늘?"
 성장해 가는 것일까? 발돋움을 하고 있는 것일까? 아이는 놀랄 정도로 변해 갔다.
 "그래 알았다. 네 것은 쟈켓이나 지금 사용하는 넥타이도 오래되었으니까 사도 좋겠지만 오늘이 아니래도 괜찮겠지?
 "응. 하지만 오늘 산다면 나는 그 넥타이를 다음 주부터 맬 수 있을 거예요. 그리고 내일은 아버지에게 매는 법을 배워서 훈련할 수도 있을 거고!"
 야곱다운 계산이 있었던 듯했다. 학교에 등교하기 시작하여 고작 3일이 지났을 뿐인데도 잠깐 사이에 무엇이 이렇듯 변화시켰는지 나는 끝내 나단과 비교하고 있었다. 쌍둥이이면서도 같은 점도 없고 성격도 다르다는 것을 잘 알고 있지만 상대가 있음으로 해서 비교를 하고 있었다. '다녀오겠습니다.'라며 머리를 숙이면서 현관을 나서는 아들과 한 손을 들고 'See you'라며 던지고는 입맞춤을 하고 계단을 내려가는 아들, 또 돌아오면 '다녀왔어요'라고 인사를 하며 들어오는데 지금 한 명은 큰 소리를 내면서 계단을 올라온다.
 창을 통해 어머니를 알아채면 'Hi Mon'하고 외치는 이들이 쌍둥이일까 하는 생각마저 든다. 일상 생활에서는 쌍둥이라는 관념조차 가지지 않음에도.
 나단은 나단대로이고 야곱은 야곱 대로이다. 다시 말해 나단은 예절 바른 아이이지만 야곱은 망아지라고 할 수 있다. 일본어를 배워 가는 이상으로 언어가 머릿속에서 정정되어 맴돌고, 다른 사람이 사용하는 말에도 주의를 기울이는 나단이었다.

현관의 벨에서 "누구?" 하며 문 밖을 향해 말을 건네는 내게 나단은 즉각,

"엄마. 틀렸어요. 누구세요가 맞아. 선생님이 '누구십니까'라고 말하는 거랬다구요."

"알았어. 나단, 지금은 누구로 됐어."

지금 온 사람이 세탁소 주인이니까 '누구십니까'라고 하면 깜짝 놀랄 것이라고 설명했지만 그는 이해할 수 없는 듯했다.

그에게는 또 하나 이해할 수 없는 것이 있었다. 학교에서 선생님이 한 말을 잊어버린 나단이 선생님 댁에 전화를 걸어 묻게 되었다. 다이얼을 돌린 나단이,

"여보세요. 고촌선미자(高村善美子)씨 계세요"

하는 것이 아닌가. 깜짝 놀란 나는, "나단, 선생님이라고 해야지. 나단의 선생님이잖니?" 하자 수화기 저쪽과 말이 통하고 있는 듯 그런 대로 급히 전화를 끝낸 나단은 이렇게 말했다.

"엄마 나는요. 선생님께 전화한 것은 맞지만 학교가 아니라 댁에 전화한 거야. 학교에서는 '선생님'이라고 부르지만, 댁이니까 高村善美子씨라고 해도 좋다고 생각해. 댁에 있다가 밖에 나가서 전화하시라는 것도 이상하잖아. 이상해요! 그런데 야곱은 길에서 만난 선생님께 Miss Takagi라고 불렀다는데. 선생님이라고 하지 않고서."

"나단, 일본에선 말이다. 선생님은 학교에서 만나건 밖에서 만나건 엄마는 나단 학교의 선생님에게 선생님이라고 부른단다. 엄마의 선생님은 아니지만 말야. 그러니까 너도 선생님이라고 불러야

지 않겠니?"

"엄마, 야곱도 일본에 있어요, Miss Takagi도 일본인이지요. 그런데도 어째서 다른 거야?"

이날 밤, 일본의 습관으로 몇 년이 지난다 해도 변하지 않는 의미를 설명하려 했지만 그는 납득할 수 없었다. 날카롭게 항변해 왔던 아들이었지만 3년이 되어 선생님 댁에 전화를 걸 때 선생님이라는 단어를 사용하는 일이 스스로 납득되지 않기 때문인지 마음에 걸려 하며 이후 다시는 선생님 댁에 전화를 걸지 않았다.

야곱은 미국에 계신 조모의 이름인 '펄'을 마구 불러댔지만, 나단은 반드시 할머니라고 불렀다. 조부에 대해서도 할아버지라고 했으며 이름을 부르지 않았다.

미국에서는 서로의 이름을 부르는 것이 습관화되어 있지만 나단은 함부로 부르지 않고 백모나 숙모들을 부를 때도 반드시 ○○삼촌, ○○숙모라고 붙였다. 아는 친구인 루치아가 나를 '도미꼬'라고 부르면

"아니야, 틀렸어. 코헨 부인이야. 루치아."
라고 정정해 주지만 루치아는 멍하니 쳐다볼 뿐이다. 그것만으로도 사람들의 인상에 강하게 남는 아이이다.

11
일본어와 영어와 히브리어

여름방학이 끝나고 3학년 2학기를 맞았다. 이 무렵 이미 우리들만으로 그들의 학업을 지켜보는 일은 벅찬 일이 되었다. 1학기말에 선생님과의 면담도 생각해 보았지만 무엇인가 이 여름에 실마리를 찾아 해결할 수는 없을까 하는 것이 우리들의 생각이었다.

'한번 가족들이 나단으로 하여금 어느 정도 한자를 배우게 해서, 어떻게 사용하면 좋을지를 알게 했으면 좋겠다고 생각한다.'

이런 말을 담임 교사로부터 들었을 때 나는 역시 매일 같은 문제를 생각하고 있음에도 불구하고 충격을 받았다. 나단의 가정에서의 태도는 학교에서와 같았지만, 일본어의 무엇이 그의 감정을 압박하고 있었는지 알 수가 없었다. 나는 전보다도 그 이유를 알기 위해 노력했다.

그 한 가지는 가을에 신학기를 맞는 히브리어 학습이었다. 또 한 명인 야곱 쪽에서는 1년 전부터 히브리어를 시작했지만, 나단은 히브리어에 들어가기 전에 우선 영어에 중점을 두어야 했으므로 일본어 학습과의 밸런스를 생각해서 히브리어 학습을 시킬 수는 없었다.

그렇지만 히브리어를 배우지 않는다면 나단이 성인식(바 미쯔바)을 맞아 성서를 읽을 수 없게 되므로 같은 연령의 아이들과 유대인으로서 대화가 단절될 지경이었다. 그것은 유대 사회의 회원

자격을 잃는다는 것을 의미하기도 한다.
 '나는 일본어도 영어도 완전하게 하지 못해. 그러니까 더구나 히브리어라면 틀린 거야.'
 이런 생각이 그를 짓눌렀을 것이다. 그래도 어쨌든 3개 국어가 되겠지만 나단에게 히브리어를 시켜 보자, 또 본인도 시작하고 싶다는 생각이었다. 히브리어를 시작하면서 그는 완전히 원기를 회복해 갔다.
 히브리어 복습뿐 아니라, 일본어로 된 국어 책까지 들춰보게도 되었다. 국어 책을 읽고 있는 나단에게 도중에라도 '나단, 그 말의 의미는 해석하겠니?'라고 물으면 그는 곧 영어로 대답하는 것이다. 내가 놀라서 정작 말을 생각할 틈도 주지 않고 그는 벌써 그 뒤를 계속해서 일본어로 읽기 시작한다.
 그 시간은 놀랄 만큼으로 언어의 의미도 정확한 영어 해석으로 했다. 그는 국어 교과서를 소리내어 읽고 있음에도 항상 머리로는 영어로 해석하고 있었던 것이다. 일본어로 읽고 영어로 해석하는 나단, 그러한 그가 히브리어는 일본어로 해석할 수 없는 것이다. 나는 잠시 말없이 가만히 그가 읽는 소리를 들었다. 그런 내게 친구들이 전화로 말했다.
 '역시 나단도 야곱과 같은 학교에 들어갔다면 좋지 않았니?'
 그때마다 나는 내가 생각에 생각을 거듭하여 결정했던 것이 이런 결과를 초래하게 되었다는 것을 알면서도,
 "아니, 그렇지 않아. 나단이 할 기분이 드는지 아닌지로 공부에 장애가 되는 건 아냐. 다만 그 애가 자신의 기분을 정리하지 않은 상태에서 어쩌면 좋을까, 무엇 때문일까 하는 방황을 되풀이하고 있기 때문일 거야. 그렇지만 이 방황은 일보 전진이라고 할 수 있는 것으로 이 문제를 어떤 형태로 해결했을 때에 나단은 어른이 되

는 것이라고 생각해. 학교 공부만이 아닌 2년간은 모든 의미에서 플러스가 되고 있다고 생각하고 있고 지금은 설혹 마이너스라고 생각되는 것들도 필경에는 좋은 결실이 될 거야. 나단은 3년 동안 일본 학교에서 씨를 뿌렸고 썩 잘하는 것은 아니지만 성장했다는 것은 확실해. 그리고 이제 다른 토지에 씨앗을 뿌리고 자신을 성장시키려 하고 있다고 생각해. 인생에는 몇 번이라고도 할 수 없는 역경을 극복하는 반복을 해야만 하는 것일 테니까. 나는 그에게 감사한단다. 좀더 다른 가능성을 추구해 나가는 힘을 충분히 보유하고 있어. 나는 그 애를 믿고 있단다. 그러니까 그가 해보고 싶어하는 기분을 충분히 살려주고 싶은 거야."

나는 이 3년 동안이 마이너스였다고 생각지 않고 그렇지 않다는 것도 잘 알고 있는 것은, 모든 경험이란 인생의 단계라고 생각하노라고 말해 주었더니 친구들은 그런 사고 방식도 다 있구나 하며 전화를 끊었다.

2학기초에 학과 위원 선출 때 영어 위원의 입후보자가 없었기 때문에 반에서 누군가를 지명하게 되었다. 전원이 나단을 지명했지만 나단은 단호하게 거절했다. 어째서 그랬는지를 물었더니 나단의 대답은 이유가 없다는 것이었다.

단지 별로 하고 싶지 않다고 말했을 뿐 정당한 이유가 없다고 하자 결국 나단이 위원을 맡게 되었다. 그래서 임명장을 받았는데도 역할을 수행하지 않았다.

나단은 말했다. 나는 받아들인다고 하지 않았다. 모두가 내게 하라고 말한 것에 지나지 않는다라고, 학기말 자기 평가 때 나는 말했다.

'영어 위원 임명장을 받은 한, 나단은 그 일의 책임을 다해야 했던 것은 아니었을까?'

"나단, 이번엔 아버지가 설명할까? 여기에 야구팀이 있다고 하자. 하지만 누구도 투수가 되고 싶지 않다고 하는구나. 하지만 누군가가 투수가 되지 않는다면 게임을 할 수 없다는 것을 너도 알고 있지? 나단의 문제도 마치 이 경우처럼 누군가가 일어나서 그 역할을 맡아야만 진행할 수 있는 거야. 그러니까 남아 있는 기간이라도 최선을 다하거라."

그러나 나단은 아직도 납득이 되지 않는 듯 침대에 몸을 던졌다. 그런 그는 눈에 그렁그렁했던 눈물을 닦아 내면서 혼잣말로 중얼거렸다.

"어째서 일본 학교 같은 델 가게 됐지. 엄마가 가라고 해서야. 나는 유대인으로 미국인인데."

그 아이는 일본 학교에 다니면서 그 속에서 어떤 이질감을 느꼈을 것이다. 미국인으로서 일본 학교에 다니고 있다는 '소외감'으로 골몰한 것이라면 이런 위험도 없다. 나단, 너는 양쪽 사회로 통하고 있는 빌링 걸(2개 국어 이상의 말을 하다)로 자랑스럽게 생각해야 한다고 말해 주고 싶었다.

"나단, 너는 어째서 일본 학교에 다니게 되었는지 후회하고 있는 것 같다만, 이런 일은 누구라도 할 수 있는 일이 아닌 너만이 할 수 있는 거야. 너만큼 누가 여러 가지의 것을 알 수 있겠니? 하나님께선 나단이라면 할 수 있겠다고 기회를 주신 거야. 그것을 할 수 없는 게 아냐. 너에겐 절반이나 일본의 피가 흐르고 있잖아. 아무리 도망치고 싶어도 그것만은 어쩔 수 없어. 하나님께서 엄마를 주신 것처럼 너의 피도 선택하신 거란다. 나는 나단이 자랑스럽고 네 아버지도 그래. 너는 유대인으로서 미국인이고 일본인이야. '소외감' 따위는 어림없지."

"나단, 이렇게 생각하면 어떨까. 아버지는 매일 40명의 일본인

속에서 일하고 있는 유일한 미국인이다. 그래서 한 사람의 미국인이다. 그래서 한 사람의 미국인인 내게는 40명의 일본인의 힘이 있다고 여기고 있다. 즉 40=1이라는 거지. 나단, 너 혼자서 43명의 일본인이라고 생각한다면 어때, 공평하지 않으냐?"

이런 대화까지 튀어나왔다. 나는 랍비 토케이어와 지하철역을 향해 걸으면서 지금 나단의 일로 골머리를 앓고 있는데 그는 마음을 열게 하는 방법은 없는가를 상담했다.

"도미꼬, 그는 지금 여덟 살이오. 8세라는 연령은 대단히 어려운 나이오. 자신이 대체 누구일까 자문하기도 하고 이제 유아도 아니고 틴에이저도 아니며 물론 어른도 아니다. 그렇다면 어떻게 행동하면 좋을까 하여 방황하는 것이오. 나단의 경우에는 그뿐만이 아닙니다. 그는 항상 미국인이라는 의식을 가지고 있소. 물론 유대인이라는 것은 있지만 유대인은 인권이나 국적은 없는 개념이오. 일본에서 태어나 미국인 아버지를 가진 그는 미국을 방문한 적은 있지만 어떤 나라인가 두려운 나라인가 위험한 나라인가, 얼마나 새로운 나라인가. 또, 진짜 그 나라 사람들은 어떤 사람인가 등의 여러 가지 불안을 안고 있는 것이오. 내 아이들도 같은 경우지요. 미국인 아버지에 이스라엘 어머니와 일본에 살고 있고.. 그러면서도 아이들은 자기가 미국인이라는 문제 말이오."

나단은 일본인 어머니의 나라에 살고 있으므로 랍비 토케이어의 경우보다는 상처가 적을 것 같다.

나단과 야곱은 각기 같은 말을 하고 있다.

"어째서 일본 학교는 규칙이 그리 많아? 게다가 누구든지 '그런 것은 해선 안 돼요.' '예, 하지 않겠어요.'라고 말하는 거야. 그 사람들의 일도 아닌데 나서서 말이야. 나라면 그 일은 네 일과는 상관없잖아라고 말하고 싶지만 나도 알 바 아니니까 말하고 싶지만 말하진 않아."
 나단의 말을 들은 야곱은 일본 학교에 대해,
 "일본 학교는 해선 안 된다고만 해. 그래서 재미없어. 어째서 모두가 똑같아야만 하지? 한 사람도 달라선 안 된다니 뭔가 우스운 게 아냐? 하지만 난 나단 친구는 좋아해요. 하지만 나단은 모두와 달라. '왕따'라고 하는 건가?"
 할로윈 축제가 되자 반 친구를 초대하지 않은 나단에게 말했다.
 "나단, 나단은 좋은 애인데, 한 명 정도는 괜찮잖니?"
 나단도 그런 기분이 들었던 듯했다. 그러나 나단이 부르지 않는 이유라고 생각되는 것은 언제나 엄마는 준비하고 친구들을 불러 모두 우리 집에 오게 하는데 정작 나는 가는 일이 없다, 이런 기분도 내포된 듯했다.
 어머니가 나를 위해 친구가 되어 주기 때문에 언제나 누구를 부를 필요가 없다, 그래서 스스로 자기 친구를 사귀지 못하는 것이라고 생각한 그는 부모에 대해 반발하고 괴로워했던 것 같다. 그의 자존심이 상처를 받고 있었던 것이다.
 가을 입시가 있는 방학 동안 성 메리에서 수업을 받고 있던 나단은 역시 영어 학교에 가야겠다고 결정적인 자각을 한 듯싶었다. 나단을 받아 주셨던 선생님도,
 "나단 역시 영어 수업을 받고 싶다고 희망하고 있어요. 이대로 접어둔다면 공부할 의욕을 영영 상실할 것입니다."
라고 말했다. 나단은 영어로 자신을 표현함을 통해서만 존재하고 있다고 느끼는 것인지도 모른다. 그리고 선생님은 이런 말도 덧붙였다.
 "코헨 씨! 댁의 아들들은 정말 재주 있는 아이덴티티(IDentity, 자기)를 갖고 있으면서 그것을 분산시키고 있습니다. 이 학교에도

댁의 아이들과 비슷한 아이가 많지만, 대부분 하나의 자기 정도를 갖고 있는데 당신의 아들만은 다르더군요."

"그런가요. 그것은 당연합니다. 아기 때부터 그렇게 자라왔고 또 내가 일본인이기 때문입니다. 표면으로는 미국인이라도 밑바탕은 일본인이랍니다. 아이들에게도 자연스럽게 일본인으로서 표현하게 되거든요. 아이들은 어머니로부터 인성을 민감하게 받아들이는 모양이에요. 유대인이라는 개념도 요구되는 그들에게는 '혼혈아'라는 자부심을 가지고 자기 주장을 하고 있습니다. 우리도 물론 자랑스럽게 생각하고 있으며 아무 것도 잃은 게 없답니다. 그저 잘 자라 주었으면 할 뿐이지요."

나는 나단의 지난 3년간 청산학원 초등부 생활도 반드시 그의 가슴속에 살아 있을 것이라고 확신하고 있다.

"여러분께 감사드린다. 내 안에 있는 유대적 감각은 여러분께 얻은 것이 많기 때문이다."

나단은 학교 마지막 날 할 '인사'를 위해 몇 번이나 웅변 연습을 되풀이하고 있었다.

"나는 미국인입니다. 미국에 간 적은 있었지만 살았던 적은 없다. 이번에야말로 미국에 살면서 내 나라에 대해서 알려고 해요. 여러분, 잘해 주셔서 감사해요. 선생님들께 여러 가지로 감사드립니다."

라고 하면서. 하지만 막상 강단에 올랐을 때 나단은 단지 '안녕히'로만 말을 끝내 버렸다. 어쩌면 이 말조차 하지 않았는지 모른다.

유대 일본인이라도 좋다. 아들아, 너의 세계로 길을 떠나거라. 혼혈아는 2개국어를 자유롭게 하고 항상 여러 세계에 존재할 수밖에는 없다고 생각한다.

혼자 남는 야콥에게 나는 더욱 강인하고 엄한 엄마가 되겠다고 선언했다.(강인함이란 강하고 휘어도 부러지지 않는 것을 말한다.)
"너는 아이스하키를 하고 있지. 어려서 하기 힘들 텐데도 너는 내게 어린애는 아니라고 주장했지만 너의 강인하고 엄한 엄마가 되겠다"

야곱은 어깨를 으쓱해 보이며 "OK"라고 대답했다.

혼자 가족을 떠나 미국에 간 나단을 생각하면 야곱이 어머니를 혼자 독점하고 어리광부리도록 허락하고 싶지 않았기 때문이다.

12

주일 학교에서

"엄마, 계란이 먼저야, 닭이 먼저야?"
라며 두 아이가 내게 질문을 던졌다. 그리고 그들은 하나님이 계시냐 안 계시냐 하는 것을 물었다. 그들은 하나님의 존재를 논하던 중이었다. 이 세상에 어느 쪽이 먼저 창조되었는가로, 계란이 먼저라면 하나님이 달걀을 이 세상에 떨어뜨렸을 것이고, 닭이 먼저라면 하나님이 닭을 만드신 것이다. 그러므로 하나님은 존재한다. 하지만, 어느 쪽이 먼저 하나님으로부터 만들어졌는가의 해답은 이미 나와 있었다.

"자, 어느 쪽이 먼저일까. 역시 닭이 먼저가 아닐까. 닭이 없으면 계란은 얻을 수 없으니까."

"그렇단다. 닭이 먼저야. 그래서 성경에는 하나님이 계란을 만들었다는 사실은 써 있지 않은 거란다."

"하지만 그것은 성경이 옳다는 조건이 있어야 해. 성경 속에선 5일째에 날짐승을 만들었다고 써 있으니까."

내 뒤를 계속해서 야곱이 대답했다. 두 사람은 4살이 되면서부터 일요학교에 다니게 됨에 따라 그들은 유대인으로서의 자각을 기르며 성장해 갔다. 유대인은 세계 각국에서 각자의 생활을 하고 있다. 동경에 있는 유대센터 회원만도 18개국 사람이 있다. 각각이 이 학교 학생인 동시에 각자 다른 나라의 국민이다. 그리고 야곱이 다니고 있는 성 메리는 45,6개국의 생도가 다니고 있지만 동창생이라는 것 외에는 아무 관련도 없다.
 야곱도 '나는 미국인'이라고 자기를 표현하기는 해도 일요 학교에 다니고 있을 때는 '나는 유대인'이 되어 버린다. 그래서 나는 나단이 청산 학원의 학생이었을 때는 '나는 일본인'이라고 하지는 않았을까 기대하기도 했다.
 어쨌든 이 일요 학교는 둘을 '유대인'으로서 같은 개념과 함께 같은 장소에서 공부한다는 연대 의식을 맺어 줄 수 있었다. 유대인과 이스라엘인은 같지 않느냐는 분이 많은 것 같다. 자기 학급에 4,5명의 유대인 학생을 둔 동경의 국제 학교인 서정(西町)학교 선생님의 경우 이런 일이 있었다.
 그 유대인 아이 중 한 명은 뛰어난 영어로 말하고 영어 과목에도 두각을 나타내고 있음에도 다른 한 명은 영어를 하지 못해서 보충 수업을 받아야 했다. 그러나 그 남자아이는 히브리어와 일본어를 잘했으며 또 한 명의 남자아이는 히브리어는 전연 낙제였다고 한다. 선생님은 이 아이들을 보고,
 "이 아이들은 각자의 언어에 강하면서 히브리어에 능통한 사람은 닐 뿐이며, 다니아는 영어는 잘 하는데 다른 아이들은 못하여 보충 수업까지 받아야 할 정도이니 문제가 어디에 있을까요?"
하고 어느 부형에게 물었다. 질문을 받은 부형의 얼굴에는 걱정하는 그림자가 떠올랐다. 왜냐하면 그 선생님은 신임이 아닌 아주 실력 있고 몇 년이나 그 학교에서 가르쳐 온 베테랑 교사였기 때문이었다. 그때, 어느 학부형이,
 "당연하지요. 다니아는 영국인이고 닐은 이스라엘인, 오드리는 프랑스인이거든요. 자기 나라 말을 중요시하면서 그 나라에서 성장했으니 당연한 결과죠. 도미꼬, 우습지 않아요?"
라고 내게 말했다. 그래서 나는 내 자신도 이전에 선생님과 같은

사고를 하고 있었음을 말하고, 일본인으로서는 상당히 이해하기 어려운 부분이라고 설명했다.

일요 학교에 들어가 1년이 지나서인 5살 때 아이들과 함께 '십계'라는 영화를 보러 간 적이 있다. 영화가 반쯤 끝나고 휴식 시간이 되었을 때 아들 하나가 말했다.

"아아, 나는 미국인이라 다행이야."

인상적인 말이었다. 사실, 전편은 유대인이 노예로 등장하는 장면이 많았으므로 자신을 그 노예의 한 사람으로 생각하고 싶지 않았던 것이다. 그리고 상영이 끝나 출구를 향해 걷고 있던 아들이 가슴을 쭉 펴면서 말했다.

"역시 난 유대인이라 다행이야."

노예는 도구가 아니다. 그런데 이집트를 탈출한 유대인은 유대인으로서의 생활을 만들어야 함에도 고난을 딛고 일어나 새로운 생활에 도전하기보다는 도구로서의 노예 생활 쪽이 고난이 따르는 여행보다는 풍족했다고 많은 유대인이 생각했던 것이다.

시간은 되돌아오는 법이 없으므로 뒤를 돌아보지 말고 전진하라는 하나님의 말씀을 믿게 하려고 하나님은 이스라엘 민족을 시험하셨다고 랍비 토케이어가 강의하는 것을 들었다. 그리고 어째서 하지 말아야 하는가 하는 의문을 가지고 있는 아이들에 대해 설명할 때는 그들이 일요 학교에서 배우고 있는 것들과 관련 지으면 서로 대화할 수 있었다. 모두가 하지 않는 것이라든지 모두들 하기 때문에 그 속에서 함께 행동하고 우세한 쪽으로 기울며 죄의식이 약해져 가는 나단을 보며 나는,

"나단! 네 이름은 히브리어로는 노아이고 네 증조 할아버지의 이름이기도 한 것을 알고 있겠지? 나단 할아버지는 정직해서 모두로부터 존경을 받았다고 한다. 그리고 노아도 정직히 살았던 그 시대

의 유일한 인간이어서 하나님께서는 노아에게 방주(배)를 만들도록 명령하셨지. 노아는 하나님께서 말씀하신 대로 따랐잖니? 사람들이 손가락질하며 비웃어도 그는 하나님의 말씀을 믿었던 거야. 나도 나단을 노아라고 생각한단다. 너는 상냥하고 다른 사람에게도 친절하고 정직해요. 사람에게만이 아니라, 추운 날 밤 아주 불조심을 하면서 순찰을 하고 다른 곳에 있던 완에게도 너는 소리를 질렀었던 일을 기억하니? 넌 이렇게 말했었단다. '완아! 불조심, 불에는 주의를 기울여야만 해!'라고. 그리고 야옹거리는 고양이를 보자 너는 먹을 것을 주고 나서 먹으라면서 등을 쓰다듬어 주고 다 먹을 때까지 함께 있어 주기도 했잖니. 그것은 노아다웠단다. 너만이 할 수 있는 일이지. 모두가 하니까 너도 하는 것이 아니라 이것은 좋은 일인가, 나쁜 일인가를 생각하고 하나님께서는 뭐라고 하실까를 먼저 생각해야겠지. 어떤 유혹이 있는지도 하나님은 보고 계시는 거야. 과연 나단이 어떤 행동을 할까 하고 말이야!"

야곱은 자신에 찬 얼굴로 연상의 형인 것처럼 말했다.

"나단! 일요 학교에서 배우지 않았냐? 인간에게는 천사와 악마가 살고 있어서 언제나 자기가 나가려고 서로 싸운다고. 언제라도 자기가 나가려고 양쪽이 그 기회를 기다리고 있는 거야. 하지만 어디로 갈지를 결정하는 것은 본인이니까 최선을 다해서 결정을 하는 것이 좋다고 말야. 벌써 잊어버렸냐?"

나단은 입술을 지그시 깨물고 생각에 잠겨 있다가 대답했다.

"응, 알았어요. 엄마."

노아는 정직했지만 세상은 시끄럽고 평화가 존재하지 않았다. 하나님은 조용히 쉴 수도 없으셨으며 그가 창조한 인간에게 후회를 하시고 정직한 노아의 가족과 동물만을 남기고 멸망시켰다는 가르침이 되살아나고 있었다.

13

두 7세 사내아이의 여행

"정말 둘만 가는 거야? 우리 둘만! 엄마. 난 무서워. 둘만 가는 거라니. 엄마도 함께 가요."

하고 나단이 말하자 야곱은,

"나단! 괜찮아. 내가 옆에 있잖냐. 내가 잘 알고 있단 말야."

일찍이 갔던 미국을 이번에는 7살 된 쌍둥이 둘만 보내겠다고 말했다. 오늘밤에는 일본적인 식사를 하고 싶다며 둘은 전골? 갈비? 하면서 궁리하고 있었다.

그 결과 갈비로 결정되어 식사를 하기 위해 은좌(銀座)로 나아갔다. 나단은 다음 날 떠나게 될 여행이 불안했기 때문인지 돌아오면서도 내 손에서 떠나지 않았다.

물론 어머니인 나도 불안해서 제대로 생각조차 할 수가 없었다. 하지만 두 사람만 여행하도록 제안했던 것은 다름 아닌 나였고 그러나 야곱은 그 제안을 받아들이며 기뻐했다.

나단은 걱정스럽게 나를 보았지만 야곱이 감사하다는 듯 보고 있는 동안에 그의 얼굴에도 미소가 번져 갔다. 남편은 처음에 찬성하지 않았고 그 이상으로 뉴욕에 계신 부모님들도 반대를 했다. 꼭 함께 오라고 나를 설득하려 했지만 나는 어떻게든 둘만 여행시킬 목적이었다. 나도 전에 미국에 갔을 때 아이만의 캠프 생활을 하도록 보내는 것에 의문을 가지고 돌아왔지만, 그 후 아이의 세계가 있고 어른에게는 어른의 생활이 있으며, 동경이나 뉴욕 같은 대도시에 살면서 긴 여름 방학을 어떻게 유용하게 보낼까 궁리한 끝에 유아 시절은 어쨌든 학창 시절이 끝나기 전에 아이의 생각이나 행동을 충분히 펼치도록 하고 싶었다.

그러나 2개월 동안이므로 미국에 가서 미국인으로서 두 사람이 자기 자신을 발견하려 할 때 틀림없이 다른 자신이 가지고 있는 부분을 발견하지 않을까 하고 숙모와 할아버지의 호의에 이번 한번만 부탁해 보자면서 두 사람의 여행에 희망을 걸었다.

검은 장마 구름이 온통 하늘을 덮고 있는데 나는 짐을 차에 싣고 출발했다. 엔진을 걸고 속도를 내자 걱정이 되기 시작했다. 전신이 떨려 오는 것 같았다.

"아차, 가스를 넣지 않으면 가스 게츠에서 사고를 일으킬 거야. 주유소에 들렸다 가자!"

가스를 넣어 보니 10리터도 들어가지 못한 채 가득 찼다. 나는 완전히 동요하고 있는 상태여서 공항까지 무사히 운전할 수 있을까 도중에 심장이 멈추어 버리면 어떻게 하나 하는 별별 생각이 다 들었다. 그 때,

"엄마. 나 전철로 가고 싶어. 전철이라면 엄마와 얘기할 수도 있으니까."

나는 당장에 '좋다' 하고 외치고 싶었지만 마음뿐이었다. 전철에서 두 사람은 옮아가는 경치에 신이 나서 떠들어댔다. 나는 손가락을 가지고 장난하고 있었다. 남편이 탁하고 때렸을 때 내 엄지손가락의 피부가 벗겨졌다.

남편 쪽이 훨씬 침착했던 것 같다. 그들은 둘이 사용하는 여권과 50달러를 가지고 야곱은 카메라를 메고 여행에 올랐다. 우리나 그들이나 혼자가 아닌 둘이었고, 언젠가는 둘이서 힘을 합해 무엇인

가 할 것이라고 생각하면서 이때는 쌍둥이라는 사실에 깊이 감사하고 있었다.

캠프는 두 번째였지만 캠프로서는 첫 경험이다. 시간이 흐르자 편지를 보내 왔는데 영어와 일본어로 써 있었다. 스스로 자신들의 일을 알려 주고 있었다.

몰라볼 만큼 변한 두 아이가 신학기 직전에야 돌아왔다. 나단은 일본어를 했던 모양은 남아 있지 않고 양키 영어로 막힘 없이 미국에서의 생활을 보고해 주었다. 그 보고의 첫마디는

"엄마! 역시 난 미국인이었어. 나는 청산 학원에 다녔지만 그건 일본 학교잖아. 그래서 내게 진짜 친구가 생기지 않은 거라구."
였다.

그리고 1년 후 여름 방학에 들어가자 다시 출발하려는 야곱을 곁눈질하던 나단은 움직일 기색도 없이 미국 캠프에 대한 어떤 관심도 보이지 않았다. 한편, 야곱은 작년의 여행에 맛을 들여 학교가 끝나기를 기다려 금년에는 세계 일주 여행을 할 계획을 세운 것이다. 나는 항공 회사에 운임 조사를 하기 위해 몇 번이나 다이얼을 돌렸다. 항공 회사에서도 8세 아동의 세계 일주 여행이라는 데에는 깜짝 놀라는 것이었다.

14

각자 떠나는 여행

뭐라 표현할 수 없는 불안한 기분으로 초조해졌다. 아들을 믿고 있지만 그래도 불안하기는 마찬가지였다. 전에 둘만의 여행을 하게 했을 때 이미 오늘이 올 것이라는 각오를 했음에도 나단의 여름방학까지는 아직 1달이나 남았는데도 나는 자신이 무너져 감을 느꼈다.

어머니가 강하다고 하는 것은 어디까지를 말하는 것일까. 단지 강함이란 형태를 말하는 것인가 하는 생각이 떠올랐다 사라지고 사라졌다가는 다시 떠올랐다. 이미 결론이란 없고 단지 시간이 흘러감에 따라 하나의 기대를 걸었다. 내일이 되면, 내일이 온다면 야곱은 여행을 잊어버리겠지… 그가 자신을 걱정하고 단념하겠지 하는 희망을 걸었다.

"엄마, 6월 12일에 출발하겠어요. 루치아의 할아버지가 머무시는 곳을 향하여! 루치아도 12일에 출발한다니까."

야곱은 내 대답은 기다리지 않고 급히 계단을 오르는 소리를 내더니 여러 가지 준비를 하는 듯했다.

"야곱! 너 말이야. 이탈리아의 로마까지 가서 무엇을 할거니? 뭘 하고 싶은 거야. 어디를 가려고 하니?"

"그건, 난 아직 이탈리아에 간 적이 없으니까. 지금 어째서 가고 무엇을 할 거냐고 물어도 난 모르겠어. 로마에 도착해서 생각할

래. 무엇을 할지는 그때 결정할 거야."
 아들은 이상한 질문을 한다는 듯 나를 바라보았다. 그런 아들의 눈을 보고 '앗, 이제 틀렸구나 뭐라고 하든 이 애는 갈 작정인 거야.' 하는 생각이 스쳤다. 이제 아들의 기분을 존중해 주기 위해서는 이 여행을 하게 하는 외에는 다른 방법이 없음을 알 수 있었다.
 야곱이 출발하는 날, 전처럼 전철로 정했다. 작년과 비교해 금년 쪽이 훨씬 초조한 기분이 들었다. 남편도 그랬던 듯했고 우리는 대정(大井)경마장을 향한 승객으로 만원을 이룬 전철에서 나도 남편도 아들도 각자의 장소에 서 있었다. 경마장에서 내린 승객을 뒤로 한 우리는 나란히 앉았다. 남편의 얼굴에는 수염이 무성히 돋아나 있었는데 수염도 긴장했던 모양이다.
 남편은 몇 번씩이나 같은 말을 되풀이하며 아들에게 말했다. 아들은 응, 응하고 고개를 끄덕일 뿐으로 몇 시간인가 후에 닿을 모쉬쿼 마을을 상상하고 있는 듯했다.
 3일이 지나면서 내 머릿속은 야곱이 탄 비행기가 불타고 있는 모습이 떠나지 않았다. 야곱이 유럽에서 미국으로 건너가 자신을 시험하는 동안 나단은 금년에는 엄마와 일본을 여행을 하면서 일본을 알고 싶다고 해서 우리들은 문명이 없는 생활을 찾아서 높은 산으로 떠났다.
 우리 둘만 된 첫날밤, 램프가 고장이 나서 밤새 홀홀 타고 있는 양초 불빛 아래 있자니 답답하고 약간 불안해졌다. 왜냐하면 그 집은 산 위에 있어서 사람을 불러도 아무도 들을 수 없고 메아리조차 돌아오지 않는 곳이기 때문이었다.
 옆집을 가려 해도 가로등은 물론 길도 없으므로 두렁 길로 내려가야만 했다. 밤은 고요히 깊어가고 사방은 이름 모를 새들의 우는 소리로 가득했다. 무슨 새가 그렇게 소리를 내는지 알 수 없었다.

다음 날은 쇼핑하러 내려갔다. 가만히 서 있으면 저절로 미끄러져 내려갈 듯한 급한 비탈길이었다.

"당신들 둘이 저 집에 머물렀단 말입니까? 우리도 무서워하는 집인데." 하고 토박이인 듯한 사람이 말하면서 우리도 무서워했을 것이라고 생각하는 듯했다.

TV나 라디오, 전기도 없는 생활에서 밤의 적막함으로 기분마저 섬뜩해질 텐데도 아들은 산을 내려갈 생각도 돌아갈 생각도 하지 않았다. 다만 어떻게 취사 용기에 불을 붙이며 어떻게 물을 끓여 욕조에 채워 양초 불빛으로 목욕을 할 것인가를 궁리하는 등 매우 열심이었다. 아침저녁으로 마루 걸레질을 하는 것은 그의 일과가 되었고 조금이라도 더러워지면 다시 청소를 했다.

그의 적극적인 생활을 보면서 참 이상한 쌍둥이로구나 생각했다. 한 명은 세계를 휘젓고 다니는데 또 한 명은 이런 생활에 만족해하며 손 세탁을 즐거워하다니… 이렇게 생각하는데 내 옆에 와서 함께 씻기 시작했다.

대체 어째서 나단은 이렇게까지 불타 있는 것일까… 정말로 이 여행에서 나단은 무엇을 얻고 야곱은 또 어디까지 자신을 가지고 돌아오게 될까?

15
그리스도와 지저스 크리스트

"선생님, 야곱은 기도를 하지 않는데요."
이 말에 한 마디 하는 야곱.
"상관없잖아. 나는 크리스천이 아니라 유대인이니까."
가슴을 펴고 머리를 든 야곱의 대답이었다.
"알았다. 됐으니까 머리나 숙이거라. 그리고 평소 네가 하던 대로 기도를 하거라."
옆에서 선생님이 주의를 주었다. 카톨릭 학교인 성 메리의 2학년 때이다. 프로테스탄트인 청산 학원에 통학하는 나단은 이치와는 상관없이 모두의 뒤를 따라 함께 손을 모으고 기도하며 아무 저항도 하지 않았다. 분위기 속에서 자신과는 다른 종교 교육을 받고 있었다. 기도 가운데 나오는 그리스도와 영어로 하는 지저스 크리스트는 다른 사람이라고까지 생각했던 듯하다. 청산 학원에 입학했을 때 종교 주임인 부장 선생님에게 그리스도와 지저스 크리스트는 일본어 읽기와 영어의 호칭이 다른 이유를 설명해 달라고 부탁했다. 그랬더니,
"그럴 필요 없습니다. 자연히 알게 될 테니까요."
라고 말했다. 그 후 나도 특별히 어떤 설명도 해주지 않고 지냈다. 그러다가 크리스마스가 가까워졌다. 크리스마스 찬미 예배 연습이 시작되고 메시야의 일본어와 영어 대화가 진행되었다. 물론 영어

로는 지저스 크리스트이다. 나단이 아침 연습을 마치고 돌아오자마자 말했다.

"엄마, 청산에도 지저스 크리스트 신자가 있었어요."

야곱이 다니는 성 메리는 카톨릭 학교지만 종교시간에는 먼저 구약 성서부터 배웠다. 크리스트교, 카톨릭교는 신약 성서에 의해 기도나 행사가 이루어지지만 신약 성서의 모체인 구약 성서부터 배우게 하는 것이 성 메리의 종교 교육 방침이었다.

그러나 학생 모두가 카톨릭 교도가 아닌 40여 개 국적의 학생 집단이므로 가지각색의 종교를 가지고 있는 학생이 있어서 종교시간에는 카톨릭, 비카톨릭 학생으로 나뉘어 수업을 받았다.

유대교에서는 성서라고 하면 구약, 신약의 구별이 없이 오직 구약 성서를 말한다. 그래서 구약 성서, 신약 성서라고는 하지 않고 단지 성서라고만 한다. 유대인은 신약 성서를 인정하지 않기 때문이다.

유대교는 우상 숭배의 종교가 아니므로 인간이 신이 되는 일이란 있을 수 없다는 주장이다. 그래서 아브라함이나 모세일지라도 유대인의 지도자는 될 수 있어도 신은 아닌 것이다. 그런 까닭에 '아브라함이즘'이나 '모세이즘'은 없다.

유대 회당(시나고그)에는 누구의 초상화나 조각은 걸지 않으며 또 두어서도 안 된다. 회당은 공동체에 의해 각각 특색이 있다. 동경 광장 끝에 있는 회당은 23사도의 상징인 신전이 정면에, 영원히 꺼지지 않는 영원의 불이 천장에 매달려 있으며 신전 안에는 아크(성스런 상자)가 있는데 그 안에는 율법 증서가 들어 있다. 율법 증서는 한 권뿐이 아니라 그 수가 많을수록 좋다고 되어 있다.

이 율법 증서는 회원이 기념으로 기증한 것이다. 동경 성당은 신전을 향해 정면 자리와 옆자리가 있지만 의자에는 한 사람씩 칸막이가 설치되어 자신의 장소는 자신이 존재할 증거이므로 카톨릭 교회처럼 하나로 이어진 긴 의자는 아니다.

여기에도 개인주의 개인 존중의 사고가 숨쉬고 있다고 할 수 있을 것이다. 매년 신년을 맞으면 회원은 1년간의 기도 장소를 찾아 새로운 장소를 결정한다.

2학년이 시작된 종교 수업의 처음 동안은 일요 학교에서 배웠지만 이미 히브리어도 알고 있었으므로 야곱은 마치 시험이 있어도 항상 만점을 받는 상태로 지속되었다. 7살인 야곱은 구약 성서에 있어서는 유대인으로서의 자각이 있었던 것이다. 본인은 카톨릭 학교에 통학하고 있지만 카톨릭은 카톨릭이라고 딱 잘라서 결론 지어 버리고 있었던 것이다.

자신이 모두와 같은 일을 할 필요는 없다, 나는 나이기 때문이다라면서 모두와 함께 따라가는 일은 하지 않았다. 그것은 이미 유대 개념에의 윤곽을 파악하고 있기 때문일 것이다. 랍비 토케이어의 가르침 '나의 개념', 결국 내가 모든 것을 결정하는 주인공으로 일상 생활에서도 나로 시작하는만큼 스스로 책임을 짊어져야 한다는 것이다.

인간은 자기의 행동에 관해 책임을 지고 있다. 설령 그가 잠자고 있는 순간일지라도 야곱의 가슴속에서도 카톨릭 학교에 있어도 카톨릭 기도를 하지 않는다는 자신의 책임에 있어서 결정하고 행하는 식의 항상 자기 존재 의식을 갖고 행동한다는 사고가 자라고 있었던 것이다.

16

유대인의 운동관

언젠가 아들이 운동을 직업으로 삼고 싶다고 한 적이 있다.
"엄마도 운동은 필요하다고 생각해. 특히 남자아이에겐, 그렇지만 직업으로 하지는 않겠다고 생각해. 학생 시절에는 크게 자신의 힘을 발휘해도 괜찮겠지. 하지만 학생으로의 운동은 즐거울지 몰라도 직업이라고 하면 그것은 괴로운 일이 될 거야."
나는 대답하면서 내가 싫어하므로 반대하는 것이 아니라는 인상을 주려고 했고 그가 알아주었으면 했다. 아이들과 달리 부모는 젊음이 영원히 지속되는 것이 아니라는 사실을 알고 있다.
"야곱아, 미국의 한 작은 마을에 랍비 가족이 살고 있었단다. 어느 날 저녁 식사가 끝나자 가족 중에서 열 살짜리 아들이 얘기를 꺼냈단다. '나는 권투 선수가 되겠어!'라고. 그러자 어머니가 말했단다. '권투 선수 같은 것은 하지 않으면 좋겠구나. 네 몸에 상처를 입으면 어떻게 하니?' 그러자 랍비인 아버지가, '아들아! 권투 선수가 되겠다는 생각은 단념하거라. 만약 권투 선수가 되어 다른 사람에게 상처를 입히면 어찌 하겠느냐. 상대방의 신체도 귀한 게 아니겠느냐.' 이때 누이가 끼여들어 '권투 선수가 되어 사람들을 즐겁게 할 수는 있을지 모르지만, 권투를 보면서 사람들이 평화롭게는 될 수 없을 거야!'라고 말했단다."
나는 랍비 토케이어로부터 들었던 이야기를 이렇게 들려주었다.

운동으로 사람들을 즐겁게 하여 줄 수 있는지는 몰라도 평화까지 줄 수는 없다.

　유대인은 항상 그렇게 생각하고 있는 까닭에 유대인 가운데는 운동 선수가 적다는 사실은 유명하다. 하지만 음악계에서 활약하는 쪽은 유대인이 가장 많다고 알려져 있는데 음악은 사람들에게 평화와 안정을 주기 때문이다. 내 말을 들은 만능 운동 선수다운 아이들도,

"그렇군요. 운동은 학생 때만 할래요. 오락으로 말이야. 기술자가 되는 편이 어려운 사람들을 도울 수 있을 거야."
라고 말하며 무거운 가방을 메고 아이스하키 훈련을 하러 나갔다.

　그는 골키퍼가 되기만을 꿈꾸며 늘 그날이 오기를 기다리면서 훈련에 열중했었다. 열에 떠서 새빨개진 얼굴을 하고 있으면서도 오늘은 어떻게 라도 학교에 가고 싶다고 되풀이해 말했다.

"오늘 네게 열이 있다는 것은 오늘은 쉬어서 몸에 안식을 주는 편이 좋다고 하나님께서 지시하신 거야. 오늘 쉬어 주면 네 몸은 좀더 네 생각대로 움직여 줄 거야. 하나님은 때때로 시험하시지. 이런 때 야곱은 얼마나 참을 줄 아는 아이일까를. 하나님은 정직하고 신앙이 깊은 욥에게도 질병의 고통을 주셔서 욥이 어느 정도까지 인내할 수 있는 사람인지 아닌지를 시험하셨던 것처럼 신호등이라면 황색 신호인 거야. '주의하세요' 하고, 그러니까 주의하는 게 좋겠지?"

　이렇게 해서 일요 학교에서 배우고 눈에 보이지 않아도 존재하는 하나님에 대해 생각하면서 지적인 감각을 가정에서 사용하는 것은 논리적, 추상적으로 사물을 생각하게 할 실마리가 될 것이다. 또 되풀이하는 것으로써 자신의 것으로 익힐 수 있는 것이다.

17

종교 교육

언젠가 일본인 종교를 공부하고 있는 단체가 유대 센터에 초대되었다. 그 때 랍비 토케이어가 회당을 안내하면서 설명해 주었다.

랍비 토케이어의 아들 아미엘도 그 무리에 끼어 있었다. 한 차례의 설명이 끝나자 랍비는 아미엘을 향해 물었다.

"아미엘, 너는 좋은 아이냐. 좋은 아들이냐?"

"네! 나는 좋은 아이입니다."

"너는 어째서 좋은 아이라고 하지?"

아미엘은 틈을 주지 않고 즉각,

"그것이 나입니다."

라고 대답했던 아미엘은 당시 5살이었다. 이처럼 유대인은 항상 자기 존재를 인정하고 자란다. 성 메리에서는 구약 성서가 끝나자 신약 성서로 옮겨갔다. 그러자 야곱은 성서에 대해 흥미를 잃게 되었고 그는 종교시간에서 멀어져 갔다. 성적표를 본 나는 깜짝 놀랐다. 종교 점수가 믿을 수 없는 숫자였기 때문이다.

"야곱! 어떻게 된 거니? 점수에 구애되는 것은 아니지만 이건 좀 심하다고 생각지 않니?"

나는 야곱을 힐책했다.

"하지만 선생님이 뭘 가르치시는지 전혀 모르겠단 말야. 언젠가는 괜찮아질 테니까 염려 마세요. 엄마!"

어쨌든 자신은 나쁘지 않고 가르치는 방식에 문제가 있다며 불평하는 듯한 태도였다. 나는 남편의 얼굴을 바라보았다. '아무 말도 말라'는 신호를 해서 침묵해 버렸다. 그러는 동안 시간이 흘러갔다. 야곱과 말하고 싶어서 애가 탔지만 적절할 기회가 만들어지지 않았다.

이제 그는 학교 종교시간을 완전히 거부하고 귀까지 막는 것 같았다. 그리고 2개월이 지났다. 드디어 기회가 왔다. 그것은 금방이라도 비가 내릴 것만 같아 하늘이 마음에 걸리던 아침으로, 나단이 학교에 가는 것을 보고 나서 나는,

"야곱, 오늘 아침엔 배웅해주마. 짐도 많은 것 같고 비도 내릴 것 같으니까."

라고 말을 걸면서 준비를 하고 함께 현관을 나섰다. 야곱은 조금 놀란 모양이었지만 그래도 기쁜 듯이 차에 올랐다. 지체되고 있는 차들의 행렬을 좌우로 지켜보면서 나는 아들에게 말을 걸었다.

"야곱, 오늘이 무슨 날인지 알고 있니?"

계속 생각하는 듯했지만 입을 열지 않을 것 같았다. 누구의 생일날인가? 하면서 혼잣말을 하고 있다가,

"몰라요. 무슨 날인데요?" 했다.

"오늘은 말이다. 6백만 명의 유대인이 나치의 손에 살해된 기념일이야. 추모회가 있단다. 그러니까 학교에서 빨리 오면 좋겠구나. 가족이 함께 시나고그(회당)에 갈 거란다."

야곱은 "OK"라고 대답을 했을 뿐이다.

"야곱, 너도 그 일을 알고 있을 테지?"

"나치에게 죽은 유대인의 일? 하지만 언제인지는 몰라. 들은 기억은 있지만 잊어버렸어."

"단지 유대인이라는 이유 때문에 아무 나쁜 짓도 하지 않았는데

그런 변을 당했어. 아주 좋은 시민들이었지. 그래서 백퍼센트 나치가 나빴다고 말하고는 싶지만 그렇지 않은 면도 있지는 않을까 생각지 않니? 뭔가 특별한 방법도 있을 것 같은 기분도 들고 내 생각에는 서로 조금 더 상대방에 대해 알고 있었다면 그런 참사가 벌어지기 전에 기다려 보자며 생각해 볼 여지도 있었을 텐데 말이다. 하지만 상대의 일을 잘 몰랐고 다른 일도 알지 못했기 때문이라고 생각하지는 않니? 엄마는 언제나 말하지만, 알지 못한다는 사실이 가장 무서운 거란다."

앞을 노려본 채로 묵묵히 듣고 있는 아들.

"엄마는 야곱을 알 작정이야. 성 메리의 종교시간을 야곱은 내 일이 아니다, 내 일이 아니다라고 귀를 막고서 괴로워하고 있지. 그것은 네가 유대인이라고 자각하고 있기 때문이란다. 또 유대인으로서 정말 자각하고 있다면, 카톨릭이나 프로테tm탄트 종교 이야기를 들어도 야곱 자신이 상처받는 일은 없을 거야."

"엄마, 그 의미는 모르겠는걸."

하고 말하는 야곱, 물론이다.

"그러면 야곱은 유대인이라고 확실히 자신을 알고 있는 거니?"

"그래요. 나는 유대인이야."

"그렇구나. 그러면 종교시간에 이것은 카톨릭의 종교다라고 생각하면서 나는 아니지만 카톨릭 사람들이 카톨릭 종교를 배우고 있다고 생각한다면 괜찮겠지? 야곱이 커서 이 다음에 카톨릭 사람들의 사고는 이렇다라고 학교에서 배운 것을 생각해 내면서 카톨릭 사람들을 이해할 수 있게 되는 거야. 모든 유대인만이 좋고 틀림없다, 다른 사람은 틀렸다고 생각하지 말고 다른 사람은 다른 사람대로 자신의 것을 한다면 좋지 않니? 또 모두에게 '이렇게 하라'고 명령할 필요도 없어. 야곱은 야곱, 나단은 나단이니까라고 서로 이해해 주면 6백 만 명의 살인은 훨씬 전에 해서 안 된다는 생각을 할 수 있었을 테고 이런 사건은 일어나지 않았을 거야. 엄마는 언제나 이렇게 생각해. 자신을 소중히 하고 싶다고. 그만큼 다른 사람도 소중히 하고 싶어. 소중히 하고 있는 것은 알 수 있는 거란다. 곧 그것은 상대에 대한 일도 아는 것이고, 그러니까 학교의 종교시간도 소중히 해서 선생님이 가르쳐 주시는 것을 듣고 싶어해야겠지. 야곱, 네 자신의 일이라고 생각하지 말고, 다른 사람의 일이라고 생각하면 좋지 않을까?"

나는 아들에게 말하면서 아들의 성심 유치원에 다니고 있던 때를 떠올렸다.

들어오는 차 안에서 아들 둘과 이태리 사람의 여자아이와 셋이서 듣지 못했던 언어를 들으면서 아이들은 이 이태리 아이에게 배우고 있었다.

"무엇을 배우고 있는 거니?"

"기도하는 말이에요."

나는 아연해지고 말았다. 다음 날 아침, 수녀에게 항의했다.

"수녀님, 어제 아이들이 차 안에서 기도 말을 연습하고 있었어요. 알고 계시지요? 우리 가족은 유대인이라는 것을요. 그러니까 기도말이나 카톨릭 습관을 가르쳐 주시지 않아도 괜찮아요."

수녀는 나를 응시하면서

"코헨 부인. 알아서 나쁠까요? 알고 있는 쪽이 좋은 거예요. 당신이라면 뭐든 알고 싶어하지 않을까요? 그래서 나는 이런 것들부터 아이들에게 가르쳐 갈 작정이에요."

이미 몇 년 전의 이야기이다. 그리고 이제 내가 아들에게 무엇이든 알고 있는 편이 좋다고 권하고 있는 것이었다. 그들은 자신의 것을 붙잡았다는 자신을 나는 갖고 있다. 무엇을 생각하는지 창 밖으로 눈을 돌리고 침묵하고 있는 아들을 학교 앞에서 차를 세워 내리게 했다.

"엄마, 나는 해 보겠어. 최선을 다해서. 오늘 아침 데려다 주어서 고마워요."

그는 차에서 내려 학급 친구들의 물결 속으로 사라졌다. 밤에 추모회가 끝나고 돌아오는 길에 아들과 나란히 걸으면서,

"야곱, 오늘 아침에는 엄마 말을 들어주어서 고맙다. 역시 야곱은 이야기하면 알아주는 것 같구나."

그리고 나는 만찬 때 랍비 토케이어나 다른 사람에게 들었던 이야기를 했다.

"유대인이란 뭐든 먹는 사람들이 아니라는 것을 잘 알고 있을 거야. 하지만 모두가 유대인은 아니니까. 예를 들면 야곱이 식사에 초대되어 친구 집에 갔을 경우, 테이블에 돼지 고기 요리가 나왔을 때 '나는 돼지고기는 먹지 않아요'라고 하니?"

나단은 이상한 듯한 얼굴로 말했다.

"그래. 나단의 경우에는 학교에서 급식이 있으니까. 게다가 급식은 모두 먹어야 하지. 하지만 나단, 주의하고 있니? 엄마는 오랫동안 집에서 돈까스나 돼지고기 요리는 하지 않고 있단다. 돈까스를 먹고 싶을 때는 돈까스 집에 가지. 나는 집안에서는 되도록 코셔 스타일의 가정(스타일이라고 한 것은 코셔는 아니지만 코셔다운 의미, 코셔에 대해서는 나중에 설명하겠습니다)으로 하고 싶어서 이 집안에서는 다르게 구별하고 싶단다."

"그래요. 엄마는 집에서 돈까스를 만든 적이 없었어. 나도 깨닫지 못했었어."

나단은 계속 생각을 떠올리려고 했다.

"야곱, 오늘 아침 했던 이야기의 계속은 아니지만, 엄마는 코셔

홈으로 하려고 노력하고 있어. 그리고 친구 집에 가서 식사할 때 엄마가 한 것과는 다른 요리가 나올 수 있다고 생각해. 유대인이라면 특별하겠지만, 그때도 상대방의 일을 알고 생각해 주어야 한단다. 나는 이런 것은 먹지 않아요 라고 말하지는 않겠지. 그럴 때 먹고 싶지 않다면 지금 배가 부르다고 말하면 되고 먹고 싶은 것만 먹으면 돼. 다른 사람의 습관까지 바꾸려 하거나 비판하지 않아도 된단다. 모두 서로를 이해해 주려고 해야 한단다. 그리고 같은 죄나 실수를 두 번 다시 되풀이하지 않는 것이 중요하지. 엄마는 랍비 토케이어에게 여러 가지를 배웠단다. 6백만 명의 살해 추모식은 금년에도 행해졌고 내년에도 행해질 거야. 그럼으로써 자신들의 일은 스스로 지켜야 한다는 것도 깨닫게 되는 것이니까. 뮌헨 올림픽 때, 이스라엘 선수가 아랍 게릴라에 살해된 일이 있었단다. 그때 엄마는 어째서 서독에서는 국제 행사인 올림픽 선수의 안전을 보호하지 않았을까, 그것이 불가능했던 것일까 하고 서독인이나 뮌헨 사람들은 원망스럽게 여기면서 화를 냈지만 나중에 곧 성경 반에서 공부했단다. 이스라엘 사람들은 말이야. '그것은 자신들의 실수였다. 자신들이 스스로를 지키지 않고 방심했기 때문이다.' 라며 자신을 책망하고 있었어. 그때 엄마는 아아, 나는 틀렸구나, 그만 상대를 비판해 버린 것은 이스라엘 사람이나 유대인을 알 수 없었기 때문이었으므로 매우 슬펐어.' 나는 성경 반에서 유일한 일본인이었으므로 이때는 당연히 이국인이라고 느끼고 있었다. 금방 상대방을 비판하고 하고 큰소리로 외쳐 버리는 자신을 생각했던 것이다. '야곱, 오늘 이미 상대방을 아는 것만으로 어느 정도 도움이 될까 하는 이야기를 해도 되겠니? 너희들이 아기 때의 일이란다. 언제나 차를 타고 있었지. 그때 엄마는 어떻게든 운전수가 되기 위해 교통법규를 지켰음에도 다른 차와 부딪쳤단다. 차를 운전하는 일도 즐겁지만 운전 법규도 즐거워하면서 지켰는데도 불구하고 말이야."
"법규라면 정원 청소법 같은 거?"
"아니야. 운전할 때의 규칙이라는 것이지. 예를 들면 교차점에서 엄마가 돌려고 하는데 같은 방향으로 다른 쪽에서 온 차도 돌리려고 할 때 어떤 차가 먼저 돌 권리가 있는가 하는 것이 정해져 있지. 그 규칙을 생각하면서 그대로 운전하고 있는데 부딪친 거야. 그래서 나는 화가 났지. 그 운전기사는 아주 훌륭하게 운전하고 있었는데, 끝내 엄마가 말한 것은 나도 잘 하는데 어째서 부딪쳤을까였단다. 그랬더니 그 운전 기사는, '그렇게 당신은 훌륭한 운전을 할지 모르지만 자기 이외에는 아무 것도 생각하지 않고 보지도 않기 때문에 문제가 생긴 것입니다. 예컨대 당신 뒤에 있는 차가 어떤 식으로 어디로 가려고 하는지, 옆의 차는, 앞의 차는… 등 다른 차는 살피지 않고 주의를 하지 않으니까 부딪친 것입니다.' 라는 것을 배우고서 그때까지 내가 운전하는 것만 생각하고 규칙만 지키면 된다고 생각했던 것을 반성했단다. 엄마는 좋은 가르침을 받았던 거야. 택시에 오를 땐 머리를 숙이고 몇 번씩이나 인사를 한단다. 그러면 운전하는 사람도 상대를 알고 운전하게 되니까 그건 중요한 거야."
"홍! 그래서 엄마는 몇 번이고 거울을 보는 거구나. 내가 말하는데 듣지 않고. 내 얼굴도 보려고 않고!"
"그럼. 너희들만 보고 있다가는 사고를 일으키고 말 걸."
나는 서로를 알아야 할 필요성과 아는 것에의 의미를 잘 이해시키고 나서야 그 날 밤 푹 잘 수 있었다.
이때를 계기로 다시 원래의 야곱으로 돌아와 종교 수업을 받을 마음이 된 듯했고 저녁 식사의 화제로 신약성서가 오르게 되었다.

카톨릭과 유대의 가르침 속에 상반하고 있는 부분도 알고 의문도 있지만 그것은 그것으로라고 생각하게 되었다.

은좌(銀座)에 식사하러 갔다 돌아오는 지하철 속에서 두 사람이 카르텔 막대기로 지나친 장난을 시작했다.

"여기는 지하철 속이야. 우리 외에 많은 사람이 타고 있잖니. 만약 누군가가 서 있을 때 급정차하면 그 막대기로 사람이 다칠 수도 있어. 눈을 찌르기라도 하면 어쩌니? 네 눈을 준다고 해도 해결되는 게 아니잖니? 만약 생명이라면 어떡하지? 죽은 사람에게 내 생명을 줄 테니 살아나 달라고라도 할 거니? 그런다고 죽은 사람이 살아날 수 있을까?"

내 훈계를 묵묵히 듣고 있던 야곱이,

"그럼, 지저스 크리스트는 어떻게 살아났지? 그것은 어떻게 설명해 줄 거야?"

라고 반격해 왔다. 나는 훅하고 숨을 들이마셨다. 일순간 심장이 멈추는 건 아닐까 생각할 정도였다. 차에서 내려서도 아들은 내 대답을 기다리고 있는 듯했지만, 나는 적당한 대답을 찾지 못했다. 다만 신약 성경의 기사만 머릿속을 맴돌 뿐이었다.

18

유대인의 피

　며칠을 두고 비가 내리더니 아들 나단이 혼자 여행길에 오르는 날은 아주 맑게 개였다. 그를 태운 노스웨스트기는 맑은 밤하늘을 날아올랐다. 그가 보였던 약간의 불안과 쓸쓸함, 글썽글썽한 눈은 내게만 향한 것이었다.
　"나단! 울고 싶을 때는 실컷 우는 것이 좋아. 큰소리로 울어도 괜찮다."
　아버지의 말에 그저 고개만 끄덕이던 나단은 아무렇지도 않은 듯한 얼굴을 지어 보였다. 나는 1년간을 되돌아보았다. 나단이 잘 이해하고 있을까. 출발 이틀 전에,
　"엄마, 미국에 2년 정도 있으면서 미국 학교에 가도 돼? 나는 1년으로는 영어를 마스터할 수 있을 것 같지 않아. 청산에 갔던 3년간의 분량과 이제 배울 분량만큼을 배우려면 2년 정도는 필요할 테니까. 안돼…?"
　했다 안 된다고 말할 것이라는 얼굴로 내 대답을 기다리고 있었다. 나는 설마 그 애가 2년 동안 있겠다고 말하리라고는 생각지 못했던 것으로 일순간 대답하기가 곤란했다. 전에 야곱 혼자 했던 여행도 걱정했었지만 나단이 지금까지 자의로 일본 학교에 다녔던 분량까지 포함해서 2년간 미국에서 공부하겠다고 결심하기까지는 그 나름대로의 생각이 있었을 것이었다.

"그것은 네가 마스터하는데 2년이 필요하다고 생각한다면 그렇게 하렴. 엄마는 네가 결정한 것에 따르겠다. 어디까지나 이 일은 너의 문제니까 네가 결정하는 것이야. 그렇지만 나도 없는데 할아버지 할머니 댁에서 다닌다니까 걱정이다. 할아버지는 젊지 않아요. 나단이 매일 엄마에게 하는 것처럼 할아버지에게 말씀드리지 않으면 안 되겠지만 할아버지께서 귀찮아하실지도 몰라. 그렇게 되면 3개월도 있지 못하게 될 거야. 시간이 흐르면 꼭 해야 할 일은 나단이 알게 될 거야. 가능하면 나단이 할아버지를 도와 드려야 한다. 알았지?"

나는 나단이 등교하는 마지막까지 내게서 나가려고 하는 나단을 생각했다. 친구들로부터 손목 시계와 자명종 시계를 이별의 선물로 받은 것은 아마도 늘 아슬아슬하게 지각을 면하는 그의 생활을 생각해서가 아닐까 생각한다. 마지막 하루가 되자, 스스로 등교하고자 했다.

지난 1년간 무능력하게 생각한 아들의 이모저모를 살피는 것도 포기하게 되었다. 어린 그의 속에는 말로 표현할 수 없는 갖가지 사연들이 축적되어 있었는지도 모른다. 그 어떤 하나도 알아낼 수 없는 나는 자신의 무력함으로 울었다.

가족과 헤어져 떠나는 아홉 살의 아들. 이것이 최선의 방법일까? 어린것이 신사 연하고 떠나는 아들 나단. 용기를 내라는 말밖에는 아무 것도 도움이 될 수 없었다. 그의 울먹이던 눈빛, 내게 향한 그 눈은 무엇을 말했던가. 타개할 수 없었던 마음을 후회의 눈물로 씻어야 하는 어머니에 대한 이별의 눈물이었을 것이다. 적어도 나는 그렇게 믿고 싶었다.

어머니라는 단 한 사람의 인간, 이 세상에서 신이 선택할 자유를 주지 않은 것은 어머니뿐이다. 사는 장소, 직업과 배우자는 선택의 자유가 있지만 어머니만은 하나님이 정해 주신 것으로 일생 바꿀 수 없다. 내가 있는 것은 어머니가 있기 때문이다.

나는 성서 가운데 이 가르침을 가장 좋아한다. 그리고 항상 아이들에게 들려주어 왔다. 이제 나단은 어머니는 이 어머니 이외에는 없다. 할머니는 할머니라고 생각하고 있을 것이다.

작년 1월 생일에 쉽사리 알려 주지 않다가 마지못해 내놓은 나단의 친구들 명단을 보고 이제까지 못 듣던 이름이 있는 것을 보고 놀랐다.

"참 이상한 명단이구나. 어떻게 된 거니?"

"나는 언제나 같은 사람만 초대하는 것은 좋지 않다고 생각해. 특히 친구니까… 같은 사람만 부르기보다는 한 번도 우리 집에 온 적이 없는 사람을 부르고 싶어."

지금 생각해 보면 이미 그때부터 학교에 대해 조금씩 불신감이 싹터 왔던 것 같다. 의욕을 잃었던 아들이 스스로 의욕을 불러일으켜 주길 기다리고 있었던 것이다.

여름 방학이 가까워올 무렵은 완전히 무기력했다. 우리는 이것 저것 얘기하며 나단 속에 자리잡고 있는 의중을 떠보려고 하였지만 그는 속을 내보이는 것이 그리도 어려웠던지 언제나 묵묵부답이었다. 나는 나단에게,

"나단, 이런 말을 알고 있니? '오늘 할 일을 내일로 미루지 말라' 이것은 네가 하려던 일을 내일 하겠다고 버려 두고 있다가는 만약에 내일이 오지 않을 수도 있다. 그것은 하나님밖에는 알 수 없으니까. 오늘 할 수 있는 것은 오늘 해 두어야만 한다는 것이야. 내일이 있다는 것은 오늘이 중요하다는 것을 뜻해. 내일이 오늘과 같지 않을지도 모르니까 무엇인가 일어난다면… 눈이 보이지 않으면, 아아 그 책을 읽어 두었더라면 좋았을 텐데라고 생각해도 이미 늦

단다. 그리고 그때 더 공부해 두었더라면 좋았을 걸 하고 후회할 거야. 오늘이 없는 한 내일도 영원히 없는 것이란다."

그도 내가 말하는 의미를 이해했을 것이다. 그러나 침대에 몸을 던진 채 미동도 하지 않았다. 언제까지 기다려도 그대로인 나단을 보고 나는 야단을 치는 일이 많았다. 이런 나를 보고 남편이 아들에게 말했다.

"나단, 아버지가 재미있는 이야기를 해 줄까? 랍비가 소년에게 물었단다. '너희는 무엇을 가장 소중하게 생각하며 무엇을 이루고 싶은가' 하고 말이다."

그것을 들은 나단은 즉시,
"하나님을 믿는 것."
"물론, 중요한 일이지."
"좋은 아내를 얻는 것. 그것은 요리가 훌륭해야 하니까."
라는 야곱이었다.

"양쪽 다 훌륭한 대답이다. 그런데 유대인은 다른 사람들보다 노력해야 한단다. 옛날 유대인의 생활은 매우 빈궁했단다. 그 생활에서 벗어나려면 보통 사람 배의 노력을 해서 좋은 일을 얻는 것 외에는 방법이 없었다. 유대인은 100명중에 둘뿐이지만, 의사는 100명 중 70명이 유대인이고, 대학교수도 100명 중 40명이 유대인이란다."

"내가 선생님이 되면 다른 사람에게도 가르칠 수 있어."
라는 나단

"가난한 사람에게 물고기를 주면 그 사람은 하루만 배가 부르지만 그 뒤엔 다시 배고픔을 느끼게 될 거다. 하지만, 어떻게 하면 물고기를 얻을 수 있는가를 가르쳐주면, 그 사람은 두 번 다시 배고픔을 느끼지 않아도 되겠지. 자, 안다는 것이 얼마나 중요한 것인가를 알겠니? 그래서 학교를 다니고 있지. 그러니 학교에 가서 무엇이든 배우고 돌아와야 하는 것이다."
라고 남편은 아이들을 향해 말했다.
 "그래 유대인의 생활은 스스로 지키는 것 외엔 없단다. 유대인이기 때문에 생활이 엄격하지. 미국이든 유럽이든 일본이든 그렇기 때문에 다른 사람보다 현명하게 처신해야 된단다. 현명한 자만이 살아남는 거야."
라고 나도 한 마디 덧붙였다.
 야곱은 일요 학교에서 배워 깨닫고 있던 것을 아버지의 흉내를 내며 말했다.
 "이 천년 전의 유대인의 이야기지만, 유대인은 이교도 속에서 살고 있었어. 언제 어디서나 괴롭힘을 당했지. 그때 어떻게 하면 자기를 지킬 수 있을까 궁리했어. 그것은 스스로 생각하고 연구해야만 한다. 그리고 내일을 위해서 오늘 공부하고 훌륭한 사람으로 유용한 사람이 되어야 했다."
라면서
 "유대인만이 현명한 것은 아니고 태어났을 때 모든 인간은 같다. 미국인이든 일본인이든"
 남편은 이렇게 말했다.
 현인도 처음에는 제로에서 출발하며 노력하고 배우는 사람만이 성공한다는 것을 설명했다. 어떻게 설명해서 자신을 알게 할까? 우리들의 다툼도 덧없이 나단에게는 조금의 변화도 보이지 않았다. 해서는 안 된다고 결정된 것, 규칙을 지키고 있는 것은 어린 시절에 이미 단체 의식 안에서 싹트고 있는 것이었다. 나단은 이 한 가지가 싫어서 어떻게 모두가 같은 것을 복사하듯이 해야만 할까 하고 의문을 가졌다.

"응, 해야만 해."
라고 돌아오는 말에 반발하면서 단체에는 없는 것을 확인하려고 했다. 그것은 나단이 나는 일본인이 아니니까라는 일종의 이국민 감정을 갖고 있어서 나는 어떻게든지 이 감정을 없애고 싶었다.

지금이 아니라 5년 후가 되는 사회인이 되어서라도 좋다 '유대의 법은 전원 일치는 무효'라는 감정을 가지고 있다. 이 또한 유대인의 피라는 것 때문일까.

19

유대 관습과 의례

지금까지 얘기하는 중에 얼마간은 유대 생활 습관이나 제사, 율법에 치우쳤지만 좀더 일상적인 모습은 아직 얘기하지 않았으므로 두세 개 덧붙여 볼까 한다.

첫째 유대인 가정에는 특색이 있다. 유대인은 세계 각지에 흩어져 생활하고 있고 그 지역의 생활양식을 바탕으로 일상 생활을 하고 있다. 그런 가운데서도 유대인 가정은 특징적인 메주자가 있다.

현관이나 가족 공동의 방, 입구 좌측 기둥에 '메주자'라고 부르는 것이 비스듬히 붙어 있다. 그 책의 첫머리에 '메주자'의 일례를 사진으로 찍어 두었듯이 메주자는 작은 장방형의 용기로서 그 안에 쉐마의 기도 가운데 한 절이 기록된 양피지를 넣어둔 것이다.

유대인은 이 메주자에 손을 대고 그 손에 입을 맞추고 안으로 들어간다. 이 의례는 전능자인 신이 각 가정에 계신 것과 보호가 있다는 것을 생각하게 한다. 메주자를 붙이는 관습이 행해진 것은 제2법서(이것은 모세5경의 마지막에 써 있다.)의 제 6장 가운데 '이스라엘아 들으라 주는 우리의 하나님 주는 유일하신 분이시다 너의 하나님인 주께 마음을 다하고 목숨을 다하고 전심을 다해 사랑하라.'라는 것과

"너의 손에 매어 기호를 삼으며 네 미간에 붙여 표를 삼아라"(8절)
"네 집 문설주와 문 바깥에 기록하라"(9절)

의 말씀대로 실행하는 것이다. 9절의 실행이 메주자이다. 8절은 팔에 감아 붙이는 작은 상자인 '티피린'을 가리킨다. 이 '티피린'의 속에는 두루말이가 들어 있다. 이 상자 안에는 '출애굽기'의 교사를 기억하라는 교훈과 제2법서 제6장의 '주를 마음을 다하고 목숨을 다하고 전심을 다해 사랑하라'는 말씀이 적힌 양피지가 들어 있다. 이 티피린은 회당이 없이 안식일을 맞거나 여행 도중에 의식을 맞을 경우 등에 사용한다. 그래서 여행을 할 때는 반드시 지참하는 것이다.

제2차 대전 때 많은 동유럽의 유대인이 목숨만 살아서 겨우 일본에 닿았다. 그리고 전쟁 중이나 전후 일본에 체류한 많은 유대인은 신호(神戸)에 살고 있었다. 이 유대 인중에서도 티피린을 몸에서 떠나게 하지 않고 갖고 와서 안식일에는 삼궁(三宮)이 있는 백화점 옥상에서 한두 명씩 안식일 기도를 하고 있다. 그때 이 티피린을 착용하고 기도하는 것이다.

이것을 목격한 일본인이 상당히 기묘한 모양을 한 외국인이 뭐라고 말하고 있는데 그 몸에 붙어 있는 상자는 마이크일지도 모른다. 그 마이크를 향해서 말한다. 틀림없이 스파이 행위를 하고 있다고 착각하고 경찰에 통보해서 큰 소동이 벌어졌던 적도 있다. 이러한 백화점 옥상에서의 행위는 높은 장소일수록 신과 가깝다고 말한 데서 비롯된 것이다.

그 때문에 산의 정상은 유대인과 신이 가장 가까운 장소가 되고 깨끗하고 엄숙한 장소라는 마음가짐으로 행동한다. 티피린이라는 기도서를 몸에 붙이고 여행하거나 기도를 할 때 이렇게 산 정상을 엄숙한 장소로 이용하는 것을 자주 볼 수 있는 것은 아니다.

일본인과 유대인, 그들은 정반대의 사고 의식을 갖고 있는 반면에 닮은 부분도 발견할 수 있으므로 유대인 중에는 유대가 잃은 한 아이가 일본에 도착해서 일본 문화 속에 존재하고 있는 것은 아닐까라고까지 말하는 사람도 있다.

또 한 가지, 유대인은 추방이나 박해로 각지에 분산되어 거주하고 있음에도 유대인으로서 멸망하지는 않았다. 그것은 몇 번의 무거운 의례나 제사에 의해 유대인이란 무엇인가라는 선조 유대인의 생활을 그리면서 유대인의 마음에 침투시키기 때문이다. 그 의례인 제사 가운데 유대 선조가 자유의 몸이 되어 이집트를 쫓겨 이스라엘 땅에 도착하기까지의 33년간의 유랑 생활과 천막 생활을 그리워하며 이 시기인 가을의 7일 동안 천막이나 작은 집을 짓고 가을 수확물을 장식하고 식사를 하거나 손님을 초대하며 조상을 기억하는 초막절이 있다.

이러한 의례를 되풀이함으로써 그 관습을 아이들이 이어 받도록 한다. 이런 관습이나 의례는 유대의 옛 문화를 전해 주고 그 역사를 이야기하고 있는 것이라고도 말할 수 있다.

20

유대인의 신념과 속죄일

언젠가 신부님이,
"유대인은 이해할 수가 없다. 어째서 욤 키플(속죄일)에 자기 몸 대신 '닭'을 만찬의 요리로 먹는가?"
라고 말했다. 그 말은 내게 욤 키플에 대해 또 한번 깊이 생각할 기회를 주었다.

유대교의 신년은 매년 9월이나 10월로 1981년의 경우는 9월 28일이었다. 그로부터 10일 후가 속죄일이다. 이 날은 유대교 중에서도 가장 엄숙한 제일이다. 이 날은 정통파에 한하지 않고, 개혁파 유대인 등으로 회당(유대 센터)이 가득 메워진다. 그리고 지난 한 해 동안 지은 죄를 속죄하고 청결하게 새해를 맞는 것이다.

그 하루는 단식을 한다. 한 방울의 물도 넘기지 않게 한다. 욤 키플이 시작하는 30분 전부터 기도를 하기 위해 회당에 들어간다. 그때까지는 식사를 할 수 있지만, 그 후에는 다음 날 욤 키플이 끝나는 저녁까지 단식을 한다.

욤 키플의 기도 가운데 '닭'다리를 가지고 머리 위에서 돌리는 의식이 있다. 또 지방에 따라 행하는 사람들도 있다.

"이 '닭'은 내 자신이다. 내 죄가 읽혀지는 것이다."
라고 해서 자기 대신으로 '닭'을 각 사람이 머리 위로 세 번 돌리는 것이다. 그리고 그날 밤 이 '닭'을 만찬에서 즐기게 된다.

이것이 어떠한 성격인지에 대해 카톨릭 신부는 강렬한 의문을 가지고 있었다. 나는 내 나름대로 대답을 이리저리 궁리해 보았다. 내 대신 한 마리의 닭으로 속죄해도 역시 그것으로 속죄가 될 수 있다.

종교적이 아닌 남편도 욤 키플 단식을 3년 전부터 지켜왔고 그 이후로도 매년 계속하고 있다. 많은 개혁파 사람들이 회당에 참가하면서 단식하는 것은 일상적인 종교적 생활을 하지 않는 것에 대한 속죄라고도 한다. 그리고 아이들에게는 이 하루의 단식은 그만큼 가난한 사람들에게 준다는 의미도 포함되어 있다고 가르친다.

다른 사람에게 나누어 줄 수 있는 인간이 되라고 가르치면서 단식의 고통을 느끼게 한다. 유대인이 기부하는 일을 의무로 느끼고 있는 것도 이러한 것에서 생겨난 일면이라고 할 수 있다. 한 방울의 물이나 한 조각의 음식도 식도를 넘겨서는 안 된다는 것은 이렇게도 괴로운 것인가 하면서 나는 욤 키플 때마다 곰곰이 생각한다.

1980년 욤 키플 아침에 일어났을 때 두통이 심했기 때문에 다시 침상으로 기어들고 싶다고 생각했다. 두통은 오후까지 계속 되었다. 이 아픔은 그 두 알의 아스피린으로 해방되겠지만 그래도 오늘 해가 질 때까지는 아무 것도 식도로 넘겨서는 안 되었다.

그래도 비상시라고 해서 아스피린 정도쯤은 먹어도 되지 않을까? 라며 무거운 머리로 생각했지만, '아니다, 욤 키플이다, 이 고통을 내가 범한 속죄로서 싸우는 것이다, 이 고통 이래 봐야 유대인이 노예였던 시절의 고통과 비교한다면 하잘것없는 것이다. 이 고통을 내게 시련으로 내려주신 하나님께 감사하자.'라는 생각이 나를 제지했다. 나를 택하여 하나님은 이 고통을 주신 것이다. 드디어 나는 고통 뒤의 기쁨도 알 수 있었다. 두통과 싸워 욤 키플을 무사히 마칠 수 있음에 안도하며 가슴을 쓸어 내렸다.

21
하누카의 선물

아이들이 없는 어른이라도 선물 받는 것이 즐겁다는 것은 다르지 않다. 아이들은 하누카에 아버지로부터 선물을 받지만 학교 친구들은 유대인이 거의 없으므로 친구들로부터 선물을 받는 일은 좀체 없다. 그래도 친구들에게는 선물을 했다. 크리스천은 아니지만 '메리 크리스마스'라고 말하며 주는 것이다. '해피 하누카'라고 하지 않는다. 선물을 나누어주고 나면

"아아, 나도 크리스천이었으면 좋았을 걸. 그러면 모두가 같은 날에 교환할 수도 있을 텐데."

하며 절대 다수의 크리스천에 대해 조금은 유감스러워했다. 그리고는 계단을 올라 방으로 가는 나단은,

"안녕히 주무세요. 해피 하누카."

라고 아버지에게 인사를 했다.

하누카는 11월말에서 12월에 걸쳐 있는 제사로서 유대의 제사 중에서도 가장 아름다운 행사이다. 8개의 양초를 매일 한 개씩 늘려 가며 불을 붙이게 된다.

기원전 2세기 시리아인에 의해 예루살렘 신전을 파괴당한 3년 후에 유다 마카비가 신전을 회복한 사실을 축하하고 촛대에 불을 붙이는 것이다. 파괴당한 신전에는 1개의 등잔이 있고 그곳에는 1일 분량의 기름밖에 들어 있지 않았는데도 8일간 계속 탔다.

그래서 하누카는 8일간으로서 8개의 양초를 매일 1개씩 증가시켜 점화하게 된다는 것이다. 8일째인 마지막 날은 양초에 전부 불을 붙이게 되어 매우 멋지다. 하누카를 기적의 제사라고도 하고 시리아인으로부터 신전을 되찾고 신께 바치는 것이므로 봉납의 제사라고도 한다.

이것은 미래를 굽어본다고 하는 매우 즐거운 제사로서 아이들뿐만 아니라 아내나 남편으로부터도 선물을 받는다. 하누카는 유대 의식으로서 중요한 제사는 아니지만, 다른 제사를 축하하지 않는 사람들 사이에서도 꽤 인기가 있다. 그래서 크리스마스를 축하하지 않는 유대인 사이에서는 자신들의 크리스마스로서 인기가 있다고 할 것이다. 단식도 하지 않고, 회당에 축하하러도 나오지 않는 사람들조차 하누카 절정인 이날 밤에는 각자 치장하고 시나고그에 와서 활기차고 즐거운 하룻밤을 보낸다.

가정에 따라서 다르기는 하지만, 하누카 8일 동안 매일 선물을 받거나, 첫날에 큰 선물을 받거나 나중인 7일간은 매일 50센트나 1달러를 받는 아이 등으로 가지각색이다.

메노라(하누카용의 촛대로서 8개의 양초에 1개의 보조등이 되는 양초가 더해진 8개의 촛대로서 하누카 이외에는 사용하지 않는다.)에 양초가 늘어가면 하투카가가 끝나 감에 따라 아이들은 그 집과 주(主)를 나타내는 아름다운 빛과의 이별을 애석해한다. 그리고 내년을 기약하게 되는 것이다.

아이들은 생일 케이크와 양초를 떠올리게 된다. 또 내년 생일이 오게 되고 그 해의 소원을 담아 1개의 양초가 켜지기 때문이다. 어떻든지 불을 켤 때는 영원한 평화를 구하면서 불을 켜는 것이다.

22

프림의 제사

제사 중에서도 즐거운 제사의 하나로 프림이 있다. 이것은 기원전 4세기에 페르시아의 아하수에로 왕 때 그 신하 하만이 유대인을 시기하여 페르시아에 살고 있던 유대인을 전멸시키고자 계획을 세웠다가 실패한 사건이 있었다.

하만은 습관에 따라 제비(프림)에 의해 그 결정을 했다고 한다. 왕의 유대계 대관 모르드개와 왕비 에스더의 용기와 기지로 페르시아 120주에 걸친 유대 공동체는 살아날 수 있었다. 이 기쁨을 기념해서 감사의 기도와 찬미를 하나님께 바치는 것이다.

에스더서(메길로스 에스더)를 낭독하는 가운데 하만의 이름이 나오면 그때마다 소리를 질러 장난감을 돌리거나 치면서 크게 외친다.

제사의 연회에는 각자 분장을 하고 하만 귀 모양을 한 쿠기(하만닷시)를 먹습니다. 어른이나 아이가 모두 즐거워하는 축제이다.

어른에게는 어른의 프림 볼이 열려 가장한 한 명 내지 다섯 명의 입상자에게 상을 준다. 아이들은 일요학교에서 프림볼이 열려 극을 하거나 노래를 하며 즐겁게 보내고 마지막으로 가장 큰 테스트가 열린다.

매년 우리 집 아이들은 운 좋게도 가장 콘테스트에 입상했다. 또 그날이 되면 코헨가의 쌍둥이를 찾는 사람도 있을 정도였다. 아이들의 가장은 모르드개나 에스더 왕비로 하는 일이 많았으므로 어떤 에스더가 가장 흡사한가를 결정하는 것은 매우 어려운 일인 것이다.

우리는 항상 다른 모습으로 출전하려고 했다. 우선 입상한 것이 5살 때로 피터팬과 어부, 6살 때는 새와 개, 7살 때 야곱과 에서, 8살 때가 고사기(古事記)에 나오는 바다와 산의 모습으로, 그 의상의 제작도 두 사람 분을 만들어야만 했기 때문에 4,5일 전부터 몇 시간 정도만 잘 정도로 우리는 필사적으로 작품을 만들었다.

아이디어는 모두 아이들이 낸 것을 기초로 하여 어떻게 만들지 의논해서 완성하는 것이다.

유대인은 개성을 중요시한다. 나는 그것을 잊지 않고 있다. 유대 어머니는 모두와 다르지 않은 평범한 아이보다는 특별하고 두드러지는 아이를 희망하여 그처럼 교육하고 각각의 아이가 갖고 있는 재질을 펼칠 수 있도록 한다.

이사야 벤터슨의(일본인과 유대인)이라는 책 속에 있는 '만장일치는 무효이다'라는 것은 항상 우리들 가운데 살아있는 것으로서, 전원 모두가 찬성하고 한 명도 반대 의견이 나오지 않는다는 것은 틀렸다고 생각하는 것이다.

아들들은 '유대 일본인'으로 결국 '유대 일본인'이므로 아이들을 통해 어머니가 평가된다. 일요학교에서는 성경을 배우고 잘 시간에는 고사기(古事記)를 읽어 주고 있다.

나단이 청산 학원에 재학하고 있을 때 가장 흥미를 가졌던 책이었다. 야곱도 처음에는 이상한 얘기를 듣는 것 같은 기분이었지만 점차로 나단처럼 흥미를 가졌다. 그래서 나는 절반은 영어로 해석을 붙여 읽기 시작했다. 남편이 읽어 줄 차례가 되면 아이들은 유대 전설을 재촉했다.

한 사람의 성인 남자가 되는 날은 멀다고도 가깝다고도 할 수 있다. 야곱은 고사기(古事記)와의 만남으로 인해 일본 문화와 접할 수 있는 실마리를 얻게 되었던 것이다.

나는 시시하거나 하찮게 생각되더라도 되도록 아이들에게 만날 기회를 주었다. 만남만큼 중요한 교육방법은 없다고 생각했기 때문이다. 보수적인 부모가 아이를 자기보다 더 훌륭한 유대인이 될 수 있도록 정통파 학교에 들어가게 해서 교육받게 한다고 해도 그 아이가 열심히 배우지 않으면 아무 것도 기대할 수 없다.

그와 반대로 표면만이라도 이해할 수 있다면 괜찮다고 생각하는데, 매우 우연찮게 무엇인가에 흥미와 강한 연구심이 싹트게 될지도 모르는 것이다. 아이들이 무엇과 만나게 되어 언제 어떻게 싹이 트고 자랄까 하는 것을 부모인 우리라고 해도 반드시 알 수는 없다. 아이들 자신조차도 만나기 전까지는 아무 것도 없기 때문이다.

23

유월절

유월절(Passover)이란, 기원전에 유대인이 노예로 이집트 땅에 있다가 해방되고 자유의 몸이 되었던 무렵의 역사를 이야기하고 있다. 그때부터 자유와 해방이 제사로 알려져 있다.

또 유월절이란 유대인의 문지방과 두 개의 기둥에 피를 바른 것을 보고 악령이 지나간다는 부적 같은 관습에서 생긴 것이라고 전해지고 있다. 요컨대 살인이라는 멸망이 집의 입구로 들어오는 것을 허락하지 않는다는 하나님이 보호를 뜻한다.

그리스도 최후의 만찬도 이 제사로서 그리스도교의 성찬식 원형에 해당한다고 알려져 있다.

이 유월절 잔치를 '세더'라고 하고, 세더의 길 안내가 되는 하가다라고 하는 기도가 한 권에 정리되어 있다. 이 하가다에 유대인(이스라엘·히브리 민족)이 이집트를 탈출할 때의 줄거리나 자유를 얻게 되기까지의 유대인의 생활이 기록되어 있고, 선조를 그리워하면서 당시의 생활을 되돌아보자는 사고가 바탕이 되어 있는 것으로 매년 반복되고 있다.

이 세더라는 잔치는 이스라엘 이외의 땅에서는 8일간의 첫날밤과 둘째 밤의 이틀에 걸쳐 행해진다. 이 두 밤을 축하하는 의의는 아마도 시차에 의한 것으로 이틀에 걸쳐 나산월(3월이나 4월) 15일에 세더를 행하는 것이 확실하기 때문이다.

또 한 가지 의미로 생각되는 것은 이스라엘 밖에서 살고 있는 유대인은 유대인이라는 의식이 희미해질 가능성도 있으므로, 그 때문에 첫날과 둘쨋날 밤에 같은 연회를 열므로 해서 보다 한층 그 의식을 철저히 주입시킬 수 있다고 전해진다.

동경에서 첫날밤은 가정에서 가족이 모여 손님들도 초대하여 세더를 연다. 우리 집의 최초의 세더 때이다. 나는 유월절 기도서(하가다)를 한 손에 들고 만찬을 준비하고 있었지만, 그 가운데 한 가지 메뉴만은 아무리 해도 만들 수 없었으므로 고민했다. 결국에는 귀찮아지기도 해서 어찌 되든 상관없다는 내던지는 듯한 기분도 한몫을 거들어 만족스럽지 않은 채 세더 식탁을 마련했다.

모두 자리에 앉자 우선 아이들이 첫마디를 던졌다.

"엄마 이건… 에! 맛있는 게 없네!"

"어떻게 된 거야. 이렇게 그냥 시작하는 건 안 된다구요."

"그대로야. 엄마도 어떻게 만들면 좋을까 하고 조리법 책도 보았지만 모르겠더구나. 그런 이름도 나와 있지 않았으니까 말이야."

나는 반쯤 울상이 되었다.

"엄마. '하가다'에 써 있잖아. 10페이지를 열어 봐요. 함께 만들어요."

라고 두 사람은 말하며 읽기 시작했다.

— CHAROSES, 로셋(혼합물)에 절인 사과에 땅콩과 신나몬, 와인을 섞어 만든 것으로 달고 갈색이나 검은 색이 된다. 이것은 이집트에서 노예 때 만들어졌다. 그래서 벽돌의 시멘트를 상징한다.—

나단은 절인 사과와 땅콩을 잘게 썬 것을 신나몬을 함께 섞었고 야곱은 그것에다 와인을 부었다. 7살이 된 그들은 이미 몇 번이나 유월절 세더에 참석했고 유월절 기도서(하가다)에도 익숙해져 있었다. 그리고 유대인의 행사를 반복함에 따라 유대인 관념이 몸에 배어 있었다.

8일 동안 누룩 없는 빵을 먹지 않은 이유는 이스라엘인이 이집트를 탈출할 때 쫓기듯 탈출했기 때문에 누룩 넣는 일을 잊었기 때문일까. 아니다 시간이 없었기 때문이었다.

지금까지도 유대인이 노예였고 노예란 얼마나 괴로운 것이었는가를 잊지 않도록 하젤트(서양고추)를 사용해서, 그것을 베어먹게 되는데 마치 눈에서 불이라도 날 듯이 괴롭다.

"잊지 마라. 노예였던 유대인의 고통은 매일 이처럼 괴로웠다." 라는 교훈을 음미하는 것이다.

계속해서 세더의 잔치가 끝날 때면 '내년이야말로 예루살렘에서'로 매듭 짓는다. 이것은 '어느 날엔가는 예루살렘을!'이라는 소원으로 잃었던 예루살렘을 되찾자는 것을 한 사람, 한 사람의 가슴에 새기는 것이다. 2일째의 세더는 유대 센터에서 많은 유대인과 함께 행하는 일이 많다.

이 세더에 출석할 때 우리는 몇 사람인가의 손님을 그 자리에 초대했다. 야곱은 열의 처음에 앉고 나는 끝자리를 잡았다. 내 옆이나 건너편에는 가나다에서 관광과 사업차 방문한 2쌍의 커플이 금년 세더는 동경에서 맞이하려고 동석해 있다. 세더가 진행되고 끝이 가까워올 무렵에 가나다에서 온 분이 내게 말했다.

"코헨 부인, 지금 나는 어디에 있는지 모른다고 해도 어디라도 좋다고 생각합니다. 말할 수 있는 것은 세더가 열리고 있다는 것과 이곳이 이스라엘이나 미국일지도 모른다는 것입니다. 이 즈음에는 어느 나라라도 같습니다. 모두 같은 것을 말하고 같은 것을 읽고 같은 사고를 합니다. 같은 것을 먹고 밖에 나갔을 때 아아, 여기가 미국이었구나 라고 생각하는 것입니다. 그만큼 어디에서 세더를 맞이하든 변함없고 모든 회원의 얼굴도 같습니다. 나는 여행을 자주 하기 때문에 우리 마을에서 세더를 하기도 하지만 외국에서 맞을 때도 많아요. 이만큼 변함없이 같은 것은 없을 것입니다."

매년 유월절이 오면 시차가 있어서 어느 땅에서라도 시간이 다른 세더 잔치가 열릴 수 있다. 회당에서 행하는 세더 잔치에는 3살 유아부터 참가하고 있다. 매년 되풀이함으로써 자기를 확립해 간다고 할 것이다. 이 유월절은 유대인 사이에서 속죄일과 같이 중요한 제사로서 긴 시간에 걸쳐 준비되고 기대되는 것이다. 유대 민족이 유월절을 맞는 것은 이집트를 탈출하는 마지막 밤부터 시작한다. 이 일은 성서 출애굽기 12장에 기록되어 있다. 8절에는 음식이 기록되어 당시의 흠 없는 수양이나 산양을 택해 그 피를 취하고 그것을 먹을 집의 두 기둥과 문지방에 바르라. 그리고 그날 밤 그 고기를 불에 구워 누룩 없는 빵과 쓴 나물을 먹으라 불에 구운 것만 먹으라고 되어 있어 세더의 잔치에 놓인 푸른 잎은 파슬리로서 소금물에 절여 먹었다.

날것이나 데쳐서 먹지는 않고 불에 구운 것만 먹고 파괴된 신전을 상징하는 계란(무해한 것)은 불 속에서 구워져 검게 갈라져 몇 개의 힘줄도 붙어 있어서 파괴된 신전을 떠올리게 한다.

더구나 15절에는 누룩 없는 빵을 7일간 먹어라. 첫날부터 곧 너희 집에서 누룩을 제하라. 첫날부터 칠일 동안 누룩을 넣은 빵을 먹는 자는 이스라엘에서 끊어지리라고 써 있다.

유월절을 조금씩 알아 온 아들들은 이 무렵 누룩 없는 빵(무교병)만으로 지낼 수 있게 되었지만, 유아 시절에는 그래도 누룩을 넣은 빵을 먹고 싶어해서 나는 집에는 없으니 친구 집에서 가져가 먹으라고 했던 적도 있었다. 후일, 아이들 친구 어머니로부터 전에 아이들이 빵을 먹으러 왔었다고 가르쳐 주었기 때문에 나는,

"작은아이들은 아무래도 참기 어려운 모양이에요."
라고 대답했다. 그러자 그분은,
"미국에서도 그렇더군요. 주변에 사는 유대인 아이들이 빵을 가지러 온 적이 있었답니다. 하긴 엄마 쪽에선 모른다고 얼굴을 하고 있었지만."
이라고 말했다. 그렇다. 나도 전화를 하지 않았을 뿐이다. 아이들이 가지러 가는 것을 알았지만 못 본 척하고 있었던 것이다. 그때는 별일 아니라는 기분이 반쯤, 죄의식이 반쯤 섞여서 8일간을 보냈다. 아이들이 점차 알게 된 현재에는 그런 일은 없어졌다.

유월절은 자유와 해방의 제사라고 알려져 있다. 또 그리스도의 최후의 만찬도 이 제사를 말한다. 몇 년 전에 카톨릭 수녀들이 유월절 세례를 공부하고 있었다. 나는 남편이 아이들에게 들려주었던 이야기를 생각했다. 가난한 사람에게 물고기를 주기보다는 물고기 잡는 법을 가르쳐 주는 쪽이 좋다는 이야기이다.

배가 고파 죽을 듯한 사람에게 물고기 한 마리를 준다면 그때는 배부르지만 그때뿐인 것이다. 만약 어떻게 하면 물고기를 잡을 수 있는가를 가르쳐 주면 그 사람은 다시는 배고프지 않게 된다. 이것은 거지에게 한 끼의 식사를 베풀기보다는 식량을 얻는 방법을 가르쳐 주는 쪽이 좋다고 가르치고 있는 것이다.

우리는 유대인들은 현명한 것이 아니라, 차별(카톨릭, 기독교도, 인종)을 극복하려고 열심히 공부한다. 오랫동안 토지를 가질 수 없었던 유대인은 머리를 사용한 무기는 배움이라는 것이었다. 성서를 배움으로써 유대인이 될 수 있는 것이다.

일요학교에서는 유대인 교육을 한다. 영리한 머리를 갖는다는 것은 잘 사용하고 구사하는 것에 있다고 한다. 그리고 이러한 대화가 유대인 아버지와 아들 사이에 되풀이되는 것이다.

어느 날 야곱은 아버지에게 이런 말을 했다.

"난 부자는 되기 싫어. 왜냐면 언제나 가난한 사람이 따라 다니거든. 그러니까 생활에 필요한 만큼만 있으면 좋겠어."

"제이(야곱)! 부자가 되어도 좋단다. 스스로 자기 돈을 관리하지 말고 관리하는 사람을 두면 되잖아."

"아녜요. 그래도 조금만 있는 게 더 좋아."

이것은 아들의 마음을 시험하고 있었다. 이것들은 모두 유대인이라면 알고 있는 것, 구전하는 유대인의 이야기나 관념으로서 유대인의 사고방식을 상징하고 있는 것이다.

24

코샤 후드

    초여름을 생각나게 하는 따뜻한 5월의 어느 날, 금년 마지막 유대 부인회의 점심 식사 모임이 열렸다. 최후의 결말답게 각자 만든 음식을 점심으로 가져와, 탁자에 놓여진 요리는 이름과 무엇으로 만들었는지 재료명이 붙어 있었다.
    그 중에는 조리법을 교환하는 부류도 있고 손에 종이칼을 들고 있는 사람도 있었다. 사람에 비해 장소가 비좁았기 때문에 거실을 걸어다니기도 했다. 전체 요리로 가득 차 있는 테이블 위 한쪽에 놓인 감겨진 넙치 초밥을 보고,
    "이것은 누가 만든 거예요?"
    "물론, 도미꼬겠죠."
    "아아. 그녀가 만들었을 줄 알았어요. 나는 그녀를 신용하고 있으니까, 먹기로 하죠."
라며 프랑스인 도로시는 집어먹기 시작했다.
    "도미꼬, 이 꼬치도 먹을 수 있어요?"
    "먹을 수 있다면 드세요!"
    "흐음! 맛있네. 탈비언."
    도로시는 다음에서 다음으로 옮겨가며 먹고 있었다.
    "얼마든지 먹을 수 있을 것 같아요. 나는 초밥을 아주 좋아하지만 초밥 집에는 가지 않는답니다."

코셔란 유대인 특유의 식사 '코셔 후드'를 가리킨다.

유대인중에는 탈무드에 적혀 있듯이 식사 규율이 있어서 그것을 지켜 가는 사람들(가족)이 현재에도 존재한다. 그 사람들을 가리켜 '코셔'라고도 부른다. 코셔 사람들은 가정 밖에서는 물고기, 야채. 치즈류만 먹는다. 이것은 가정 내외를 불문한 것이다. 언젠가 랍비 토케이어가 동양에 있는 유대인 문제에 대해 강의를 한 적이 있었다. 그때

"일본인은 유대인을 '복어'라고 부른다고 한다. 왜냐면 복어는 먹으면 최고의 맛을 가지고 있지만, 한번 잘못되면 생명을 잃게 된다. 이와 같이 유대인은 대단히 유능한 인간이지만 취급법이 한 번 잘못되면 생명까지도 잃을 수 있으므로 그렇게 부른 듯하다."

고 말했다. 나는 "네. 꽤 적절한 호칭이군요."라고 감탄하면서 이전에 먹었던 '복어'의 맛을 생각해 냈다.

"네! '복어'는 맛있어요. 나도 자주 생각해요. 그 맛을요. 하지만 먹기 전에 누군가가 먹었다는 것을 끝까지 확인하고 나서야 젓가락을 잡는답니다."

라고 큰소리를 내고 말았다.

"도미꼬, 그렇게 빨리 독이 퍼지나요? 나도 먹어 보고 싶은데. '복어'에 비늘이 있나요?"

마자르의 물음에 나는 일순간 긴장해 버렸다. 복어에는 비늘이 없었기 때문이다. 유대인들 가운데서 큰소리로 맛을 평가하지 않았더라면 좋았다고 후회했다.

"아뇨, 비늘이 없어요. 그래서 코셔에는 없답니다. 나도 꽤 오래 전이었어요. 결혼하기 전에 먹었을 뿐이고 최근에는 먹지 않아요. 게다가 믿을 만한 식당도 모르니까요."

나는 자신의 변명도 섞어 가며 대답했다. 유대교로 개종하지 않

은 나였음에도 역시 꺼림칙한 느낌이었다.

이렇게 식사에 관한 규율이 엄격해서 고기도 발굽이 갈라지지 않은 것은 먹지 않는데, 몇 천년 전부터 엄밀히 탈무드에 기록되어 있는 유대의 도살법에 따른 것이다. 이 고기는 코셔 미트로서, 뉴욕에서 코라고 쓰여진 붓챠(육고기 식당)식당은 선조 대대로 이어져 내려온 식당이다.

이 붓챠만은 대대로 세습하게 되어 있다. 결국, 다른 직종 사람은 붓챠를 할 수 없다는 것이다.

일본처럼 코셔 붓챠가 없는 곳에서는 고기를 삶는 것에 의해 생피를 죽이고 만다. 이것이 코셔와 다르다고 할 수 있다. 동물의 생피가 인체 속에 들어가서 여러 종류의 병의 원인을 일으킨다고 가르치고 있다. 아이들 치아를 치료할 때 간호사가

"코셔는 무엇입니까?"

라고 물어서 내가 여러 가지 설명을 하자, 미국 콜럼비아 대학에 유학했던 치과의사가,

"현재 일본이나 각지에서 식품 공해가 크게 문제되고 있지만, 코셔 후드만은 문제가 되지 않는다. 그만큼 철저한 조리법을 필요로 하기 때문이다."

라고 나를 대신해서 설명해 주었다. 그런데, 미국에서는 비유대 식품 가운데에도 '코셔'라는 이름을 붙여 팔고 있다고 한다. 물론, 품질 면에서는 뛰어나므로 당국에서는 '코셔'라는 이름을 쓰도록 허가하고 있다고 한다.

동경에 체재하는 랍비(유대교 신부)에게 일본의 햄 제조업자가 상담하러 왔다고 한다.

"우리 회사에서 '코셔 햄'을 만들고 싶은데 이 제조에 대해서도 상담을 하고 싶고, 햄에다 '코셔'란 이름을 붙이고 싶습니다만…"

이러한 신청이 있었다는 말을 들은 우리는 크게 웃고 말았다. '코셔'법대로 제조해서 식품 공해 문제를 바로 잡으려는 의도가 이해는 가지만 '코셔 햄'에 대한 아이디어는 생각이 부족했다고 할 수 있다.

유대인이 '돼지'를 먹지 않는다는 것은 유명하다. 그런데도 그 돼지고기로 만든 햄에 '코셔 햄'이라고 붙이겠다고 했다니 어이없는 일이 아닌가. 코셔는 그만큼 철저한 조리법으로 절대적인 인정을 받고 있다는 것을 알기 때문에 그런 착상을 했을 것이라는 것은 이해가 간다. 이 법은 3천년 전 옛부터 계속되어 오고 있고 앞으로도 계속될 것이다.

유대인은 외식할 때 상대를 경계한다. 누가 무엇으로 만든 것인가를 확인하지 않고는 함부로 먹지 않기 때문이다. 그런 그들이 내가 만든 요리를 코셔인 두 사람이 기뻐하며 먹어 주었다는 것은 감격스럽지 않을 수가 없었다. 그래서 나는 기쁨으로 가슴이 벅찼다. 그것은 유대인들이 나를 신용하고 있다는 증거이기 때문이다.

식사에 관한 마음의 준비는 어른뿐 아니라 어린아이에게도 해당된다. 아들의 5살 생일에 유치원 친구들과 우리가 아는 사람의 아이들이나 유대 공동체에 속한 아이들 40명 정도를 유대 공동체 센터로 초대한 적이 있었다. 그때 코셔 한 여자아이가 어머니를 불러

"나는 이 샌드위치 먹지 않을 거야! 도미꼬는 코셔가 아니니까."

라며 칭얼댔다. 그 아이의 어머니는 내가 있는 곳에 와서,

"도미꼬! 다니아에게 코셔 샌드위치라고 잘 설명해 주시겠어요?"

했다. 나는 다니아를 불러 구석 쪽으로 데려가서 말했다.

"다니아. 걱정하지 않아도 돼. 이 샌드위치는 공동체 센터에서 만든 코셔 후드니까 마음놓고 먹으렴."

고개를 끄덕인 그녀는 자기 테이블로 돌아가 맛있게 먹기 시작

했다. 숨돌릴 새도 없이 이번에는 이탈리아 여자아이가,
 "코헨 부인, 내가 좋아하는 샌드위치가 없어요. 나는 햄샌드위치를 좋아해요. 햄샌드위치를 부탁해요."
라고 졸랐다.
 "오늘은 햄 샌드위치는 없단다. 다음에 만들어 줄게. 있는 대로 먹으렴."
하고 달랬습니다. 이탈리아 카톨릭 여자아이는 마지못해 먹기 시작했다.
 코셔 홈(식사 계율을 지키고 있는 가정), 이것이 본래 유대 가정 본연의 모습이라고 할 수 있지만, 정통파나 보수파가 아닌 우리 가정에서는 어디까지를 유대 가정으로서 유대 계율에 따라 생활할지 현실에 비추어 생각해 보았다. 코셔 후드는 냉동 식품으로 바다를 건너 미국이나 이스라엘에서 운반해 오지만, 1년으로 한하지는 않는다. 중요한 제사가 가까워 오면 식품을 수입해 온다.
 산과 바다에서 나는 것들의 진미를 맛본 내 혀는 나를 곤혹스럽게 한다. 이 음식은 유대 계율에 금지되어 있는 것이라는 것을 알고 있어도 먹고 싶은 욕망을 누를 수 없어 갈등을 일으킨다. 예컨대 공복시 레스토랑 윈도우에 보이는 메뉴에 마음이 끌리면 끝내 상점 안으로 들어가고 만다. 그리고 배가 부르게 먹고 난 후 죄책감으로 괴로워해야만 한다. 그 결과로 유대 가정 건설에의 꿈을 파괴하였다고 솔직히 말지도 모른다.
 이런 현재 생활 환경을 생각하고 어떤 지역에 우리 코헨가의 코셔 홈을 만들 것인가 남편과 논의한 결과, 가정 내에서는 되도록 금지된 식품은 조리하지 않기로 하고, 가정 이외의 장소에서는 먹어도 관계없다는 결정을 보았다.
 뉴욕의 보수파에 속하는 어느 대학 교수의 가정에서는 일요일

저녁 식사는 가족이 함께 외식하는 습관을 가지고 있었다. 주중에는 가정에서 규율에 따른 식사를 하지만, 외식 때에는 코셔 레스토랑이 아닌 이탈리안 레스토랑에서 새우나 조개 요리를 먹는 것을 목격한 적도 있다.

세계에 분산된 유대인은 각지에서 각자의 생활을 영유하고 있다고 할 수 있다. 탈무드에 따르지 않는 사람은 유대인이 아니다가 아닌, 하나님은 인간에게 선택의 자유를 주셨다고 생각한다. 계율에 따를까 따르지 않을 것인가는 스스로 결정한다. 따르지 않을 것인가 따를 것인가는 자신이 알고 있다. 하나님은 선택할 권리를 주셨다.

계율을 지키지 않는다 하여 유대인이 아니다라고 하지 않는다고 랍비 토케이어는 말했다. 유대인은 유대인으로서의 죄의식이 있는 것이야말로 자신들답다는 방법으로 사용하고 있는 것이다. 하지만 동경에는 코셔를 완전히 지키며 생활하는 가정도 있다.

이 가정에서는 식기는 육식용과 유제 용품으로 나누어 쓰고 식기를 씻을 경우에는 반드시 각각 씻는다. 이것은 앞에서도 말했듯이 혼합하는 것은 금지되어 있으므로 그것을 두려워하여 2조의 식기를 씻을 때 조심한다. 고기와 우유의 혼합물은 식물의 계율에서 터부시되고 있다.

동경의 유대 공동체 센터에는 어느 때부터인가 18개 국적의 유대인 회원이 모이게 되었다. 공동체 센터는 기도 장소 뿐 아니라, 유대인을 교육하기 위해 끊임없이 공부하는 장소임과 동시에 집합 장소이기도 하다. 동경 공동체 센터의 특징이라고 하면 차별이 없다는 것이다. 어느 파의 공동체 센터라고는 말하지만 3파 합동의 공동체로서 단기간의 거주가 많고, 동경으로 전근해 온 회원이 대부분이다.

제2차 대전 중에 소련이나 상해에서 이주해 온 유대인도 있다. 그리고 각각 각자의 가정 생활 양식을 가지고 있다. 그래서 공동체 센터에서 회식이 있을 경우에는 모두가 탁자 앞에 앉으면 코셔 가정의 사람들에게는 코셔 식기가 놓인다. 그리고 그 때의 메뉴가 코셔인들에게 적합하지 않을 경우는 특별한 메뉴가 나온다.

어느 날 토케이어 부인이 말했다.

"아이들이 필시키를 만들어 달라고 졸라서 곤란해요."

"댁의 아이들은 공동체 센터에서 필시키를 먹은 적이 없었나요? 만들어 주면 되지 않겠어요?"

그녀는 당혹스런 얼굴로 말했다.

"필시킨 껍질을 우유를 사용하는 대신 물에 녹여도 괜찮을까요?"

필시키는 껍질을 우유에 녹이고 그 안에 고기를 넣기 때문에 이것은 코셔 후드가 아닌 것이다. 나는 그제야 토케이어 부인의 당혹해 하는 이유를 알 수 있었다.

이와 같이, 음식 하나 하나가 계율을 따르고 있는가 아닌가를 조사한 다음에야 식사할 수 있었다. 우유로 녹인 껍질과 물로 녹인 껍질의 맛의 차이도 아는 사람이 없을 정도이다.

어느 해, 대보름날 초대를 받았다.

"도미꼬! 나는 햄 스테이크로 대보름 만찬을 대접할 작정이에요. 당신 남편은 드실까요?"

라며 남편의 식사를 걱정해 준 것은 미국 유대인의 부인이었다.

"남편은 괜찮아요. 뭐든 먹거든요. 햄도 괜찮아요. 오히려 내 쪽에서 걱정이네요. 당신은 유대인인데 괜찮을까요?"

하고 상대 걱정을 했다.

"나는 괜찮아요. 최근 미국에서는 바 미쯔바 때 굴이나 베이컨도 나오는 걸요. 정말이랍니다."

그녀는 마무리를 하면서 말했다. 그리고 이어서
"내가 알고 있는 사람들도 돼지고기 요리는 하지 않지만, 햄이나 베이컨을 가정에서 먹고 있는 사람은 많답니다."
라고 변명하듯 말했다. 그 의미는 가공된 것은 특별하다는 것이다.
 미국 코셔 가정에서 자란 학생이 한 번쯤은 베이컨을 먹어 보고 싶다고 생각하고 그런 기회를 기다리고 있었다. 그러다가 비유대인의 집에서 베이컨을 집어먹고 그 맛을 보고 만족감을 느꼈지만 곧 죄책감에 짓눌려 그 후로는 식사 계율을 더욱 중시하게 되었다고 한다. 먹고 난 후의 판단은 각자가 다를 것이다.
 어느 금요일이었다.
"오늘밤은 밖에서 식사하지 않아요?"
라고 남편에게 묻자 남편은
"그러면 돈키(돈까스 식당)에 갈까?"
라고 말했다.
"나는 괜찮지만, 오늘은 금요일이니까 안식일에 들어가게 되는 돈까스만은 그만 두겠어요! 내가 죄의식을 느끼는데 당신은 느끼지 않아요?"
 남편의 얼굴을 물끄러미 바라보았다. 전에 5살 된 아미엘을 데리고 여행했을 때였다. 나와 아들들은 생각 끝에 뭐든 먹고 싶은 것을 주문했다. 아미엘이
"코헨 부인, 나는 고기는 그만둘래요. 스파게티에 케찹을 친 걸로요. 케찹만요."
라고 주문했다. 다음날 아미엘은 오이초밥을 주문했지만, 아들들은 같은 탁자에서 빛깔 좋게 구워진 닭고기를 덥석 물었다. 오이초밥을 집고 있던 아미엘도 그 닭고기를 먹고 싶어했다. 그것을 본 아들이,

"엄마! 아미엘은 치킨도 먹지 않아?"
라고 물어서 나는
"집에서는 괜찮지만, 여기는 안 되는 거야." 하자,
"나는 먹지 않아요! I'm a kosher. 나는 코셔이다."
아미엘은 단호하게 말을 자르고 치킨에는 눈길도 주지 않았다. 나는 아들들이 코셔에 따를 날이 올 것임을 믿고 있지만, 가정에서는 괜찮다고 해도 일본 내의 가정 외에서 생활할 경우, 과연 식생활을 지킬 수 있을까 걱정도 되었다.
랍비 토케이어는
"비유대인과 식사를 하게 되었을 때 당신 앞에 새카맣게 타버린 돼지고기가 나왔다고 해서 그것을 내온 사람을 꾸짖거나 질책해서는 안 된다. 그것은 그 사람들의 식생활이며 습관이므로, 자기 중심적 사고에 의해서 상대방까지 끌어넣어서는 안 되며 '나는 지금 배가 부릅니다. 매우 감사한다…'로 실례되지 않게 말하면 되는 것이다."
라고 말했다. 결국 '나는 나, 당신은 당신'이라는 것이다.

25

아들의 바 미쯔바

처음에 얘기한 것처럼 우리 두 아이들은 작년에 바 미쯔바를 맞았다. 발은 히브리어로 아이라는 뜻이고 미쓰바는 계율이라는 의미를 가지고 있다.

유대 남자는 13세가 되면 유대인으로서 '성인'이 되는 것이다. 이른바, 유대인으로서 계율을 따르고 지킨다는 성인이 된 남자의 맹세이다. 그것을 위해서 유아기에 유대 공동체 센터에서 유대 역사나 히브리어 성서를 공부한다.

바 미쯔바 의식을 행할 때까지 하프토라(구약성서 중의 1절)를 그날그날 읽고 훈련을 거듭하여 단상에 오른다. 하프 토라를 읽고 참석한 사람들 앞에서 강연하게 되는 것이다.

그때 홍분한 어느 남자아이는 '오늘 나는 만년필이다'라고 말을 거꾸로 했었다는 것은 이미 말한 바 있다. 바 미쯔바 의식이 끝난 남자는 이미 '아이'가 아니다. 그래서 원래 '오늘로 나는 남자이다.'라고 첫머리에 선언하는 것이다. 바 미쯔바의 축하 선물로 반드시 몇 자루의 만년필을 받게 되므로 그것을 생각한 순간에 말을 틀리게 했던 것이다

성인이 되고 나면 사인을 해야 하는 일이 많아지게 된다. 이때 사용하는 것이 만년필이다. 이 만년필은 한 사람 몫이라는 것을 의미하며 그것으로 공부해서 쓸모 있게 되라는 가르침도 있는 것이

다. 그리고 13세가 되면 썼다가 지울 수 있는 연필에서 다시는 지울 수 없는 영구적인 것으로 만년필을 사용하라는, 바 미쯔바를 받은 소년은 남자로서 책임 있는 행동을 하라는 다짐을 하는 의미를 갖는다.

그것은 만년필로 쓴 일기처럼 당신의 행동은 지울 수 없다는 것을 가르쳐 준다. 자중하여 깊은 사고를 가지고 생활을 하게 하는 증명이라는 의미도 함축되어 있다.

만년필을 보낸 사람은 그 소년이 훌륭한 한 사람 몫을 하는 남자가 되는 것을 인정하고 선물을 한다는 표현이 되며 성인이 된 것을 축하한다는 선물이기도 하다. 그리고 본인은 나중에 나는 몇 자루의 만년필을 갖고 있다고 자랑하는 것이다.

성인이 된 남자는 지역 공동체 센터의 일원으로서 계율에 따른 생활 태도나 행동 규제를 받는다. 회당 회중 앞에서 히브리어 경전을 읽는 것도 한 의무가 된다. 그리고 유대인으로서의 자각이 생긴 후에 의식을 행하는 것이다.

이것은 유대 남자에게 할례 다음으로 중요한 의식이다. 이 유대 남자의 성인식 바 미쯔바는 일본에서 하는 20세 성인식과는 전혀 다르다.

유대의 경우는 13세가 되면 공동체의 일원으로서 사회에서 인정을 받게 되며 그럼으로써 스스로 자각할 수 있게 되는 것이다.

유대교에서는 배우는 것이 하나님께 가까이 가기 위한 것이라고 가르치고 있다. 또 13세라는 가장 어려운 시기에 자기라는 것을 인식하게 함으로써 자각할 수 있다고 말한다. 랍비 토케이어도 저서 '일본인은 죽는다' 가운데 이렇게 쓰고 있다.

'13세라는 연령은 특히 다루기 어려운 나이이다. 13세 소년은 이미 아이도 아니며 어른도 아니다. 이처럼 다루기 어려운 시기를 유대교에서는 바 미쯔바라는 일종의 성인식을 통해 매우 효과적으로 다루어 그들의 심리적인 성장을 재촉하는 것이다. 오히려 13세의 소년이라는 다루기 어려운 연령을 반격해서 효과 있게 교육에 이용하고 있는 것이라고도 할 것이다.'

이 연령의 유대 소년은 성인식에 참가하게 됨으로써 책임감을 느끼게 되고 바 미쯔바 의식의 역사적이고 전통적인 행사의 배후가 되는 여러 가지 고사 내력에 대해서도 배우게 된다. 그러므로 유대교에서 바 미쯔바로 부르는 성인식은 특별히 큰 교육적 효과를 갖고 있다라고 쓰고 있었다.

또, 《I'm Ok-You're Ok》의 저자로 정신 병원 의사인 토마스 A. 해리 씨도 나는 전보다 더 유대교 바 미쯔바 의식의 의의를 인식하고 있다. 이것은 상호의 기대를 명확히 해서 새로운 계약을 공적으로 획득하고 상징적으로 행하는 의식이기 때문이라고 한다.

13세 유대인 남자아이는 성인으로 인정되며 모든 책임과 종교적 의무를 짊어지게 되는 까닭에 장기간에 걸쳐 준비를 하고 소양을 쌓아 가야 하는 것이다. 그때까지 아이들은 유대 율법이 정한 대로 엄격한 훈련과 '예의범절'을 읽히며 책임을 받아들일 준비를 해 온 것이다.

두 아이들도 4살이 되기를 기다려 일요학교를 보내어 유대교 역사와 전통적인 관습과 행사를 배웠다. 그리고 13세가 되기를 기다렸다. 그러나 우리 아이들은 1년 늦은 14세에야 바 미쯔바를 행하였다.

잔뜩 찌푸린 토요일, 아이들은 드디어 바 미쯔바 의식을 맞았다. 아들은 제단에 나가 하프 토라를 낭독하며 바 미쯔바를 했다. 그래서 타프린(숄)을 허락 받기 위해 아버지가 되는 남편과 두 아들은 랍비 앞에 나아가 각자 자신의 타프린에 달린 술에 입을 맞추고 어깨에 걸쳐 입었다.
　나는 다만 이 의식이 무사히 끝나기만을 간절히 기도하면서 아이들이 대사를 잊어버리지 않기를 마음속으로 빌고 있었다.
　하프 토라 낭독도 끝나고 모세 5경에 맹세를 했다. 그것으로 유대 성인식으로서의 의식도 끝나 가고 있었다. 드디어 마지막으로 그들의 강연이 있었다.
　먼저 나단의 상기된 얼굴에서 말이 흘러 나왔다. 유대 남자가 할례를 향한 그 날부터 모든 경험을 한 소년기의 마지막 잔치이다. 이 모든 경험 속에는 꼭대기에서 부어 내리는 듯하고 불 속을 걷는 듯한 험한 시련과 노력을 쌓아 남자와 여자가 성장하고 성숙했음을 알림과 동시에 의식을 행하게 되는 것이다.
　"바 미쯔바라는 말은 모세 5경 속에서 아들이 성인에 이르는 것을 의미한다고 기록되어 있지만, 반드시 13세에 의식을 행해야 한다고 정해져 있지는 않다. 오히려 바 미쯔바는 유대이즘을 습득한 시점이 가장 이상적인 것으로 유대와의 계약이 정리된 때라면 언제라도 좋다."
라며 하단에 쓰인 원고에 눈을 떨어뜨리면서 나단은 비교적 강연에 여유도 보였다. 태어나서 처음으로 어른들 앞에서 강연하는 이 날을 위해, 이 강연을 위해 그들은 마지막 1년 동안 눈물겨운 노력을 해 왔던 것이다.
　나단은 얼마 남지 않은 경연을 음미하듯이 이어나갔다.
　바 미쯔바는 매우 드문 행사이다. 바 미쯔바의 창립은 미션(구전서)에 따라 발전되었다. 5살에 성서 공부를 시작해서 10살에는 미션 공부를 하고 13살이 되면 모든 사람들 앞에서 계약을 하게 되는 것이다.
　바 미쯔바를 끝낸 뒤에는 회당에서 탈리트를 착용하는데 특히 모세 오경의 낭독은 반드시 의무로 되어 있다. 탈리트를 착용할 수 있다는 것은 의식이 끝났다는 증거가 된다.

"바 미쯔바가 끝난 오늘부터 나는 우리 민족 가운데 성인 회원으로서 생각해서 행동을 하고 하나님과 우리 전통을 지킬 것을 맹세합니다. 오늘 바 미쯔바로 성인의 단체에 들어가며, 그것은 어른으로서의 제1보를 내딛는 것으로써 오늘부터 시작하는 것입니다. 나의 중요한 의식이 내 인생에서 극적인 사건이었다고 새기는 동시에 성장을 증명한다는 것을 인식하고, 유대 공동체 성인 회원으로서 책임 있는 행동을 하겠습니다. 동생과 부모님, 랍비, 그리고 공동체의 여러분들께 오늘 이 특별한 날을 맞기까지 도와주신 것에 진심으로 감사를 드립니다."

라고 나단은 인사를 하며 끝을 맺었다. 이어서 야곱이 강연을 하기 위해 일어섰다. 야곱의 강연은 하프 토라에서 바 미쯔바의 의미로 3천년 전에 바 미쯔바를 받은 유대 남자 이야기인데 그것으로 유대 남자의 정신을 표현하고자 했다. 야곱 자신에게 타이르는 것 같기도 한 강연도 마지막을 향해 달려갔다. 기도를 하고 손님을 둘러보는 얼굴에는 침착함이 되살아나 있었고 반면에 기쁨이 가득했다.

바 미쯔바가 끝남으로써 성인으로 받아들인 것이지만 이것이 다는 아니다. 천사냐, 악마냐 하는 어느 길을 택할 것인지 오늘을 계기로 그들이 결정하고 걸어가는 것이다.

유대의 하나님은 자유 선택을 주셨다. 가르침을 지킬지 아닐지는 사람이 선택하는 것이다. 하지만, 결과는 상상할 수 있을 것이다. 오늘 이 구름 낀 하늘에 태양을 가져올지, 비라는 눈물을 내릴지는 바로 너희가 결정하는 것이므로 결국 너희들 자신의 인생이라는 생각으로, 나는 바 미쯔바의 의미와 의식을 그들에게 선사했다. 그들은 오늘을 맞기까지 나와 함께 오랜 시간 동안에 방황과 기대와 의무를 느껴야만 했다. 그 방황이란,
 '우리는 2개국 문화 가운데서 태어나 항상 양쪽의 아이덴티티를 접목시킨 생활을 해 왔지만, 나는 2개국인인가. 아니면 미국인인가, 유대인인가, 또 아니라면 일본인인가.'
라고. 13세를 넘고 있는 아침, 오랫동안 생각해 왔던 야곱이 침대에서 내려와 내게 와서 말했다.
 "엄마! 나는 바 미쯔바를 할 거야. 그런데 유대 사회서 나라는 존재는 절반밖에 유대인이 아닌데 괜찮을까."
라면서 히브리어 교과서나 지금까지의 교재를 찾기 시작했다.
 나는 얼마나 오랜 시간 아들의 이 결심을 기다리고 있었던가. 정말 오랫동안 고민해 왔었다. 바 미쯔바를 끝내고 유대인이 될 것인가, 그렇지 않으면 단체인으로서 인생을 보낼 것인가.
 그의 가슴속에는 유대인으로서 4살부터 시작한 일요학교나 히브리어 교육 그리고 유대인 부모를 둔 같은 연령의 무리, 이스라엘인, 일본인, 소학교의 학급 친구, 또 크리스천들의 생활이나 사고 방식과 접촉해 왔다.
 언젠가 미국 캠프 생활에서 얻은 미국인의 사고 방식과 행동 등이 주마등처럼 지나가고, 이 주마등 속에서 자신을 발견하고 헤쳐 나간 것이다. '유대인이 되자' 한 사람의 유대인이 '나단도 야곱의 결심을 기다리고 있었던 것처럼 자연스럽게 같은 방향을 향했고, 바 미쯔바 의식을 수행하기 위해 노력하기 시작했던 것이다. 그들은 유대인이 되는 것에 대해서 어떤 저항도 갖지 않았다.
 이 14년 동안 나는 아이들에게 일본인 어머니로서 일본인의 개념을 심어 주려고 노력했다. 그들이 어느 정도 받아들일지는 다른 문제가 되겠지만 그렇다 해도 그들 안에는 일본인이 존재하고 있

다. 그들이 유대인이 되어도 일본인이라는 개념을 갖고 있는 어머니의 정신이 몸에 배어 있을 것이라고 자신한다. 그들이야말로 유대 일본인인 것이다.

제3부

****

유대인의 EQ교육과 IQ

제3부는 제1,2부에서의 체험기를 토대로 이론적인 면과 실질적인 면이 주는 의미를 되새겨 보도록 하였다. 유대인을 상대로 한 일본인들이 겪은 가지가지 사건들이 어떻게 하여 유대인들에게서 그렇게 나타나는가를 이론적인 관점에서 보면 이해가 간다. 이 장은 감성적 유대인을 이해하는 데 결정적인 도움을 줄 것이다.

1
교육의 혁명

특별히 총명하지 않은 사람도 부모 형제의 격려와 선생님의 배려 속에서 공부할 때는 공부에 대한 열의가 어디서 나왔는지 재미가 붙고 결과 역시 상상외로 크게 나타난다. 그러나 대단히 총명한 두뇌를 가진 학생이라 할지라도 좋지 않은 선입견을 가지고 편잔과 차별 대우를 하는 환경 아래서 공부를 하면 공부에 대한 결과도 좋지 않게 나타날 뿐 아니라 공부를 하고 싶은 의욕마저 사라진다.

이와 같은 간단한 실례를 통해서도 머리만 좋다고 해서 공부를 잘할 수 있는 것이 아니라는 것을 알 수 있다. 높은 지능지수를 가진 사람이 그의 지적 능력을 잘 살려 공부를 잘 할 수 있기 위해서는 마음과 환경의 좋은 분위기가 반드시 필요하다. 말하자면 지능지수는 그렇게 높지 않더라도 주위의 좋은 환경이 주어질 때 지능지수가 높은 사람보다 더 좋은 결과가 나타나는 것을 볼 수 있기 때문이다.

어린 시절 고향에서 학교를 다닐 때 항상 일등만 하던 친구는 지금 운동화 공장에서 사무 직원이 되어 있고, 공부를 중간밖에 하지 못했지만 누구나와 친할 수 있는 인성 좋은 친구는 크지는 않으나 자기 회사의 사장이 되어 있다. 어느 쪽이 성공이냐고 묻는다면 관점에 따라 다르게 답할 수 있겠으나 자기 회사 사장을 그만두고 고무신 공장 직원으로 갈 사람은 많지 않을 것이다. 머리가 좋은 친구가 반드시 다 그런 것은 아니지만 세상을 살다보면 두뇌가 명석하고 영리하다고 반드시 성공하는 것도 아니고 빨리 잘 달린다고 경주에 일등 하는 것만도 아니다. 그렇다면 우리 인간을 승리케 하는 요인이 무엇이냐고 물어 보지 않을 수 없다.

극단적인 실례가 되겠지만 독일의 잔인한 상황 속에서 학교의 낙제생이던 아인슈타인은 미국의 자유 환경 속에서 상상도 하지 못할 큰 성과를 이루었다. 아인슈타인은 과학 세계의 새로운 창문을 여는 학설을 발표하여 노벨상을 받았다. 그러나 그토록 IQ를 중심으로 학교교육을 중시한 우리 나라에서는 아직 노벨상 수상자가 한 사람도 나오지 않았다는 것은 우리 교육의 방법론에 지대한 반성을 촉구하는 점이라고 생각된다.

오늘날까지 우리는 인간의 능력을 측정하는데 IQ라는 지능지수 하나만을 가지고 인간의 능력을 평가해 왔는데 EQ라고 하는 감성지수라는 말이 새롭게 등장하는 바람에 우리들 사회에 감성 교육과 인성 훈련에 대한 돌풍이 불고 있다. 이 바람이 언제까지 불어 어떻게 변화 발전할지 아무도 모른다. 생활에서 교육과 정치에 이르기까지 한때 유행으로 떠들다가 소리 없이 사라지는 광경들을 많이 볼 수 있다. EQ 바람도 그와 같이 한참 떠들다가 조용해질지 모르지만 IQ와 EQ는 어느 한쪽도 등한시할 수 없는 중요한 것이다. 그렇기 때문에 IQ와 EQ에 대한 바른 이해와 상호보완 작용을 통해서만 인간의 바른 인성 교육과 지성 교육이 가능하다는 사실을 강조하고 또 강조하고 싶다.

오늘날 한국의 시대 흐름을 보면 인간 교육을 위해서는 EQ만이 만능인 것처럼 강조하는 것 같으나 EQ와 IQ는 모두다 중요한 것이다. 인성 훈련 없는 지성, 지성 없는 인성 훈련이란 잉크 없는 만년필이나 다를 바가 없는 불완전한 것이기 때문이다.

한 마디로 선언을 한다면 인간 개발이나 인성훈련, 나아가서 EQ라는 낱말이 생기기 몇 천 년 전부터 EQ개발을 통해서 IQ의 발달을 시킴으로 말미암아 세상의 모든 이목을 집중 받았던 성공적인 민족의 실례를 통전적으로 보여 줌으로써 오늘날 우리의 교육과 생활의 실제적인 교훈으로 삼아야겠다는 것이 본서의 목적이다. 따라서 본서에서는 EQ와 IQ의 이론들을 장황하게 열거하고 비교하는 것이 아니라 인간의 능력 개발은 EQ에서 시작되어 IQ로 전이되어야 하며, 나아가서 IQ의 왕성한 활동은 EQ의 동기 유발의 힘을 빌리지 않고는 전혀 불가능하다는 점을 밝히고 싶다. 쉽게 말하자면 EQ의 개발과 훈련 없이 IQ의 효과적인 활동을 기대할 수 없다는 것이다.

앞에서 이야기한 EQ의 개발을 통해서 최대치의 IQ 발달을 시킴으로 세계 어디를 가나 주목을 받고, 주목을 받아 뛰어남으로 미움을 받아 2000년의 유랑 생활 속에서 죽어 가면서도 살아난 민족의 생활 이야기를 하고 싶다. 그들의 위대함은 IQ나 EQ의 이론이 생기기 몇 천 년 전부터 그 이론의 통달자요 실천주의자가 되어 있었다. 그들은 메소포타미아의 남단 하란에서 시작하여 나그네 인생 길을 4000여 년 동안 걸어온 유대인, 속칭 히브리인이라고도 부르는 이스라엘 민족들이다. 그들은 이 지구상에 존재한 민족 가운데 가장 혹독한 환경과 가장 잔인한 인간 대우와 가장 영광스러운 존귀를 받으면서도 세계사의 중심 국가들과만 관계를 가지고 왔다. 바벨론, 애굽, 앗시리아, 바벨론(제이차 대면), 페르시아, 마게도니아, 히랍, 로마, 스페인, 폴투갈, 신성로마제국, 터키, 러시아, 독일, 영국, 미국 등이 그들과 정대면한 주요 나라들이다.

유대인들은 일반적으로 우리가 알고 있는 수전노 그리고 명석한 두뇌를 가진 사람들이 결단코 아니다. 대부분의 유대인들은 다른 나라 사람들과 다를 바 없는 보통 사람들이었기 때문에 IQ가 높다거나 EQ가 발달된 민족이라고 전혀 생각할 수 없는 사람들이다. 꼭 이야기를 하자면 FQ(fidelity or faith quotient, 충성 지수 내지 신앙 지수)가 높아서 한번 생각하고 결심한 바는 백년 천 년이 가도 변치 않고 지키는 점이 다른 특수한 사람들일 뿐이다.

　유대인의 역사와 신앙생활을 연구해 보면 몇 천 년 시대의 흐름 속에서도 변하지 않고 가지고 있는 FQ야 말로 오늘날 토론의 주제가 되고 있는 EQ라는 것으로 해석하게 되었다. 이들이야말로 태어날 때부터 IQ가 좋아서가 아니고 EQ내지 FQ의 훈련을 통해서 신적인 능력이라고까지 할 수 있는 무한대의 IQ로 발전하여 인류가 놀랄 일들을 감행해 온 민족이라고 생각한다. 태어나면서부터 유대인들은 생활의 전체를 형성하는 습관과 전통 그리고 교육 속에 있는 EQ의 훈련 속으로 들어간다. 마음에 위축이 생기면 아무 것도 되지 않는다. 그래서 그들은 배우기 전에 먼저 마음의 밭을 정결하게 손질부터 한다. 낳자마자 그들은 하나님의 선택받은 특수한 민족이란 표시인 할례를 받는다. 어떤 상황 속에서도 하나님의 자녀로서 가능과 희망의 세계를 바라볼 수 있는 신앙을 가슴에 심는다. 할례란 더 이상 사람의 자식이 아닌 신의 자녀라고 하는 거룩한 표식으로 반드시 하게 되어 있다. 이 할례를 통해서 그들의 감성은 하나님의 자손으로 이 세상 사람과 다르며, 세상과 우주를 지배하고 다스리는 민족 자긍심을 갖게 되었다. 오늘날 많은 사람들이 할례를 건강상의 문제로만 해석하는데 유대인의 세계에서는 건강 이상의 뜻이 그 속에 있다. 할례는 우주의 주인이신 하나님이 나와 함께 하는 표식으로 받아 간직한다.

　유대인들이 말하는 신앙이란 EQ의 모든 내용들을 포함하고 또 그 이상을 추구하는 속성이 그 속에 있다. 그들의 신앙은 어떤 불가능의 환경 속에 처한다 할지라도 마음에 기름을 쳐서 창조적인 인생이 되게 하는 것이다. 공부를 하기 전에 그들은 공부를 해야 하는 이유와 기쁨에 대한 것을 축제를 통해 먼저 배우게 되므로 모두가 공부를 사랑하게 된다. 공부 자체보다 공부를 사랑하는 마음을 갖는 것이 더욱 중요하다. 배움 자체가 인생의 즐거움이 될 때는 항상 배움을 가까이 함으로 자신을 위대하게 발전시킬 수 있기 때문이다. 그러므로 시험에 합격하여 좋은 대학에 들어가는 것이 인생의 목적이 아니기 때문에 배움을 통해서 진정한 하나님의 사람으로 폭 넓은 인간 훈련을 받아야 한다고 주장한다.

유대인들이 세계의 어느 민족보다도 위대하고 명석하게 된 이유를 높은 IQ에서 찾는 것이 아니라 EQ에 근거한 그들의 신앙과 생활 속에서 연원되었다고 하는 것을 강조하고 싶다. 곧잘 유대인은 두뇌가 명석한 천재로 태어났고 위대한 교육을 받아서 빼어난 민족이 되었다고 생각한다. 그와 같은 방법으로 유대인을 이해하려는 것은 유대인들을 전체에서 보지 않고 부분에서 보는 어리석은 관점이다. 유대인들은 유일 신앙이라고 부르는 EQ에서 시작하여 IQ의 지혜스런 활용을 통해 천재가 되고 승리한 민족이다.

2
EQ와 IQ

　90년 예일 대학의 피터 새로비 교수가 감성 지능에 대한 연구 논문을 구체적으로 개발하여 발표함으로 인간 교육의 혁명이라고까지 부를 수 있는 변화를 일으켰다. 감성지능이란 10년 전부터 학계에서 논의되기 시작한 것을 언론에서 이슈화시킴으로써 대중화되기 시작했다.
　교육 열의에서 세계 두 번째 가라면 서러워할 한국에서는 그 이론적인 연구나 실험의 과정도 거치지 않고 모든 교육을 감성 지능을 통해야만이 성공할 수 있다고 선전함으로써 인성 개발에 목적이 있는 감성 지능을 출세 지향적인 인간 만들기에 초점을 맞추었다. 획일적인 IQ의 지수는 학문적인 전문성을 갖춘 지성인 만들기에 초점을 맞추는 것에 비해 EQ는 사람과 환경을 이해할 줄 아는 합리성, 감정의 조건, 상대방의 입장, 현실의 적응성을 충분히 고려하는 전인적 인간 개발에 중점을 두고 있다.
　EQ를 말하기 전에 IQ(Intelligence Quotient), 즉 인간의 지능지수를 먼저 말하자. IQ란 외부적인 요소에 의해서 거의 영향을 받지 않는 지성적 능력을 두고 하는 말이다. 교육의 경험이 별로 없음에도 불구하고 상당한 영민성을 갖춘 능력자가 있다. 그런 사람들을 우리는 수재, 천재, 또는 신동이라고 부른다. 아버지 혈통에서 왔을 수도 있고, 어머니의 혈통에서 왔을 수가 있다. 수학 분야에서 그럴 수도 있고 음악 분야에서 탁월할 수도 있다.
　그러나 이것에 비해 EQ(Emotional Quotient)는 타고난 영민성이나 총명을 말함이 아니고 훈련에 의해서 발전 가능할 수 있는 자기 인식·잠재력·열정·인내력과 동기 유발을 포함한 감성 내지 감정의 개발과 유지하는 능력을 두고 하는 말이다.

IQ는 부모로부터 물려받은 부동의 기본 재산임에 비해서 EQ는 인간의 희로애락의 모든 감정조절을 통해서 자기를 발전시킬 수 있는 잠재력을 의미한다. 훈련을 통해서 완벽하여질 수 있는 인성개발, 어떤 상황 속에서도 충직하여 신뢰하고 인내할 수 있는 사람의 품격을 포함하는 마음의 모든 흐름은 EQ의 대상이다. 충직성·인내성·신뢰받는 믿음·하나님을 향한 신앙 같은 것은 무진장으로 개발되어질 수 있는 분야이다.

기독교에서 말하는 구원 감정을 가지고 사는 사람과 허무에 사로잡혀 사는 허무 감정의 소유자를 비교해 보자. 구원감정을 가지고 생활하는 사람은 어떤 어려운 상황 속에서도 희망과 꿈을 버리지 않고 인내로 노력한다. 희망에 대한 구원 감정은 생각이나 생활 전반에 창조적이고 건설적으로 나타난다. 그러나 증오나 질투 감정 또한 허무 감정의 소유자는 아무리 좋은 환경 속에 산다 할지라도 결과는 파괴와 절망만 생산해 낼 것이다. 마음에 느끼고 품은 생각대로 생활 속에 나타나기 때문이다.

IQ는 부모로부터 물려받은 것이기 때문에 교육을 받고 안 받고를 떠나서 항상 유지할 수 있는 영민성이다. 교육을 받고 안 받고에 큰 영향을 끼치지 않는 불변성이 있어 모든 활동 속에 영민함이 작동하여 지성적 발전이 돋보인다. 이에 비하면 EQ는 싹이 나지 않은 씨앗과 같은 것이다. 물주고 적당한 온도를 가하면 아주 잘 성장할 수 있는 가능성이 있다. 그런가 하면 물기와 온도를 잘못 조정하여 건조하거나 너무 춥기만 하면 나왔던 싹도 시들어 죽어버린다. 머리는 그렇게 명석하지 못해도 사람들 사이에서 신뢰성이 있고 하나님을 향한 변함없는 믿음을 가지고 어떤 어려움 속에서도 노력하기를 쉬지 않아 성공하는 것은 EQ의 세계이다. 성질을 잘 내는 다혈질의 사람의 경우 성질을 잘 부리는 것이 좋은 일이라고 할 수는 없지만 그 성질을 의분으로 승화시켜 정의와 사랑을 위해 사용한다면 그것 역시 EQ를 유용하게 개발한 때문이다.

　EQ의 바람이 불기 시작한 오늘날 한국의 교육계에서는 IQ는 좋지 않아도 EQ만 좋으면 모두 성공하는 것 같은 분위기를 만들고 있다. 그러나 EQ의 개발이 중요한 만큼 IQ의 영민함 역시 대단히 중요하다는 사실을 동시에 깨닫게 해야 한다. IQ가 좋은 사람이 EQ의 개발을 통해서 자신을 잘 통제하고 조절한다면 그것 이상 더 좋을 것이 어디 있겠는가? 그러나 대체로 IQ좋은 사람은 IQ 치수의 높은 것에 대한 오만을 가지고 자기 성격을 쉽게 교정하려고 노력하지 않는 약점이 있다.

　인도의 국부 모한다스 간디는 인도 사람으로서 드문 수재였다. 영국의 일류 대학을 나와 변호사가 되었다. 영국의 일류 대학을 나와 변호사가 되었다는 오만함 때문에 영국 백인들만이 탈 수 있는 일등석 기차를 타고 남아프리카를 여행하였다. 자기의 오만함이 자신의 피부 색깔도 바로 보지 못하게 만들었다. 그래서 일등석 기차를 타고 가는 도중에 백인 차장에 의해 밖으로 쫓겨나는 수모를 당한다. 그때서야 자신이 영국인과 같은 백인이 아니라는 사실을 깨닫고 사람의 대접을 받지 못하는 자기 동족들을 형제로 대하게 되었다. 이전에는 3등 인간으로 생각하고 상대도 하지 않던 그들의 인권을 위해서 싸우기 시작했다. 6개월 동안의 법률고문을 담당하기 위해서 갔던 남아프리카의 여정이 20년의 세월이 되어 버렸다. 20년의 세월 동안 간디는 다시 태어나는 인생이 되었다. 그의 삶이 끝나는 순간까지 그 사람들의 아픔과 눈물을 위해서 싸우는 인생을 보내게 되는데, 1등석 기차 속에서 유색인종으로의 수모를 당하지 않았더라면 간디의 가슴속에 잠재해 있던 무폭력, 인간의 평등권, 인간의 해방 같은 창조적인 힘은 상상치도 못했을 것이다. 눈물나는 유색인종의 차별과 수모를 통해서 간디의 EQ 속에 있는 사랑·인내·무폭력·만인평등·평화 같은 위대한 생각들이 개발되어졌다고 본다. 이런 점에서 볼 때에 그의 인간적 수모는 그의 가슴속에 있는 위대한 생각을 개발하는 동기 유발이 된 셈이다. IQ의 능력만 의존하던 삶에서 정서 능력의 세계로 방향을 바꾸게 된 것이다.

한국의 어떤 대재벌의 어려웠던 시절에 이런 일화가 있다. 고물 트럭 한 대를 가지고 운수사업을 하던 그가 6·25 전쟁이 터진 얼마 후 국도를 따라 짐을 싣고 부산으로 가고 있었다. 어떤 미국 부인이 고장난 자동차 옆에서 낭패를 당한 표정을 하고 있었다. 영어를 모르는 그는 자기도 모르는 사이에 동정심이 발동하여 자동차를 세웠다. 말이 필요 없을 정도의 간단한 고장을 고쳐 주었다. 미국인 부인은 너무 고마워서 어쩔 줄 모르다가 명함 한 장을 주었다. 표정으로 보아 자기 집에 한번 찾아오라는 것쯤으로 이해하고서 부산을 향해 떠나갔다. 바쁜 일상 생활 속에서 잊어버리고 있다가 아주 오랜 후 서류정리를 하다가 그 명함이 나왔기에 그 주소로 찾아가 보았다.

그 부인의 남편이 미군 수송 차량의 책임자로 있다가 그 부대가 본국으로 철수하기 때문에 모든 헌 차량을 정리하고 있던 때였다. 제일 좋은 때에 은인이 찾아온지라 모든 헌 차의 처리를 그 사람에게 맡겼다. 길가에 있던 고장난 자동차를 고쳐준 작은 인정이 이런 큰 결과로 나타났다. 미군들의 헌 차는 그 당시 한국 사람들에게는 새 차나 마찬가지였다. 여기에서 그의 재벌 행보가 시작된 셈이다.

여기서 생각할 수 있는 소재는 대단히 많다. 영어를 잘하는 것이 기회가 된 것이 아니었다. 돈이 많아 좋은 차를 타지 못하고 간 것도 문제가 되지 않았다. 어려움을 당하고 있는 미국인 부인을 향해 그가 할 수 있는 작은 인정을 베푼 것밖에 없다. 그러나 그것은 상황의 필요에 가장 민감한 태도였고 고난 당하는 상대방의 가슴에는 깊이 새겨진 감동이었다. 어려움 속에 있는 사람의 문제 속에 자신의 감정을 이입하는 친화력을 보인 것은 유창한 영어보다 더 위대한 힘을 발휘할 수 있게 했다. 타인이 무엇을 원하는지 살펴 그 사람이 가장 필요로 하는 욕구를 해결해 줄 수 있는 인성은 인간의 관계를 얼마나 풍요하게 하는지 모른다.

 IQ의 세계에 비해서 정서능력과 감성치수의 세계는 무궁무진한 개발의 영역을 가지고 있다. 예측 가능한 지능으로 세계를 판단하고 일을 시작하거나 포기하는 것이 아니라 할 수 있다는 희망감정으로 시작한다. 가난하나 일어서야겠다는 구원 감정으로 자신의 불우한 환경을 극복하는 것은 IQ의 능력보다 더 위대한 것이다. IQ가 좋은 사람이 한 시간에 읽고 해독하는 것을 두 시간에 해독하는 사람이라 할지라도 그 사람이 IQ 좋은 사람에 대해서 열등감을 느낄 필요가 없다. IQ 좋은 사람이 한 시간에 읽고 해독하고 노는 사이에 EQ가 좋은 사람은 더욱 노력하고 인내하면 우수한 IQ의 사람을 능가할 수가 있다. 이런 관점에서 볼 때에 IQ의 세계보다 EQ의 세계는 넓고 개발가능의 희망도 더욱 크다고 할 수 있다.

 미국의 유명한 설교가 로버트 슐러 박사가 오래 전에 이런 이야기를 했다. 자기가 큰 교회를 시작하려고 할 때 그 교회의 머리 좋은 장로들에게 그 도시의 1만 4천 가호의 종교 상태를 조사하여 교회 발전에 참고를 하자고 했더니 장로들이 그 많은 숫자를 어떻게 조사하느냐고 거절해 버렸다. 그 후 학벌도 별로 없는 집사 몇 사람들에게 이야기를 했더니 그런 것쯤은 별 문제없이 하겠다고 했다. 어떻게 하느냐고 물었더니 자기 집 식구만 해도 아내와 딸을 합치면 4명이니 그 4명의 식구들이 각각 자기 친구 한 사람에게 부탁하면 한 가정이 8명까지 동원할 수 있으니 집사들 10명이면 일주일 내에 할 수 있다고 했다. 집사 10명이 80명의 식구와 친구들을 동원하여 1만 4천 가호를 방문하여 교회의 시작을 알리는 인사와 함께 종교 동향을 아주 간단히 조사해 버렸다.

 이 이야기는 머리 좋은 사람이 큰일을 하는 것이 아니라, 하고자 하는 열망이 있는 사람이 큰일을 할 수 있다는 것을 가르쳐준다. 열정이란 명석한 두뇌보다 더 위대한 잠재력과 가능성을 개발할 수 있는 힘이 있다. 신약성경에 나오는 두뇌 명석한 유다란 사람은 재정을 맡아 약삭빠른 계산으로 인하여 선생 예수를 팔아먹고 자결하는 종말을 맞게 된다. 돌이란 이름을 가진 시몬이란 인물은 아주 낮은 IQ를 가졌지만 충직성과 무엇인가 되어 보고자 한 열정은 대단했다. 여러 가지의 실수를 하면서도 그의 열정은 그를 계속적으로 발전시켜 그리스도의 정신을 세계화하는 반석이란 이름으로 탈바꿈하게 된다. 그가 바로 베드로이다. 돌이 의미하는 이미지란 둔하다는 뜻이다. 그럼에도 불구하고 충직성과 열성으로 노력한 결과 그는 위대한 설교가로서 기독교의 기틀을 놓은 수장이 되었다. 성경에 나오는 위대한 믿음의 아버지들은 높은 IQ를 지닌 인물들이 아니라 열정을 가지고서 모든 고난을 참아 견디며 자기를 개발시키고 많은 사람의 필요에 자기를 희생시킨 EQ의 인물들이다.

우리는 성공과 IQ 의 관계에 대해서 잘못된 생각을 가지고 있다. 높은 IQ의 치수를 가진 천재만이 반드시 성공하는 것이 아니다. 사람이란 대다수가 후천적인 교육의 훈련에 의해서 성품과 재능이 다듬어져 인류의 재목으로 자란다. 발명왕이라고 불릴 만큼 인류 문명에 위대한 업적을 남긴 에디슨도 그의 천재적 재능이 어디서 나왔느냐고 물었을 때 99%의 노력, 즉 인고의 훈련에 의해서 가능했다고 대답했다. IQ가 높은 천재로 태어난 것은 자랑할 것이 못된다. 사람은 자기개발과 인성의 훈련, 그리고 교육적 노력에 의해서 다시 태어나는 것이다.

그렇다고 해서 EQ의 개발이란 교육만을 뜻하는 것은 아니다. EQ는 개발과 교육만이 아니라 감정이나 기질을 창조적으로 활용하기 위한 훈련이나 통제가 대단히 중요하다는 것을 명심해야 한다. EQ 개발과 통제에 힘을 쏟는다는 것은 잘못된 인간성, 성격과 생활 태도를 바꾸어 새로운 모습으로 변화시켜 나간다는 뜻도 있다. 이 말은 희로애락과 인내, 충성심 그리고 감정조절, 분노의 발산, 애증의 표현 등을 창조적이고 건설적인 방향으로 개발하여 간다는 것이다.

실례를 하나 들어보자. 흐르는 강물은 모든 것을 인간에게 가져다준다.

식수, 농수, 자연환경 때론 수로까지 제공한다. 그러나 홍수가 나면 범람한다. 누구도 막을 수 없는 흙탕물이 강을 메우고, 넘치면 들판과 도시를 황폐케 한다. 자연 그대로의 강물은 누구도 부정 못할 자원이다. 그러나 비가 와서 넘쳐 범람하면 무서운 파괴가 가져온다. 그 때 생각하기를 강물의 범람을 막는 댐을 만들자. 댐에 물을 가두기만 하면 홍수도 막고, 후에 유용하게 그 물을 사용할 수 있게 된다. 자연 그대로의 강물은 IQ의 상태이고 댐을 막아 활용하는 것은 EQ의 상태이다. 흐르는 강물 그대로 사용하면 그대로 좋긴 하나 댐을 막아 사용할 수 있기만 하면 자연그대로의 강과는 비교할 수 없는 잠재력이 생산된다. EQ의 개발만이 중요한 것이 아니라 통제 역시 중요하다는 것은 이것을 두고 하는 말이다. 그러므로 IQ의 명석함에 열정을 더하고 EQ의 열정에 냉정한 지성을 가미하는 일은 건강한 인간개발을 위한 기본이해라고 생각한다.

본서에서는 IQ나 EQ 의 교육학적 비교를 이론적으로 증명하고자 하는 것이 아니다. 역사 위에서 지나간 세대를 살면서 가장 현명하게 EQ를 개발하고 IQ를 활용한 민족은 저자의 독단 같으나 유대인밖에 없다고 본다. 유대인들이 가진 하나님 신앙은 EQ의 내용 전체를 포함하는 개념이다. 유대인들은 결단코 천재로 태어나지 않았다. 하나님을 향한 신앙의 열정인 EQ를 개발 훈련 조절함으로써 IQ의 세계를 무진장으로 확대시켜 세계 인류에 공헌한 민족이 되었다고 생각한다. 그들의 신앙과 생활 속에서 EQ와 IQ를 어떻게 이해하고 활용하여 풍상과 질고의 5000년을 천재적으로 살아 왔는지를 알아야 한다.

3

유대인의 신앙과 거룩과 생활

유대교에서는 하나님이 거룩하니 너희도 거룩하라는 말씀을 생활의 원리로 삼는다. 그들의 생활과 신앙과 교육에 걸친 모든 삶의 구석구석에 거룩이 지배해야 한다고 믿는다. 토라의 모든 가르침의 목적은 인간의 거룩을 회복하기 위함이라고 해도 과언이 아니다. 그렇다면 유대교 사상에서 거룩함이란 구체적으로 어떤 것을 의미하는 것인가 생각해 보자.

일반적으로 생각하기에 거룩이라고 하는 것은 세상의 즐거움이나 고난과 상관없이 생활 저쪽에서 고고하게 살아가는 것으로 생각한다. 생활 태도나 말하는 목소리까지도 남들과 다른 특이한 모습을 보이는 것이라고 생각하기 쉽다. 이와 같은 금욕적인 삶의 모습은 유대교의 거룩과는 아무런 상관이 없는 것이다. 보통 사람들이 사는 삶의 길을 떠난 금욕적인 삶이 유대교의 거룩과 전혀 상관이 없다고 하면 논쟁의 소재가 될 수도 있을 것이다. 거룩이란 부부 생활도 않고 산 속에서 금식과 기도에 전념하면서 속세와 담을 쌓은 생활을 하는 것이라고 생각하기 쉬우나 유대교의 거룩은 전혀 그런 것이 아니다.

유대교의 거룩이란 인간의 삶에 참여하여 기쁨과 고뇌를 함께 나누고 삶의 진실과 부당성이 무엇인지 판단하여 생활 속에서 실천하면서 땀 흘리면서 자기 책임을 다하는 태도이다. 삶과 일 속에서 깨끗함과 불결함을 가려 행동하고 윤리적으로 바른 길을 위해서는 어떤 희생도 감수하고 자신을 바칠 줄 아는 태도이다. 하나님이 지으신 세계를 새롭게 하기 위해 끊임없는 노력을 하는 삶의 책임을 두고 하는 말이다. 도덕적으로 건강하고 사랑의 길에 철저하면 할수록 그 개인은 더 완벽한 거룩에 가까이 가고 있는 것이다.

　유명한 토라 주석가 래쉬(Rashi)는 이렇게 말한 바가 있다. 거룩하다는 뜻은 너 자신을 세상에 있는 보통 사람들과 다르게 분리시키는 것이다. 세상 사람이 가는 길을 떠나라. 우상 숭배하는 사람에게서 떠나라. 부정한 사람에게서 떠나라. 세속주의자와는 분리하라. 불경한 짓에서 떠나라. 도둑질에서 떠나라. 의식주의 문제와 시간과 장소의 문제까지 모든 불결과 악에서 떠나는 것이 거룩이라고 주석해 놓았다. 결국 유대인들이 위대해질 수 있는 요인 가운데 하나는 그들은 세상 사람들과 같지 않고 무엇에든지 다르게 되고자 하는 선민 인식에 있다고 생각된다. 유대인들은 스스로가 세상 사람들과는 무엇에서나 달라야 한다고 생각하고 행동한다.

　토라는 유대인들이 어떤 장소 어느 때든지 거룩해야 한다고 가르친다. 그들이 토라의 계율을 지키는 것은 세상 사람들과 같지 않고 거룩해지기 위해서이다. 거룩한 사람들은 그들의 삶의 환경을 거룩하게 하고 사회를 거룩하게 하고 세상을 거룩하게 할 수 있다. 유대인들에게 있어서 거룩이란 하나님이 보시기에 아름답고 정당하며 선한 길을 감으로써 하나님의 뜻을 나타내는 것이다.

　말하기는 쉬워도 이렇게 실천하는 것은 쉬운 일이 아니다. 인간은 인간이기 때문에 아무리 유대인이라 할지라도 모든 유대인들이 이같이 목표한 대로 생활하지 못한다. 유대인의 역사는 하늘에서 내려진 이 책임을 회피하기 위한 반역과 거역의 과정이라고 해도 과언이 아닐 정도로 패역한 삶의 연속이었다. 유대교의 역사 속에서 찾아볼 수 있는 유대인들의 끊임없는 탄식 소리는 우리도 이웃 나라의 사람들처럼 평범하게 살자고 외치는 것이었다. 때론 원하는 대로 인근 나라들이 가는 길로 가기도 했으나 그것이 불행의 화근이 되어 바른 길을 가기 위해 고난을 당하는 것보다 더 심한 고통을 당하기도 했다. 따라서 자기의 독특성을 지키기 위한 노력 때문에 지쳐서 답답하고 괴로워할 때가 너무나 많았을 뿐만 아니라 때론 속죄양이 되어 희생을 당하기도 했다. 그럴 때는 과거를 잊고 또 다시 모든 나라 사람들처럼 특권 의식도 포기하고 차별도 당하지 않는 생활을 하고 싶었다. 그러나 그와 같은 거역을 하면 할수록 유대인들이 짊어져야 하는 책임의 양은 증가하여 피할 수가 없게 된 것이 유대인의 역사다. 3200년 전 모세가 세상을 떠나기에 앞서 이 같은 반역과 거역의 삶을 그의 후손들이 할 것이라 예상하고 간절한 마음으로 그의 후손인 유대인들에게 이렇게 간청한 바가 있다.

> 내가 이 언약과 맹세를 너희에게만 세우는 것이 아니라 오늘날 우리 하나님 여호와 앞에서 우리와 함께 여기 선 자와 오늘날 우리와 함께 여기 있지 아니한 자에게까지니(신 29:14-15).

이것은 모세의 고별사요 그의 후손들을 위한 간곡한 유언이다. 오고가는 세대를 통해서 변함없이 이 말씀을 지킴으로 거룩한 백성이 될 수 있다는 것을 알려주는 말씀이다.

유대인의 생활 속에서 거룩이라고 하는 것은 양보할 수 없는 생명과 같이 귀한 삶의 원칙이다. 그래서 유대인들을 구별된 삶, 선택된 민족, 시간도 거룩하게 구별된 시간으로서 안식일 축제, 안식년 축제, 희년 축제, 유월절 등을 지킴으로써 하나님을 경배하는 시간을 따로 갖는다. 땅 역시 거룩히 구별된 지역을 성지 예루살렘 또는 성전이라고 불렀다. 이렇게 함으로써 그들이 하나님의 뜻을 이루어 나가는 충실한 종으로서 메시야 사명을 다한다고 믿었다. 메시야란 인류를 구원하며 하나님의 왕국을 세울 하나님의 일꾼을 뜻하며 기독교에서는 예수 그리스도를 메시야라고 불렀다. 그러나 유대인들은 모두가 선택받아 하나님의 자녀로서 메시야의 역할을 다해야 한다고 믿었다. 하나님이 지으신 세상을 책임지는 민족이 되기 위해서 하나님의 법을 지킨다. 지킴으로 인하여 그들이 하나님의 뜻이 이루어져 나가는 제사장의 나라가 되기 때문이다. 제사장이 된다는 것은 지식이 있고 없고, 재산이 있고 없고를 떠나 세상과 세상 사람들을 돌보고 축복하는 큰 인간이 된다는 뜻이다. 유대인들은 교육을 받기 전에 이미 세상을 가슴에 품은 큰 뜻을 먼저 일깨워 준다. 유대인들이 구별된 선민이라고 하는 말과 제사장 또는 거룩이라는 말은 같은 뜻이다. 유대인들이 법을 지키고 교육을 받은 이유는 구별된 백성, 구별된 삶을 살기 위한 것이다.

"너희가 내게 대하여 제사장의 나라가 되며 거룩한 백성이 되리라(출19:6)

유대인을 위대하게 하는 것은 개인 한 사람의 생명이 죄악에서 벗어 나 구원의 세계로 들어가는 개인 구원에 사로잡힌 신앙생활을 하는 데 있지 않다. 그들에게 있어서 구원관은 인생의 출발이요 시작에 불과한 것이다. 내 생명이 선택받은 백성으로 새롭게 태어났기 때문에 하나님의 큰 뜻을 이루어야 한다는 열정과 신앙을 품게 된다. 이 메시야의 열정과 신앙을 가지고 삶으로써 하나님에 대한 제사장의 나라가 되어 그들로 인하여 억조창생이 복받게 해야 한다고 생각한다. 그들이 유대인으로서 메시야 사명 즉, 메시야의 역할을 해야만 인간으로서 도리를 한다고 믿고 있다. 그런 점에서 크리스천이 메시야이신 예수를 기다리는 것과는 달리 유대인들은 메시야의 사명을 스스로 다해야 한다고 믿고 피땀 흘려 노력하는 메시야 자의식을 가진 민족이다. 이 메시야 사상은 그들의 생활을 이 땅에 사는 모든 사람들과 완전히 다른 생활이 될 수 있게 해주는 주요인이 된다. 뿐만 아니라 인류를 위한 메시야가 되기 위해서 그들은 인내하고, 고통을 참고, 배우고 노력함으로써 새로운 사람으로 다시 태어날 수가 있게 된다.

유대인의 생활 속에서의 거룩이란 사람이 사람답게 되어야 하는 인간의 지고한 삶의 목표요 원리이기 때문에 지식을 쌓고 학위를 받고 돈을 벌고 유명해지는 데 최종적인 뜻을 두지 않는다. 오히려 하나님의 큰 뜻인 거룩한 삶, 세상 사람들이 가는 길을 가지 않고 무엇인가 다른 선민으로 사는 것이다. 그러기에 유대인들의 삶과 교육은 결단코 주입식 지식에서 시작하여 지위와 명예를 얻는 출세에 있는 것이 아니라 세상 사람들과 구별된 거룩한 사람이 되는 전인교육이다.

이 거룩의 원리. 무엇인가 남들과 다른 생활을 해야 한다는 선민의식, 구별의식은 그들의 가정생활, 사회생활, 그리고 그들의 자녀 교육에도 그대로 적용되어진다. 이 세상의 모든 아이들과는 다른 교육, 특이한 교육을 시행해 왔다. 일등교육이나 취직교육이 아니라 세계의 최상을 추구하는 신의 뜻의 세계를 추구하는 것이다. 세상과 다르기 위해서는 특이한 삶과 교육의 길을 걸어야 한다고 믿어왔다. 많은 돈을 들여 과외를 시키고 유능한 선생을 찾고 많은 돈을 들여 연수를 보내는 행사 교육이 아니라 눈을 뜨는 새벽부터 저녁까지 가정에서 교회까지 교회에서 사회에 이르기까 모든 생활이 교육과 신앙의 목표를 위해 짜여져 있다. 잠자리에서 일어나면 쉐마 암송을 하고 낮에는 기도문을, 저녁이면 기도 찬송문을 암송한다. 식사 때 드리는 암송문은 말할 것도 없고 식후에도 기도문이 있다. 저녁식사 시간은 그날 배운 것을 복습하고 온 식구가 함께 나누는 연습장이 된다. 특별 절기를 제외한 그들의 일상생활은 전부가 거룩의 연습이고 교육의 연장이다.

4

교육의 목표

　오늘날도 유대인을 "책의 민족"이라고 부르는데 이 말은 유대인들이 언제 어디 가서 무엇을 하더라도 배우는 일을 가장 중요하게 여긴다는 것을 두고 하는 말일 것이다. 유대인의 전체 역사를 살펴볼 때에도 공부하는 일은 가장 귀하고 존경받는 일로 간주했고 또한 배움을 통하여서 많은 위대한 성취가 가능했다고 말할 수 있다. 유대교의 신앙이란 하나님을 믿는 것이다. 하나님을 믿는다는 것은 하나님을 배우는 것이다. 하나님을 배워 하나님다움의 위대함과 전능함을 습득하고 행사할 수 있게 되는 것이다. 유대인에게 있어서 신앙이란 배우는 일이다. 어떤 종교는 믿음을 신비한 기적이나 교리의 순종이나 맹종이나 금욕 등을 뜻하기도 하지만 유대교의 믿음은 하나님의 말씀을 듣고 배워 하나님을 닮아 넓고 큰 사람이 되는 것이다.
　모든 사람은 태어나면서부터 낡아지기 시작한다. 아무리 낡아지지 않으려고 노력해도 인생은 피할 수 없이 낡아질 수밖에 없다. 그러나 배움을 통해서만이 낡아지는 자신을 피할 수 있다. 배움이란 자신이 알지 못하는 새 세계를 만날 수 있게 해주기 때문이다. 뿐만 아니라 배움은 자신의 낡음과 무지를 깨우쳐 주기 때문에 항상 새로워지고자 하는 열정을 불러일으킨다. 배움만이 인생을 낡지 않고 새롭게 할 수 있다. 우리가 신앙을 무엇이라고 이해하든 상관없이 유대인들은 신앙을 배움이라고 생각한다.
　탈무드는 유대인들이 낡아지지 않고 새로워지기 위해서 얼마나 노력해 왔는가를 보여주는 증거라 해도 과언이 아니다. 탈무드를 여러 관점에서 정의할 수 있겠지만 교육적인 관점에서 볼 때 탈무드는 하나님을 닮아 새로워 지고자 노력하는 유대인들의 몸부림의 표시라고 해도 과언이 아닐 것이다. 여기 소개하는 탈무드의 비유는 유대인의 종교문학이나 학교 교육에서는 빠질 수 없는 중요한 일화이다.

유명한 랍비 아키바(Akiba 50-137)의 비유 이야기는 유대인 어린이들의 교육을 위해 없어서는 안될 중요하고도 흥미 있는 내용을 담고 있는 것으로 유명하다. 어린아이들이 아키바의 유명한 '늙은 호니(Honi) 할아버지' 이야기는 지금 들어도 흥미 있는 것이다.

아주 늙은 할아버지가 사과나무 심는 것을 어떤 여행객이 보고 물었다.
"이 나무를 심으면 언제 사과를 따먹을 수 있나요?"
"아마 20년 후가 될지도 모르지!"
"그때까지 할아버지가 살아 계실 수 있다고 믿으십니까?"
"그때에 세상이 파괴된다고는 생각지 않네. 내 뒤에 오는 사람들이 내 대신 먹지 않겠나!"

교육의 목표는 하나님을 배워 하나님처럼 항상 새로워져서 위대한 사역을 하며 모든 인류에게 평화와 기쁨을 가져다주는 사람이 되는 것이다. 뿐만 아니라 유대인들은 몇 년 공부하여 시험을 잘 보아 속전 속결로 성공하여 삶의 뜻이 다 이루어지는 것 같은 행동은 하지 않는다. 내 한 몸 희생하여 없어진다 할지라도 100년 1000년을 내다보는 넓은 역사 의식을 가지고 살아간다. 교육이란 무한하고 영원한 하나님의 뜻을 이해하여 내 자신이 항상 새로운 인생이 되어 하나님 대신 이 땅의 선과 사랑을 성취해 나간다는 근원적인 자리까지를 생각케 하는 것이다.

생계의 수단을 위해 교육을 받는 것이 아니다. 좋은 교육을 받음으로써 좋은 직장을 얻는데 목적이 있는 것이 아니다. 교육은 하나님의 자녀로써 태어나서 그 분의 자녀답게 성숙되기 위한 방편이다. 돈을 잘 벌기 위한 기술은 또 다른 분야이다. 그 훈련은 따로 있다. 그러나 교육을 하나님의 사람으로서 신의 거룩한 속성을 회복케 하는 치료제이다. 그러므로 그들은 항상 이렇게 말한다.

"자식에게 교육을 시키지 않는 부모는 악마를 기르고 있는 것이다."

자식에게 교육시키지 않고 버려 두는 것이 악마가 되라고 버려 두는 것이나 마찬가지란 뜻이다. 하나님의 교육을 받지 않으면 인간을 악마의 행동을 할 수밖에 없는 존재란 뜻이다.

우리가 지식을 향하여 갖는 태도와 유대인들이 갖는 태도는 너무나 다르다. 뿐만 아니라 우리는 탈무드 교육을 하나의 교훈이나 지식의 습득으로 생각하고 있지만 유대인들에게 있어서 탈무드 교육은 새롭게 되어 하나님과 가까이 되는 길을 가르치는 것이다. 그러므로 우리는 탈무드를 통해서 유대인의 교육의 껍데기만을 배우게 될 뿐 근본적인 내용은 전혀 이해하지 못한 채 탈무드를 공부했다고 하는 것이다. 탈무드 교육은 결단코 지식 교육이나 기교의 습득이 아니다. 하나님을 통해 생명과 우주의 지혜와 평화와 기쁨 그리고 절망 속에서의 희망과 용기를 찾는 것이다.

한국에 쏟아져 나오는 탈무드나 유대인 교육에 관한 책들을 보면 탈무드 속에 담겨 있는 유대인 교육의 근본적인 핵심은 말하지 않고 탈무드의 교훈이나 삶의 기교 정도를 말함으로써 모두가 유대인들처럼 천재가 될 수 있다고 착각하기 때문에 탈무드를 읽고 공부하면서도 유대인들 같은 역사의 변화를 가져올 수 있는, 사건도 인물도 나오지 않는다.

탈무드는 지식이나 기술이 아니라 하나님과의 깊은 교제, 그 교제를 통해 내가 하나님의 분신이 되고 그리고 유대인들이 하나님 안에서 하나로 통일되는 정신을 되찾게 한다. 그러므로 2000년의 유랑 생활 속에서 유대인들이 정신적으로 흩어지지 않고 뭉칠 수 있었고 나라까지 재건시킬 수 있었다는 것은 탈무드의 지식이 아니라 탈무드를 통한 하나님과의 관계를 회복할 수 있는 신앙 때문이다. 유대인들은 교육을 지식의 문제나 가르치고 연습하고 배우는 활동으로 보지 않고 신앙의 문제 즉 하나님 앞에 선 인간의 태도로 보기 때문에 우리가 갖는 교육관과는 전혀 다른 것이다. 유대인들은 삶·부부·자녀·노동·생명·성취·배움·죽음·부활의 모든 문제를 하나님과의 관계에서 보는 것이다. 그러므로 그들에게 있어서 교육은 지식 교육이 아니라 이 우주를 지으시고 운행하시는 신적인 행위의 이해라고 생각한다. 따라서 유대인에게 있어서 교육은 삶에 어떤 지식이나 정보가 아니라 우주와 세계와 인생에 대한 혜안을 밝혀주어 사람이 사람답게 되어지는 훈련이다. 신의 형상을 가지고 태어난 인간이 하나님의 자녀다운 인성을 되찾을 수 있게 하는 데에 있다.

유대인들이 이 땅에 태어난 목적은 하나님의 빛을 만방에 보여주기 위한 것이다. 위대하신 하나님의 빛의 전달자가 되기 위해서는 교육을 받아야 한다. 교육을 받지 않고서는 결단코 빛의 전달자가 되지를 못한다. 자신이 무지와 어둠 속에 있으면서 백성들을 빛속으로 인도할 수가 없기 때문이다. 이 빛된 삶을 위해서는 반드시 교육을 받아야 한다. 따라서 이 땅에 인류가 태어난 일차목적은 배우기 위함이다. 배움이 없이는 결단코 새로워지지 않는다. 짐승과 사람의 차이는 배워 하나님의 위대함을 내 속에 담는다는 점이다. 유대인의 가정생활과 사회생활과 교회 생활의 내용은 전부가 교육을 목적으로 하고 있다. 그러므로 유대인들은 살아가는 모든 것이 교육에서 출발하여 교육으로 끝난다고 해도 무리가 아니다.

5

유대인의 기본정신

　유대교는 가장 진실되고 순수한 마음으로 하나님께 예배해야 한다고 가르친다. 예배를 통해서 신적인 품격을 우리 인간도 가질 수 있다고 믿기 때문이다. 진정한 인간의 성장을 인간의 지성에 의존하는 것이 아니라 본능과 감성에 의존한다. 유대인들에게 있어 본성과 감성은 신앙이다. 하나님은 지혜가 풍성하시기 때문에 넓은 가슴을 가지고 우리도 그렇게 되도록 노력하는 열정이 신앙이므로 인생은 하나님을 향한 신앙으로 출발해야 한다고 믿는다. 하나님은 자비가 한량없으시기에 우리도 항상 자비에 넘친 사람이 되어야 한다. 하나님은 공의하신 분이시기에 우리도 이웃과의 관계에서 항상 정직해야 한다. 하나님은 분노하기를 더디 하시기 때문에 우리도 관용하면서 모든 판단에 신중해야 하다.
　유대의 성현이 가르치기를 동료로부터 사랑을 받는 사람은 하나님으로부터도 사랑을 받는다고 했다. 하나님을 예배하는 사람은 하나님의 손길로 만드신 모든 것을 바르게 간수하는 사람이다.
　탈무드는 인생에 세 가지 삶의 원리를 우리에게 가르쳐주고 있다.
　① 토라의 연구, 하나님의 사역에 참여, 자비와 선행의 실천, 즉 배움 지혜의 사랑은 유대인들의 생활과 신앙을 지배하는 주된 사명이요 특권이다. 초대 기독교의 시대에까지 유대인들의 교육은 강제적 의무사항이었다. 가난한 자 부모 없는 자들의 교육은 그 사회와 회당의 책임이었다. 배운다고 해서 막무가내로 배우는 것이 아니라

그 당시의 랍비들은 교육에 대한 방법을 심리학적으로 잘 연구해서 가르쳤다. 학교가 시작하는 첫날은 모든 신입생들이 배움을 기쁨으로 나누는 큰 축제일이다. 학교에서 주는 꿀 발린 과자를 먹는 날이다. 과자도 먹기 힘든 시대에 과자에 꿀을 발라서 먹인다. 모든 과자는 히브리어의 알파벳인 알렙 베타 기물 등의 글자인데 그 알파벳으로 God loves me라는 철자를 맞추어 아이들에게 먹인다. 그 어린이는 하나님이 자기를 사랑한다는 확신을 배속 깊은 곳까지 간직하고 다닌다. 배운다는 것은 꿀 송이보다 달고 하나님이 내 속에 함께 한다는 것을 실증하는 것이다. 학교는 지성과 엄격으로 얽매여 경쟁 속에서 인간을 속박하는 곳이 아니라 자유와 기쁨을 주는 곳이라는 인식을 심어 준다

② 두 번째 삶의 원리는 하나님의 사역에 참여하는 생활이다. 어린이 때부터 유대인들은 두려워서가 아니라 기쁨과 사랑으로 하나님을 예배하는 것을 가르친다. 하나님을 예배함으로 하나님을 배우는 것이다. 하나님의 모든 것, 능력 사랑 지혜를 예배를 통해서 배운다. 예배를 통해서 이웃과의 공동체를 형성하여 하나님과 더불어 사는 개인생활, 가정생활, 사회생활을 실현하게 된다. 이러한 행위를 통해서 그들의 신앙의 내용인 감성이 발달된다.

③ 세 번째 삶의 원리는 가슴에서 우러나오는 진실된 자비와 선행의 실천이다. 자비란 단어(Charity)는 공의 내지 의로운 선행이란 말로밖에 히브리어에서는 표현할 길이 없다. 유명한 학자 랍비가 이렇게 풀이해 놓은 것이 있다. 박애행위란 유대교의 신앙 속에 있는 두 가지 뿌리에서 나온 것이다. 우리가 가진 모든 것은 하나님의 것이요, 우리 인생 모두가 하나님께 속했다는 신앙에서 시작한다.

유대인이 실천하는 박애정신이란 민족이나 종교의 울타리를 넘어선 곳에까지 가야 한다고 믿는다. 유대인의 탈문은 우리의 형제를 먹이듯이 이방

인들도 먹어야 한다고 가르친다. 구원받은 사람의 모든 힘과 소유는 가난한 자에게 주어야 한다고 덧붙여 일러준다. 이 원칙에는 어떤 예외도 있을 수가 없다. 진정한 자비는 익명으로 몰래 해야 하고 진실된 사랑으로 해야 한다. 가장 값진 자비의 방법은 도움을 받는 자도 도울 수 있는 사람이 되게 하는 것이다. 유대인의 전통에 이런 말이 있다. 자비를 베풀 때에 동물에게 하듯 하라. 잘못 들으면 크게 오해할 수밖에 없는 말 같지만 그렇지가 않다. 왜냐하면 불쌍한 동물을 도와주고서 그 동물에게서 보상이나 기대를 가지고 하는 사람이 없듯이 사람을 도울 때에도 그렇게 해야 한다는 뜻이다. 옛날 유대교 학교에서 가르치며 연구하는 학자들은 종교의 진리를 어떻게 하면 단순하고도 쉽게 가르칠 수 있는가를 연구했다. 잘 알려진 이야기지만 어떤 이방인이 초대 교회시대의 대학자요 대랍비인 히렐에게 물었다. '한쪽 발로 서 있는 동안에 유대교의 모든 진리를 가르쳐 줄 수 있느냐'고. 히렐은 할 수 있다고 대담하게 대답했다.

"당신이 싫어하는 일은 이웃들에게도 행하지 마시오"

이는 토라가 가르치며 유대교가 강조하는 모든 교훈의 핵심이다. 그 외의 것은 단지 설명에 불과할 뿐이다 라고 설명했다.

1세기후 랍비 요한나(Johanan)가 그의 일생의 작품같이 정성 들여 길러 놓은 다섯 제자들에게 물었다.

"유대교의 핵심 진리가 무엇이냐?"

모두가 대답을 내놓았다. 그 가운데 제자 엘라자(Elazar)가 내어놓은 대답, '선한 마음을 품어라(a good heart)'. 이것이 유대교가 가르치는 최상의 교훈이라고 랍비 요한나도 동의했다. 또 다른 학자 모임은 성경 안에서 최상의 진리인 교리를 찾으려고 애를 썼다. 예언자 미가의 글 속에서 나오는 이 구절이 유대교의 전체 교리의 핵심이라고 강조했다. "사람아, 주께서 선한 것이 무엇임을 네게 보이셨나니 여호와께서 네게 구하시는 것이 오직 공의를 행하며 인자를 사랑하며 겸손히 네 하나님과 함께 행하는 것이 아니냐."
　유대교는 선입견을 가지고 우리가 일반적으로 생각하는 그와 같은 종교가 아니다. 역사와 전통과 이상이 하나로 묶인 미래지향적 생활이념 집단이다. 물론 유대교 속에는 우주와 세계의 창조, 인간과 신의 관계, 인간과 자연과의 관계 등에 대한 근원과 목적이 무엇인지를 교리적으로 분명히 밝히고 있다. 모든 종교들이 가지고 있는 현실과 이상, 역사의 근원과 목표도 가지고 있다. 예수 당시에 생존했던 유명한 유대 철학자 필로(Philo)는 유대교의 근본적인 교리를 다음의 다섯 가지로 요약해 놓았다.
① 하나님에 대한 믿음
② 유일하신 하나님만 계시다는 확신
③ 이 세상은 그 하나님이 창조하였으나 영원하지 않다.
④ 온 우주는 하나이다.
⑤ 부모가 아이들을 사랑하듯 하나님은 온 세계와 그 창조물을 사랑하시고 보살피고 계신다.
　13세기의 대학자 마이모니데스(Maimonides 1135-1204)랍비는 유대교의 기본 교리를 13개로 압축 정리해 놓은 바가 있는데 그 내용 역시 필로의 그것과 큰 차이는 없다. 그러나 그 내용을 역사적으로 거슬러 올라가면 출애굽기 20장에 나오는 십계명을 근거로 한 도덕법에 불과하다. 그 이전에 613개의 유대교 기본교리가 모세 오경과 구전법전을 근거로 하여 만들어지기도 했으나 앞에 언급한 예언자 미가의 외침을 요약한 것, 즉 ① 공의를 행하고 ② 사랑과 자비를 행하고 ③ 겸손히 하나님과 함께 하는 삶이란 내용 속에 포함되어질 것이다. 유구한 역사를 가지고 있는 유대교에는 수많은 삶의 지혜와 종교적 지식이 있다. 그러나 그들은 유대교를 학문화하고 교리화하여 그것을 신앙의 정통이나 보수라고 우기는 것에는 별 흥취를 느끼지 않는다. 심지어 유대교의 신학은 개신교의 신학처럼 조직적으로 이론 체계화하는 것을 좋아하지 않고 그렇게 해 오지도 않았다. 그들에게 있어서 교

리나 신학보다 더 중요한 것은 영원한 생명과 인간에 대한 무한한 가능성이란 삶에 대한 희망이다. 유대교의 신학과 교리는 인간에 대한 희망과 가능성을 증명하는 것이 그 첫째 목적이라고 생각한다. 정통적인 교리를 주장하며 상대를 비방하고 싸우는 것보다 더 귀하고 아름다운 생활을 해 가는 것이 진정한 정통이라고 믿고 있다. 그래서 그들은 회당에서 신학적 논쟁이나 정통교리 주장을 하기보다는 세계와 인간을 향해 믿음과 희망을 가지고 세계를 아름답게 하는 인물을 생산하는 것이 진정한 교리요 믿음의 열매라고 믿고 있다.

6

유대인의 삶의 원리

　유대인, 이스라엘, 히브리라는 세 가지 이름을 가진 성경의 주인공들, 나라도 땅도 없이 2000여 년을 살면서 몇 십만 몇 백만의 생명을 잃은 뒤 겨우 세계 인구의 0.3%, 그러면서도 세계 유명대학 교수 20%, 세계 유명인사 25%, 노벨상 수상자 15%, 모든 학문과 언론, 정치, 상업계의 지도적인 위치에 있는 이 사람들은 과연 누구인가?

　그들은 어떤 과정을 거쳐 살아 왔으며 무엇이 그들을 그토록 지혜스럽고 강하게 만들었는가? 그들은 어떤 삶과 어떤 관습을 실천하면서 지금까지 살아 왔는가? 무엇이 그들을 그토록 위대한 삶을 살도록 만들어 주었는가?

　유대인들에 대한 어떤 편견이나 어떤 선입관도 없이 그들의 생각과 삶과 신앙을 살펴봄으로써 우리에게 주는 의미를 찾고자 한다.

　히브리인, 이스라엘 사람, 그리고 유대인이란 역사적으로 동의어로 또는 상호 교환적으로 통용되어 왔다. 성경은 아브라함을 이브리(Ibri-Hebrew)라고 불렀는데 아마 이 말은 유브라데스강 저편 동쪽에서 건너왔기 때문이라고 보여진다. 이브리(Ibri)란 "저편에서"란 의미를 가지고 있다. 이스라엘(Isrel)이란 아브라함의 손자인 야곱에게 주어진 또 다른 이름이다. 그의 열두 아들과 후예들은 이스라엘의 자녀를 이스라엘 나라 또는 그의 백성들이라고 했다. 유대인(Jew)이란 이스라엘의 열두 아들 중 가장 출중한 아들로서 유다지파의 수장인 유다(Judah)를 두고 한 말이다. 유다라는 말은 주전 722년에 북왕국을 형성한 열 지파가 포로로 끌려가게 됨으로 이스라엘이라는 나라가 멸망하고 난 후 유다 지파를 중심한 남쪽의 유다왕국은 건재하고 있었으므로 자연히 그 민족을 통칭하는 이름으로 널리 통용되어지기 시작했다. 그래서 오늘날도 그 백성들 전체를 유대인, 그들의 신앙과 생활을 유대교(Judaism), 그들의 언어를 히브리어(Hebrew), 따라서 그들의 땅은 하나님이 야곱에게 주어진 이름인 이스라엘이라고 부르게 되었다.

이스라엘은 원래 아브라함이라고 하는 한 사람을 선조로 하여 출발하게 된 그 후예들이다. "강의 저편" 또는 "떠다니는 사람"으로 알려진 히브리인인 아브라함은 대략 3800년 전의 사람이다. 유일신 신앙(Monotheistic)은 그로부터 시작되어 하나님과 계약의 형태로써 그 후에 자녀들이 재확인하는 과정에 이 사람들을 특징 짓는 성격이 되었다. 이 무리들의 유일하고도 독특한 특성은 바로 이 특별한 신앙, 즉 유일신 사상이다. 이 신앙은 다른 종족들을 제외시키고 자기들만이 갖겠다는 배타적인 것으로만 오해해 왔는데 사실은 그것이 아니라 다른 종족들을 끌어들여 이 신앙을 함께 갖고자 하는 열정으로 살아 왔다. 이 사실은 오랜 세월 동안 오해를 받아왔는데 아브라함의 후예만이 이 신앙을 갖게 되지 않는다는 것은 타국인들이 유대인의 족보 속에서 본류를 차지하고 있는 것을 보아도 충분히 알 수 있다.

주전 13세기에 유일신 하나님 신앙을 믿는 자의 숫자가 급격히 늘어나게 될 때 그들은 삶의 규범으로 토라(Torah)라고 하는 신성한 법령을 받게 되고 천지를 지으신 대주제로부터 약속의 땅에 대한 언질을 받게 되었다. 유대인이라고 규정 지을 수 있는 정의란 같은 지역, 같은 말, 같은 역사, 같은 신앙, 같은 운명과 미래를 가지는 것과 같은 국가적인 최고의 이상을 실현하는 정신이라고 말할 수 있다. 같은 근원에서 출발하였기 때문에 비록 숫자가 많아졌다 할지라도 그들은 모두가 다 한 식구라고 생각해 왔다. 후일에 여러 사정으로 인하여 지역적으로 멀리 떨어져 살게 되었다 할지라도 그들은 역시 한 식구로 간주했다. 유대인들 사회에서 가족 근원의 기본구조는 어머니였다. 그래서 오늘날도 유대인 가족 구성의 적법성은 어머니이다.

그렇다고 해서 반드시 유대인 어머니의 혈통에 가족구성을 제한하는 것은 아니다.

이 가족 구성의 자격은 항상 누구에게나 열려 있어 앞서 말한 공통적인 신념과 이상을 가지고 생활을 하기만 하면 가능한 것이다. 그래서 유대교로 개종을 하면 이스라엘의 자녀라고 할 뿐만 아니라 그 믿음을 통해 이 민족의 모든 과거의 유산과 전통, 특권 나아가 고난까지도 함께 하게 된다. 유대인들의 이상과 신앙을 받아들임으로 유대백성, 유대국가의 일원이 된다는 것은 유대인의 과거와 미래 모든 운명을 함께 나누겠다는 뜻이다. 그런 점에서 유대인들은 전혀 혈통민족이 아닌 이념과 신앙의 민족이다.

유대인 가족의 일원이 된다는 것은 내적인 면에서는 대단히 엄격한 과정을 통과해야만 된다. 배타적으로 보여진다 할지라도 실제적으로 결단코 배타적이 아니다. 유대인 박해 시대에는 유대인들도 이 정신적 유산을 모두 포기하고 정처 없이 떠나갔을 때도 있었다. 그 당시에는 낭패로 생각되었으나 아주 거시적인 눈으로 볼 때에 그것은 유대인의 세계화 과정으로 가는 것임을 나중에야 깨닫게 되었다.

한때 예루살렘에 민족의 중앙 성전을 건축했을 때 백성들은 그것이 만민을 위한 기도의 집이라고 믿고 있었다(사 56:7 왕상 8:41-43). 여기에서 만민이라고 하는 것은 물론 유대인을 두고 하는 말이다. 이와 같은 단일가족의 특성을 강조하다 보니 자연히 보편성 속에서 배타적인 귀족성을 은연중에 나타내지 않을 수가 없었다. 세계가 한 가족이라는 우주적 보편성은 특별히 이사야의 신앙 골격을 이루고 있는데 이것은 그의 신학을 형성하고 또한 그가 주장한 미래 환상을 볼 수 있게 한 것뿐만이 아니라 미래에 누구든지 유대 백성이 될 수 있는 신앙이 어떤 것인지까지도 보여주고 있다. 이 배타적 속성을 지니고 있는 것같이 보이는 유대 백성들은 이 종족의 범위가 얼굴색이 검정에서 흰색까지 인종적으로는 세계적이고도 복합적인 요소를 포함하고 있다. 이 같은 다양한 인종이 광활한 지역에 흩어져 살면서 다양한 언어를 구사함에도 불구하고 동일한 셈족의 일원으로 시작되었다는 친척 형제 의식을 가지고 있다. 이 같은 결속은 그들이 믿고 있는 신앙에 근거해 있고 또 새 회원이 될 수 있는 조건 역시 신앙으로만 가능한 것이다. 이러한 근거 위에 서있는 신앙민족의 유대는 강하고도 특이하다. 그럼에도 불구하고 그들이 이 신앙과 민족공동의식의 신앙 행위를 거역하고 다른 길로 갔다 할지라도 그는 여전히 유대인이라고 서로를 인정하는 것을 볼 때 이들의 신앙과 민족성은 신비를 더해 주는 것이다.

이 같은 신앙 민족의 혈통관은 이성적으로는 결단코 이해할 수 없는 신비한 현상이라고 할 수밖에 없다. 역사학자나 사회학자들이 인류를 국가, 혈통, 종교, 지역, 언어, 문화의 기준에서 구분할 때 사용하는 어떤 편리한 카테고리는 유대인들에게는 적용되어질 수 없는 이유가 여기에 있다. 유대인들은 결단코 혈통적인 민족을 형성하지 않았다. 유대인들은 신앙의 민족이긴 하나 신앙국가는 아니다. 국가라는 개념으로 규정하는 그들은 분명히 하나의 나라이긴 하나 어떤 특정 지역에 국한된 영토적 의미에서 나라를 세우지 않았다. 신앙이나 나라라는 것보다는 그들은 백성들, 하나님의 백성들이란 이름으로 그들의 모습을 알려 왔다. 이렇게 어떤 카테고리 속에 넣어 규정할 수 없는 유대인들의 모습이 그들의 특성인지도 모른다. 유대인들에게 유대인의 표시가 무엇이냐고 물어보면 거룩한 법령으로 하나님께서 영원히 지워지지 않는 독특성을 주셨다고 한다.

"너희가 내게 대하여 제사장 나라가 되어 거룩한 백성이 되리라(출 19:6)"

영토나 혈육, 문화의 지배를 받지 않고 모두가 자신보다는 남을 보살피며 사랑하고 책임지는 이상적인 영원한 나라의 꿈을 키워 가는 백성들이다. 그들은 지성의 세계에 살면서도 초지성을 향한 도전을 신앙이란 이름의 감성으로 감당함으로 항상 인간 이상의 세계를 창출해 왔다.

소수가 세상에 흩어져 사는 특이한 족속들이긴 해도 이들은 퇴폐하여 명

멸하는 민족은 결단코 아니었다. 홀로 외롭게 서 있긴 해도 구석에 버려진 사람들은 아니다. 작긴 해도 유대 민족의 역사는 세계사의 한가운데 있는 중심 역사이다. 유대인의 역사란 세계사의 가장 위대한 제국들과 연계되어 그들의 국가 운영을 바꾸는 촉매 역할을 해 왔다 해도 과언이 아니다. 유대인은 세계사의 중심부에 참가한 백성들이다. 유대인들의 삶이란 인간사의 증인이어서 인류의 모든 것을 가장 많이 기억하고 그것들로부터 가장 많은 영향을 받고 그것들로 인하여 자신들의 삶의 방향이 정해지고 그것들로 인하여 발전하고 새로운 출발을 하고 그 위에 무엇보다 어떤 사람들보다 많은 아픔을 당하고 살아온 백성들이다. 그들은 애굽, 앗시리아, 바벨론, 페르시아, 마게도니아, 그리스, 로마, 신성로마제국, 스페인, 불란서, 러시아, 독일, 영국, 미국 등 세계 초대국들의 역사 속에 중요한 부분을 차지하고 있음을 부인할 수 없다. 비록 서구의 학자들은 기독교가 유대인과 유대교의 신비한 역할을 대신하고 있다고 규정하며 유대인과 유대교를 축소 해석하고 말아 버리는 경향이 있긴 해도 유대인의 역사는 세계 역사의 대 흐름의 중심부로부터 연관되어온 관계사이다. 대부분의 역사·사회학·철학 등의 서적에서 유대인과 유대사상에 대해 정당하고도 충분하게 설명하지 않고 있는 것은 기독교 역사의 출원이 유대인을 대신한다고 규정하기 때문이다. 유대교와 유대인에 대한 편견이 기독교대학의 교과서나 서적에 오랜 세월 동안 영향을 끼쳐 왔기 때문에 비록 신학의 영향력이 감소되고 기독교 대학들이 세속화되어 버린 지금도 여전히 그 영향력은 변함이 없다. 비록 유대인 자신들도 모르게 그것을 사실로 받아들여야 할 정도로 두꺼운 오해의 벽이 있는 것이다. 유대인들 자신도 자신들의 역사나 철학의 지식이 빈곤할 경우 기독교 성서 출원 시기 이전 유대인의 사상이 위대하였다거나 독특하여 사람들의 관심을 충분히 끌 수 있었을 것이라고 믿지 않고 있다.

유대인들은 버림받고 부정당하고 박해받고 매맞고 갇히고 죽어나는 역사를 가졌음에도 불구하고 유대인들과 그들의 성문서들(Holy books)은 세상 흐름의 한가운데 자리잡고 세계 종교의 변화와 발전, 그리고 자연·의학·언론·수학·철학 등 분야에서도 혁명적인 변화의 동인(Motion Forces)을 주어 왔다는 것을 부정하지 않는다. 유대인 개인이 창조적인 노력으로 인간의 지성사, 고난사, 그리고 경제와 상업계에까지 끼친 기여는 이루 다 말할 수 없을 정도이다. 부당한 박해와 고난 속에서 묵묵히 정의로운 삶을 영위함으로 세계사에 끼친 도덕과 정의의 정신 역시 눈여겨 보아야 할 문제이다.

사람의 숫자 자체에 어떤 큰 의미를 주어야 할 필요는 전혀 없다. 토라(Torah)의 말을 빌리면 모든 나라들 중에 가장 작은 연고로 너희를 불렀다고 한 이 작은 숫자의 백성들이 어찌 그렇게나 많은 역사적인 업적을 이룩했는지, 박해 역사의 흐름 속에서 살아남기 위한 동화(Assimilate)의 노력은 얼마나 끈질겼으며, 그들을 박멸하기 위한 시도는 얼마나 많았는지, 숱한 역사적 사건이 이 백성들과 연관되어 있다. "땅의 모든 족속이 너와 네 자손을 인하여 복을 얻으리라"(창 28:14)는 예언이 과연 성취되고도 남음이 있다고 어떤 유대인들은 말하고 있다. "너는 너희 하나님 여호와의 성민이라, 여호와께서 지상 만민중에 너를 택하여 자기 기업의 백성을 삼으셨으니(신 14:2)." 이 계약도 충분히 성취되어졌다고 유대인들은 믿고 있다. 어떤 경건한 유대인들은 형언할 수 없는 굴욕 속에서도 감사에 찬 민족으로서의 특이성만큼 눈물과 멍에를 짊어진 백성이라고 생각한다.

이스라엘 백성들은 하나님의 종으로서 모든 시대의 짐을 짊어진 사람들이라고 스스로 인정하고 있다. 하나님의 종으로 산다는 것은 여러 모양으로 나타난다. 토라를 연구하기 위해 한 평생을 바치는 것, 때론 이유 없이 박해를 당하고 죽는 것, 누구도 할 수 없는 독창적인 연구를 하여 인류 발전에 기여하는 것, 정직과 성실로 대제국의 나라 살림을 맡아 운영하는 것들이 종으로서 하나님을 섬기는 모습이다. 유대인들이 왜 이렇게 살아야 하느냐고 불평하는 사람도 있지만 생각이 깊어 지혜를 터득한 유대인들은 이 모든 것을 다 인정한다. 숫자가 적고 사람들의 눈에 뜨이고 안 뜨이고, 또는 역사의 어떤 역할을 담당했고 안 했고를 떠나 그들의 존재는 신의 뜻을 수행함으로 우주적인 뜻을 지닌 민족이라고 자각하고 있다.

그런가 하면 어떤 유대인은 자신들이 하나님의 종이란 것을 생각하지도 않을 뿐만 아니라 하나님이 기뻐하는 유대인, 또는 우주적 사명을 짊어진 유대인이라고 말하는 것을 싫어하기도 한다. 이방인들이 그런 말을 하는 것도 싫어하여 그런 말이 나오면 역정을 내며 싸우려고까지 한다. 그들은 항상 역사에 나타난 유대인들의 역할과 의미에 대해 부정적이어서 세계 어느 나라와 하나도 다를 바가 없는 나라 가운데 하나라고 생각하는 사람도 있다.

모든 나라 모든 족속들은 그들 나름대로 하나님이 내리신 신성한 뜻이 있고 세상을 향한 책임이 있다고 믿는다. 유대인들에게만 그 같은 사명을 준 것이 아니라 모든 인류에게 주셨다. 그 가운데서도 이스라엘 사람들에게 하나님이 주신 특별한 사명, 즉 우주를 향한 특별한 책임이 있다고 생각한다. 믿을 만한 사람은 믿겠지만 역사를 통해 이 사실은 이미 정리되었다고 본다. 이 말은 유대인들의 역사적 존재 의미와 그들의 삶이 보통 사람들의 삶과 같지 않다는 것을 뜻한다. 그렇다고 해서 모든 세상 사람들 가운데서 유대인들만이라는 관점이 아니라 모든 인류가 편견 없이 받아들여야 할 하나님의 가르치심, 하나님의 통치하심을 유대인들을 통해서 배우고 인정하라는 것이다. "땅의 모든 족속이 너로 인하여 복을 받게 된다"는 복의 근원이 되고자 유대인들을 이 땅에 두셨다는 것이다. 다시 말하면 모든 나라와 족속이 하나님의 뜻을 따라 살며 그의 다스림을 받아 그의 성호를 찬양하는 날이 올 수 있도록 준비하는 것이 유대인들의 사명이란 뜻이다. 과장이나 자화자찬으로 하는 말이 아니다. 수천년 동안의 고난과 박해 속에서도 이 혈통이 끊어지지 아니하고 살아 나온 그 끈질긴 생명력이 인류 역사 속에 공헌한 정신적 문화적 업적은 많은 대제국들의 역사책에도 기록되어 있을 정도이다.

  이스라엘인들은 로마의 정복으로 인하여 세계로 흩어지고 그 이후 몇백만 명이 죽어간 역사적 사실 속에서 깊은 의미를 찾기 때문에 시온으로 돌아가고자 하는 정신은 옛날부터 지금까지 그대로 살아 마침내 그 꿈이 이루어져 그 땅으로 돌아갈 수가 있었다. 이 모든 위대한 결과는 얕은 지식이나 지혜에서 나온 것이 아니라 능력이 무한한 신을 향한 신앙과 삶의 열정, 풍요한 감성 능력 때문이다.

7

유대인의 삶의 원리와 토라

"태초에 하나님이 천지를 창조하시니라." 이것은 유대인의 믿음의 출발점이다. 이 출발점에서 '나는 애굽땅 종 되었던 곳에서 너희를 인도하여 낸 하나님'이란 역사 사실로 연결되어진다. 천지를 창조하신 하나님은 살아계셔서 지금도 자기가 창조한 그의 우주통치와 관리의 사역을 계속하고 있다. 특히 그가 창조하신 사람들의 생사화복, 나아가서 그 행위에 대해서 지대한 관심을 가지고 계신다. 자기가 창조하신 인간이 자신의 뜻을 알아 그의 창조의 목적에 참여하기를 원하신다. 인간이 충분히 이해할 수 없는 방법으로 하나님은 이 땅에서 살아가고 있는 인간을 축복하고 또 심판하시며 다가올 영적 세계에서 상주시는 일을 쉬임없이 하고 계신다.

유대교는 하나님의 존재를 믿는 사람이나 믿지 않는 사람 사이에 어떤 차별을 두지 않는다. 하나님의 존재를 믿는다, 또는 믿지 않는다는 것은 지극히 학문적인 분류에 지나지 않는다. 하나님의 존재여부를 생각하는 것은 자기의 짧은 인식에 불과하기 때문에 믿든 안 믿든 간에 하나님은 자신의 일을 변함없이 하시는 것이다. 따라서 하나님이 이 세상과 우주를 통치 운영하고 계신다고 믿는 사람에게나 믿지 않는 사람 모두에게 하나님은 똑같은 법의 권리를 적용하여 심판하고 상주시고 계신다. 믿는 사람이나 믿지 않는 모든 사람에게도 하나님은 자기에게 예배하고 따르라고 강요하지 아니하신다.

유대인의 믿음의 핵심은 살아 계신 하나님이신데, 이 하나님은 자기가 창조한 피조물과 계속적인 교통을 통해 자신의 뜻과 가르침을 알려주기를 원하신다. 인간에게는 자유 의지가 주어졌기 때문에 창조주와 더불어 교신하고 아니 하고는 스스로 결정하게 되어 있다. 이 하나님의 부름을 받고 순응하는 사람은 그의 종이 되어지는 것이요 순응하지 않으면 우상의 종이 되어 일생 부자유의 감옥 속에 매여 살게 된다. 유대교의 믿음의 본질 가운데 하나는 우리의 조상들에게 하나님께서 역사적으로 찾아오시어 영적인 사건을 만드셨는데 그 사건들 속에 우리도 영적으로 참여하여 공유하는 정신뿐만 아니라 이스라엘의 역사 가운데 예언자들이 보여준 영적이고 예언적인 사실들을 우리도 인정하고 받아들이는 데서 시작한다. 그 역사적인 사건들 가운데서 우리가 기념비적으로 가장 의미 깊게 생각하는 것은 애굽에서 탈출한 백성들이 탈출후 7주째에 시내산에서 십계명을 받았던 사건이다. 그 후 40년 동안 하나님께서 모세를 통해 보여준 그의 인도하심과 가르침을 적어놓은 성문 토라(written Torah)가 있다. 하나님께서 모세에게 준 계명과 교훈에 대한 사건들을 보여주는 내용이다. 물론 그것 외에 구전(Oral Tradition)과 구전토라도 있는데 이 모두가 시내산에서 일어난 사건을 모체로 하여 그 백성들이 나아가야 할 길을 가르쳐주는 도덕적 교훈들을 담고 있다. 성문 토라를 읽어보면 구전 토라의 가치와 의미가 얼마나 절실한지를 암시하는 곳이 적지 않다. 구전토라는 성문토라에서 설명하지 못하는 역사적 사실이나 내용 그리고 성문토라가 담을 수 없는 세세한 교훈을 모두다 포함하고 있어서 성문토라를 이해하는데 큰 도움이 된다. 이 구전토라는 세대에서 세대로, 입에서 입을 거쳐 전달되어 오다가 2세기에 와서 문서화되고 여기에서부터 탈무드가 형성되기 시작했다. 탈무드는 성문토라와 구전토라의 바탕 위에서 형성된 유대인의 지혜교육 즉, 생활에 대한 하나님의 가르침의 집대성이다.

 오늘날 현재의 유대인들은 수천 년 전에 일어났던 과거의 사건을 기록한 토라이지만 그것이 나의 삶에 직접적으로 일어났던 것으로 받아들이는 데서 유대인의 신앙은 시작된다. 유대인은 전승주의자들(Traditionalists)이다. 글이나 말뿐이 아니라 의식 절기 행사 축제생활의 모든 모습을 할아버지에서 아버지에게 아버지가 손자에게 이르기까지 전승으로 이어져 왔다. 따라서 성문화된 글이나 전승으로 전해 내려오는 구전 교훈 역시 별 차이 없이 귀중하게 여기어 지켜 내려오고 있다. 유대인을 이해하려면 전승 속에서 성장하며 전승을 지키며 만들어온 전승의 민족이란 사실을 기억해야 한다. 기록된 성문서만이 유대인들의 교훈과 신앙이라고 생각하는 것은 큰 잘못이다.

비전승주의자들 즉, 유대인을 전승의 입장에서 이해하지 못하는 사람들은 토라는 하나님의 신비한 세계로 가기 위해 애썼던 위인들이 영감으로 받아 기록한 문서라고만 생각한다. 이 사람들의 견해에 의할 것 같으면 토라 속에는 영원성이나 거룩성이 거의 없는, 아무리 영감을 받아 기록되었다 할지라도 과오를 저지를 수밖에 없는 인간의 작품으로 생각하는 것이다. 가령 그렇다면 아리스토텔레스(Aristotle), 칸트(Kant) 또는 스피노자(Spinoza)의 윤리학 정도로 취급될 일이지 그들의 토라가 몇 천 년을 두고 사람들의 삶의 인도자로 또 진리의 표상으로, 나아가서 생명을 지켜주는 수호자로서 인정되어 왔겠는가? 가령 이것이 어떤 한 종족의 생활 법규로서 사람이 만든 것이라면 어떤 시대의 어떤 사람들의 마음에 들지 않는다는 이유로 어떤 부문은 삭제하거나 변경할 수밖에 없었을 것이다. 유구한 시대의 흐름 속에서도 토라는 삭제된 것 없이 원형 그대로 유대인과 또 유대인의 전승 정신을 이어받은 종교생활 속에 보존되어지고 있다. 토라는 단순한 종교 문서나 생활의 지침이 되는 지혜문서가 아니라 하나님께서 자신이 창조한 이 땅 위에 자기의 형상을 따라 만든 인류가 어떻게 살아야 바로 산다는 것을 적어 놓은 하나님의 말씀이다. 뿐만 아니라 이 토라는 유대인에게만 준 것이 아니라 하나님이 지으신 이 땅 위에 살고 있는 하나님의 모든 자녀들이 배우고 실천해야 할 말씀이다. 토라의 교훈을 따라서 살아온 유대인에게 있어서 토라야 말로 유대인의 생활과 의식의 변화와 발전을 설명하기 위해 사용되어져야 할 유일한 표준이 되는 것이다.

하나님께서 이스라엘 백성에게 내리신 계시의 말씀 토라를 바로 이해하기 원한다면 꼭 기억해야 할 문제가 하나 있다. 계시의 말씀 토라는 인간의 영감을 통해서 얻은 말씀이 아니라 하나님께서 자비로서 인간을 친히 찾아오신 노력의 기록이라고 함이 옳을 것이다. 유한한 인간이 아무리 노력을 한다고 해도 하나님의 말씀, 진리를 찾아 얻을 수는 없다. 어두운 인간에게 하나님께서 친히 오셔서 인간 삶의 도리를 주시고 가셨다는 것이 이치에 맞을 것이다. 이런 점에서 토라의 주체가 하나님의 사랑이라는 것을 인정하지 않는다면 어떤 말로 설명을 해도 토라와 유대교에 대한 해석이 되지 못할 것이다. 그래서 유대인들은 토라를 대할 때마다 꿇어 엎드려 경의를 표하고 입을 맞추면서 귀하게 여긴다. 왜냐하면 인간을 향한 하나님의 사랑의 증거가 토라이기 때문이다.

그러면 토라란 무엇인가? 전문적으로 말하자면 모세의 다섯 책을 의미한다. 이것은 성문토라이다. 회당의 법궤 안에 보관되어 있는 문서토라 두루마리를 두고 하는 말이다. 어떤 의미에서 이 토라는 유대인들의 생활 헌법이다. 그러나 인간이 제정하여 공포한 것이 아니라 하나님께서 친히 내려주신 계시헌법이다. 토라라고 할 때 구전토라(Oral Torah)가 또 있는데 이 구전토라는 모세가 시내산에서 받아 가지고 여호수아와 장로들 그리고 예언자들과 모인 회중에게 선포하여 입에서 입으로 전달되어진 구전 헌법이다 (Ethics of Fathers 1:1). 성문토라에 다 적어 놓을 수 없는 미세하고도 중요한 것이 구전토라에 포함되어 있다. 구전토라는 계명이 나타내고자 하는 핵심을 잘 깨닫게 해주는 보조원리, 성경 해석법, 나아가 그것을 생활 속에 어떻게 적용하느냐는 세목들에 대한 회답을 제공하는 것이다. 예를 들면 성문토라는 안식일에 일하는 것을 금하고 있다. 토라에서는 일(work)이라고 하는 것, 특별히 안식일에 일이라고 하는 것을 어떻게 규정하고 있는

가? 안식일에 나무를 하는 것, 불을 때고 음식을 하는 것 외에는 성문토라는 말하지 않고 있다. 그러나 구전토라는 상세한 보충 설명이 있다. 성문토라에서는 안식일에 일하는 자는 계명대로 죽이라고 했다. 사람이나 종이나 짐승까지도 이 법에 적용된다. 안식일을 범하면 사람도 죽이고 짐승도 죽여야 한다. 실제로 사형으로 처형하는 일이 가능했겠는가. 옛날에는 그렇다 치더라도 지금은 어떠한가. 어떤 법규정으로 그 살생 처리를 할 수 있을까? 성문토라는 아무 말은 하지 않으나 구전토라는 구체적으로 설명해 주고 있다.

성문토라는 네 자녀에게 하나님의 말씀을 부지런히 가르쳐 마음에 새기기 위해 "너는 또 그것을 네 손목에 매어 기초를 삼으며 네 미간에 붙여 표를 삼고"라는 명령이 있다. 유대인들이 말씀 상자인 티피링(Tefillin)을 어떻게 무엇으로 만드는지 어떻게 미간과 손목에 붙이고 다니는지 성문토라는 전혀 설명하지 않는다. 그러나 구전토라는 만드는 법과 사용법을 잘 설명해 주고 있다. 그래서 오늘날도 옛날의 규격대로 만들어 가지고 다니면서 어디서든지 성경을 읽고 기도할 때 사용한다. 지난 여름 미국 애틀란타 공항에서의 일이다. 많은 사람이 앉아 있음에도 불구하고 유대 청년들이 티피링을 하고 성경을 읽고 기도하며 경에 입을 맞추고 쉐마기도를 끝내는 것을 보았다. 샬롬이라고 인사를 했더니 당신도 유대인이냐고 물었다.

구전토라가 성문화 된 것은 주후 2세기 때이다. 당시 모든 구전토라는 미쉬나 형태로 있었다. 미쉬나(Mishna)란 성문화되지 않은 모든 구전을 일컫는 말이다. 미쉬나에는 시내산에서 내려오던 토라 법전이 시대를 거치면서 전수되고 성인과 학자들에 의해 해석되고 적용되어진 모든 내용을 포함한 것을 랍비 유다 하나니(135-220)가 수집한 구전 법규이다. 이 미쉬나를 해석하여 정리해 놓은 것이 탈문(Talmud;탈무드)이다. 게마라(Gemara)는 미쉬나를 해석한 것으로 탈무드를 보충하는 책이다. 그러나 지역에 따라 탈문을 게마라라고 부르는 곳도 있다. 구전이든 성문이든 토라는 인간이 이 땅에서 하나님의 자녀로서 어떻게 살아야 하는지를 가르쳐주는 교훈이다. 기본적으로 유대인들을 위해 하나님이 주신 것이지만 유대인뿐만 아니라 모든 인류의 참 삶의 길을 가르쳐주기 위해 주신 것이다. 토라는 인간 삶의 모든 국면에 대한 바른 길을 가르쳐 주는 책이다. 종교 의식이나 규례는 전체 교훈에 비하면 한 부분에 불과할 정도로 지극히 작은 분량이다. 토라의 계명·법규·법조문은 인간의 삶과 사회적 규범에까지 모든 분야를 다 포함하고 있다. 이방사회의 종교에서는 언급하지 않는 도덕적인 문제나 경제적인 문제까지도 사법적 차원에서 취급하고 있다. 영적인 문제라 할 수 있는 종교의 본질적인 문제도 윤리와 도덕적 차원에서 바라볼 수 있는 새로운 통찰력을 제공하고 있다. 영적인 문제라 할지라도 영적으로 끝나는 것이 아니라 반드시 윤리적인 의미, 우리 인간들의 삶에 어떤 의미가 있는 것인지 연관시켜 해석해 준다.

 토라 외의 많은 히브리 성경들 역시 수세기를 거치는 과정에서 기록되고 형성되었다. 나비라 불리던 예언자들의 운동을 다룬 예언서(Naviim)와 케투빔(Ketuvim)이라고 하는 성문서가 있다. 예언문서는 주로 주전 7세기경에 이스라엘 역사 속에 나타난 예언자들이 전달해 준 교훈을 포함하고 있다. 하나님을 바라보는 환상 속에서 미래를 찾고 새 희망을 얻어 하나님께 충성하며 토라의 계명을 완성케 하는 것이다. 하나님과 토라의 길을 멀리 떠나 있는 사람들 그리고 거짓 예언을 하는 사람들을 대항해서 예언하고 싸우는 선구자들의 가르침이었다. 이들의 정의와 사랑의 유토피아가 반드시 이 땅에 이루어져야 하는데 그 세계는 오시는 메시야가 반드시 이룰것이라고 선포했다.

 케두빔(Ketuvim)이라고 불리는 성문서 역시 성경을 이루는 중요한 한 부분이다. 기독교도들은 유대인의 성경을 구약성경이라고 부르지만 그것은 유대인들에게 유일하고도 완벽한 생활의 표준 진리이다. 넓은 의미에서 성경연구라고 할 때는 나비임(Naviim)과 성문서 케두빔(Ketuvim)을 포함하는 것은 말할 것도 없고 구전토라 그리고 성경을 해석해온 발전 과정과 역사라고 할 수 있는 랍비 문서까지도 포함한다. 토라는 영원히 살아 있는 하나님의 법전이기 때문에 변화하는 삶 속에서 언제라도 바르게 해석하면 적용되어져 생명의 지혜를 주는 말씀이 된다. 성경은 인간에게 구원을 깨우쳐 주는 영적인 지식을 주는 것은 물론 그 이상으로 하나님을 닮아 완전한 인간이 되고자 하는 뜨거운 열정을 불러일으켜 주는 생명과 지혜의 용광로이다. 따라서 인간의 노력에 의해 해석되고 가르치는 것이지만 토라의 권위는 살아 있는 하나님의 말씀으로서 최고의 법전이요, 열정의 도가니요, 최고의 지혜로서 받아들여야 한다. 여호와께서 택하신 곳에서 그들이 네게 보이는 판결의 뜻대로 네가 행하되 무릇 그들이 네게 가르치는 대로 삼가 행할 것이니 곧 그들이 네게 가르치는 법률의 뜻대로 그들이 네게 고하는 판결대로 행할 것이요 그들이 네게 보이는 판결을 어기어서 좌로나 우로나 치우치지 말 것이니라(신 17:10-11). 그러므로 토라는 유대인들의 신앙을 구현하는 원동력이요 생활의 표준이며 하나님과의 만남과 계약을 골자로 하는 삶의 교훈들이다. 토라야 말로 위대한 유대인을 유대인답게 만들어 주는 유일한 원리이다.

8

유대 회당의 부속학교

　현재 미국에서 학교를 다니고 있는 유대인 학생수는 60만이 조금 넘는 숫자가 된다. 그 중에 약 3만 명이 사립학교에서 공부를 하고 있다. 이들이 다니는 학교 역시 우리가 일반적으로 생각하는 회당이나 교구에 속한 사립학교들이 아니다. 비록 유대인에 의해서 운영되는 학교라 할지라도 로마 카톨릭이나 루터란 교회에서 운영하는 학교처럼 교회에 속해 랍비들의 통제를 받아야 하는 학교가 아니다. 비록 속했다 할지라도 운영 이사회는 평신도와 랍비들이 적당한 배열로 구성되어 있고 학교 운영은 학비와 후원회의 재정지원으로 되는데 교과 과목은 일반 학교와 별다를 바가 없다.

　유대인 사립학교의 과정은 일반 공립학교와 다를 바가 없는데 특히 오전에는 학과 공부에 집중하고 오후에는 신앙교육 내지 신앙활동을 한다. 지능을 많이 요구하는 공부는 오전에 하고 피로가 쌓일 때인 오후에는 신앙교육을 주로 하지만 그렇다고 해서 신앙교육을 강요하는 것은 아니고 모두가 자의로 하게 되어 있음에도 모든 학생들이 참여한다. 어떤 점에서는 신앙교육을 위해 유대인 학교에 모였기 때문에 오후의 교과 과정이 더 중요하다고 할 수도 있다. 유대인학교의 특징 중 하나는 공립학교에서 하는 공부를 동일하게 다 하고 난 다음 시간을 연장하여 신앙교육을 한다. 그런 점에서 공립학교는 오전 수업 내지 오후 1-2시가 되면 학교가 끝나지만 유대인 학교는 오후 늦게까지 계속된다.

　미국 유대인 학교의 온종일학교(all day school) 문제는 뜨거운 관심거리가 된다. 이것을 지지하는 사람들은 전통적 미국 교육은 종교교육이었기 때문에 그것을 없앤다는 것은 미국의 혼을 없애는 것과 마찬가지로 생각한다. 외국에서 오는 모든 외국 사람들에게 미국의 정신적 뿌리가 된 종교교육을 시키는 것으로 미국의 특성을 자랑했듯이 신앙교육과 세속 교육을 동시에 시킴으로 어린이들은 동료의식과 사회 일체 의식을 동시에 배우게 한다. 유대인들은 온종일 교육방법을 실시하되 지성과 감성 발달 교육을 아주 적절히 시행한다. 공부에 들어가기 전에 마음의 풍요와 여유를 가지고 일할 수 있도록 신앙의 기쁨과 삶의 환희에 젖은 마음으로 시작한다.

종교교육 때문에 온종일학교의 교과과정을 반대하는 사람도 만만치 않다. 종교교육을 시킴으로 말미암아 사회적 일체감을 갖지 못하게 되어진다고 주장한다.

사회에 나가 활동하는 데 지장이 되는 특정 교회의 종교적 신념을 가짐으로 이질적인 사회계 층이 형성된다고 한다. 공립학교는 사회의 공통적인 가치관과 정신을 형성하여 인간관계를 부드럽게 하는데 온종일학교의 신앙교육은 여러 면에서 적절치 않다는 것이다.

그럼에도 불구하고 유대인의 온종일학교 교육은 미국의 유대인 교육에 있어 가장 중요한 본질을 전달하는 좋은 제도라는 평가를 받고 있다. 그들은 온종일학교에서 공립학교의 모든 과정을 다 배우고 과외로 신앙교육을 받음으로 그들의 신앙과 건강한 정신을 형성하는 데 크게 도움이 된다. 이것은 자의적인 교육이지 결단코 강압적인 것이 아니다.

훌륭한 신앙과 정신교육을 함께 한다는 것은 결단코 학교교육이나 장래의 인간 발전에 저해되는 일이 아니라고 생각한다. 유대인들의 교육 발전에 있어서 크게 공헌하는 것이 바로 온종일학교 제도라고 해도 무방할 것이다.

9

유대인의 경노사상

　한 마디로 단정할 수는 없지만 유대교는 동양종교이다. 그런 점에서 동양의 도덕철학인 유교에서 가르치는 것과 유대교의 가르침은 유사성이 대단히 많다. 유대교는 연장자인 노인들에 대한 존경심과 가정에서 나이 든 어른에 대한 효심이 지극한데 그런 점에서 중국 역사와 마찬가지로 유대교의 역사 역시 대단히 장구하다. 다 그렇다고 말할 순 없으나 기나긴 역사의 경험을 통해 우리는 모든 사물을 정확하게 바라보고 평가할 수 있는 통찰력이 생긴다고 생각된다. 유대인은 이 세상 어느 나라 어느 민족보다도 다양한 경험을 축적하고 있는 민족이다. 세계의 모든 강대국과의 접촉을 통해서 그들의 문화와 정신을 경험했다.

　많은 경험을 통해 유대인들은 해묵은 옛날 지혜가 얼마나 고귀한 것인가를 알게 되었다. 옛날 지혜란 낡은 것이 아니라 고귀한 것이란 뜻이다. 히브리어에 나이 드신 분이란 지혜란 말과 동의어이다. 탈문에 이런 격언이 있다.

　"오랜 옛것을 바로 배운 사람은 아주 잘 익은 포도를 먹고 잘 익은 포도주를 먹는 것과 같다."

　"늙은 학자일수록 그 지혜는 깊고도 심원하다."

　유대교에서는 해묵은 경험을 귀하게 여겨 그것을 참고하여 새로운 시대를 만들어 나가는 전통이 있다. 젊은이들은 나이 드신 분을 모시고 있는 것, 오래 된 경험을 얻을 수 있는 연장자가 옆에 있다는 것을 큰 재산으로 여긴다. 노인들의 경험을 대가 없이 무상으로 얻을 수 있기 때문이다. 이런 경험을 얻을 수 있다고해서 젊은이들은 어른들만을 너무 의지해서는 안된다.

노인들을 향한 존경이란 말로써 끝나는 것이 아니라 그들을 보살피는 구체적인 정성을 두고 하는 말이다. 중세, 타국의 문화 속에 있을 때 노인들은 방치되다시피 외롭고 쓸쓸하고 배고픈 긴 세월을 보내지 않을 수 없었다. 그후 유대인 공동사회는 노인들을 위한 양노원과 살던 집에서 떠나지 않고 가족과 함께 살 수 있는 집을 지어주어 행복하고 안온한 생활을 할 수 있게 했다. 같은 식구들과 함께 같은 세대의 노인들이 모여 같은 생각과 생활을 나누는 친화적인 분위기를 가질 수 있다는 것은 그들에게 큰 축복이었다. 이것은 유대인 사회의 의무요 지켜야 할 법(Mitzvah)이다. 나이 드신 어른을 섬기고 존경하고 안락한 생활을 할 수 있게 하는 것은 유대인 사회의 기본 강령이다.

장로와 어른들을 향한 예절 역시 유대인법에는 엄격한 규정이 있었다. 어른들 앞에서는 앉을 수 없고 항상 서 있게 되어 있다. 식당에서 밥을 먹을 때, 어른들이 출타하여 집에 없을 때에도 그 자리는 항상 조심스레 대하고 비워 놓아야 했다. 어른들이 옳지 않을 경우라 할지라도 어른들에게 대들거나 잘못을 지적하지 못하게 되어 있다.

웬만해서 유대인 가정은 이방 사람들에게 공개하지 않는다. 유대인 가정의 초청을 받았다는 것은 중국인 집에 초대받은 것과 같다. 필자는 오하오 신시내티의 히브리대학의 교수인 카츠 교수(Robert Kats) 댁에 여러 차례 놀러 간 적이 있다. 카츠 교수는 하가다를 가르치는 유명한 교수인데 이미 60에 가까운 나이였지만 그의 아버지가 살아 계신데 80이 훨씬 넘는 노인이었다. 둘 다 흰 수염을 헬몬산의 눈처럼 보기 좋게 기르고 있었는데 카츠 교수가 학생들을 데리고 긴 시간을 보내면 학생들이 있는 자리에서도 호되게 자식인 카츠 교수를 나무라는 것을 보았다.

"학생들에게 그렇게 시간을 보내면 너 공부는 언제 하려고 그러느냐? 태도를 바꾸지 않는 한 너는 무식한 학자가 되고 말 거야."

카츠 교수는 절대로 무식한 학자가 아니었다. 그의 하가다 강의 교수실은 경륜과 지혜와 총명이 차고 넘쳤다. 학생들 앞에서 그렇게 호되게 꾸지람을 하는 데도 카츠 랍비는

"아버지 알았습니다. 열심히 노력할게요."

그 말 한 마디밖에는 하지 않았다. 내가 보기에 아버지 앞에서 꾸지람을 들은 60이 다 되어 가는 랍비가 조금도 천박해 보이지 않고 오히려 존경스럽고 사랑스러울 뿐이었다. 성경도 분명히 가르치고 있다.

"백발 머리 앞에서는 일어나고 노인 얼굴에는 존경을 보여라."

신생 이스라엘 국가가 하나하나 자리를 잡아 갈 50년대초 호란(Holan)이란 새로운 마을을 이스라엘 젊은이들이 건설했다. 이스라엘 젊은 노동자들이 땀흘려 지은 전원 아파트였다. 지중해가 바라보이는 해변가에 현대식으로 온갖 정성을 기울여 지은 노인들을 위한 아파트는 아름다운 잔디와 꽃밭으로 꾸며져 문자 그대로 환상적인 이상향이었다. 지중해에 해질 녘이면 아름다운 꽃과 노을이 어울려 그림보다 더 아름다운 꿈 같은 풍경을 연출했다. 그렇게 아름다운 전원주택에서 음악을 들으며 나이 든 노부부들은 친구들과 함께 행복한 시간을 보내고 있었다.

이것은 단순한 집이 아니라 유대인의 부모에 대한 효성과 존경의 표현인 것이다.

10

유대인에게 가정이 회당보다 중요한 이유

유대인의 공동예배, 회당 예배가 전부 철폐된다 할지라도 하나님을 신앙하는 종교생활은 변함없이 존속되어진다. 그 이유는 유대인들의 종교생활의 중심지대는 가정이기 때문이다. 회당에만 예배가 있고 신앙이 학습되어지고 경건을 경험할 수 있다고 보지 않는다. 종교 교육뿐만 아니라 삶의 모든 배움과 경험은 가정에서부터 시작되어지는 것이 유대인들의 생활이기 때문이다.

18세기의 가장 위대한 유대교 지도자였던 랍비 빌나 엘리야(Elijah of Vilna)는 그의 아들을 교육시킬 때 교회가 아니라 집에서 매일의 기도문을 먼저 외우고 매일 실천하도록 했다. 안식일 의식이나 성일이나 축제의 행사가 없을 때에는 회당 자체가 목표 없는 교육을 시키는 경우가 많다고 그는 믿었다. 그래서 가정예배나 가정생활을 통해 오히려 더 긴밀하고도 진정한 영적 교제를 할 수 있는 곳임을 분명히 했다.

유대인들은 그들의 가정을 종교적인 성소라고 믿고 있다. 가족은 가정예배와 종교생활의 주체이다. 유대인들에게 있어서 종교행사는 가정행사 또한 교회행사일 뿐이다. 어머니는 안식일 저녁에 촛불을 밝히고 아버지는 모든 식구들을 축복함으로 한 아름의 행복과 뜻깊은 인생을 체험하게 된다. 유대인들의 삶은 축제로 가득차 있다. 축제 때마다 문앞에서 하나님의 사랑을 선포하고 그 위대하심을 찬양하며 유대인들이 하나님의 자녀답게 살 수 있는 기회 주신 것을 감사한다. 유대교는 가정 종교요 또한 개인 종교요 나아가서 민족이 함께하는 집단종교이다. 유대인들은 군대를 가거나 학교에서 그들의 축일과 절기를 어디에서든지 반드시 지킨다. 교회에서 드리는 행사의 분위기로서가 아니라 가정 축제의 분위기로서 지킨다.

  가정 또는 가족에 대한 또 다른 측면을 한번 생각해 보자. 히브리말의 가족인 미쓰파잡(Mishpachab)이란 단어는 부모와 어린이들만을 의미하는 것은 아니다. 고모 삼촌 사촌 이모까지를 포함하는 가족 대단위를 의미한다. 많은 친척들이 너무 긴밀하게 지내는 것은 좋은 점이 있음과 동시에 나쁜 점도 있다. 가족가운데서 개인성이 유지되어지지 않고 침해를 받기 쉽다. 그럼에도 불구하고 가족의 긴밀한 유대 속에서 자란 유대인 어린이들 가운데서 청소년 범죄뿐만 아니라 성년 범죄도 월등히 낮다는 것이 보고되어지고 있다.

  카톨릭 주간지 "미국"(America)은 최근에 이렇게 발표한 적이 있다. 유대인 어린이들이 사회범죄에 가장 적은 숫자를 차지하게 되는 것은 그들의 건강한 가정생활 때문이라고 했다. 예수회 잡지인 "가정의 결속"(family solidarity)에서는 미국의 유대인들이 가지고 있는 4대덕 목중 가정생활의 모범이 그 중의 하나라고 지적했다. 그외의 세 가지의 모범적인 생활태도는 절제(Temperance) 근면성(Industry) 그리고 교육에 대한 열성을 들었다.(5장 19, 20을 참조)

  가족의 결속, 부부의 화합과 사랑, 자녀에 대한 질 높은 양육, 이것은 인간이 의존할 수 있는 모든 힘의 원동력이다. 수천년 동안 당해 내려온 유대인들의 박해를 이길 수 있었던 원동력은 유대인 가족의 결속 때문이다. 가정의 수장인 아버지의 한 마디에 모든 식구들은 일사불란하다. 남편이든 아버지든 가정의 대표는 하나님을 대신하는 사람으로 인정하고 존경하기 때문이다. 유대인 가정이 존재하는 한 유대교는 존속할 것이다. 왜냐하면 유대인 가정은 휴대용 성전이어서 종교적인 모든 가르침과 진리를 전달해 주는 기관이기 때문이다.

11

유대 자녀교육의 특징

 자식을 어떻게 하면 훌륭하게 잘 기르느냐 하는 것은 모든 부모의 소원이요 꿈이다. 동서고금의 문학 가운데 자식과 부모의 관계에 대한 책들이 수없이 많이 있다. 나아가서 자식의 교육에 관한 이야기는 모든 부모와 자식들의 가슴을 울리는 내용들을 담고 있다.
 자식교육에 대한 탈무드의 가르침을 아주 핵심적으로 요약한 말이 있다. 부모의 인내성과 이해성이 그것이다. 자식을 향해서 성급한 결정이나 행동을 하지 말아라. 자식은 젊기 때문에 하고 싶은 일이나 욕망이 너무 많다. 부모들이 얼마나 많은 희생을 해야 자기들이 하고 싶은 것을 할 수 있게 해주는지를 전혀 알지 못하고 조르기만 할 때가 있다. 그것을 자식들이 깨닫기까지는 수십 년의 시간이 필요하다.
 자녀 교육은 가장 중요하여 강조하고 또 강조해도 지나침이 없는 것인데 그것은 가정 환경이다. 하시딤(기원전과 18세기에 왕성했던 유대인의 영성운동)교사 가운데 유명했던 랍비 나하만(Nachman)은 이렇게 말한 바가 있다.
 "항상 싸우면서 말다툼하는 가정에서 좋은 아이를 길러낼 수 있다고 기대하는 것은 기적보다 힘든 일이다. 모든 사람은 자기의 분수와 행위에 걸맞는 자식을 갖게 된다."
 좋은 자식을 갖고 싶다고 해서 다 가져지는 것이 아니다. 좋은 씨를 좋은 토양에 심어 좋은 거름을 주고 잘 돌보아 좋은 열매를 거두는 것과 좋은 자식을 얻는 것도 같은 원리인 것이다.

　성경 말씀에 매를 아끼는 자는 자식을 망치게 한다고 했다. 그러나 유대교의 랍비들은 이 말씀을 문자 그대로 심각하게 해석하지 않는다. 아버지는 권위의 상징이긴 하나 공포의 대상이 되어서는 안된다고 랍비들은 가르친다. 또 다른 랍비는 이렇게 가르친다. "아이를 구두끈으로 때려라. 그러면 맷자국이 남지 않을 것이다." 공포를 조장하는 것과 권위를 가지고 자녀들에게 하나님의 카리스마를 보이는 것은 다르다.

　물론 가정생활 속에서 자녀들에게 강한 규율을 집행하여 교훈을 주어야 할 때도 있다. 그러나 유대인 자녀들은 엄한 규율, 심지어 매를 맞으면서도 자기가 사랑을 받고 있다는 것을 깨닫게 해야 한다. 어떤 일을 하더라도 부모의 저의가 무엇인지를 이해할 수 있는 수준에서 해야 한다. 깨닫지 못하면 교육이 되지 않기 때문이다. 왼손으로 때리면서 오른손으로 안아주어라고 랍비들은 가르친다.

　탈무드는 거듭거듭 말한다. 아이들은 하나님의 선물이요 부모들은 위탁받아 부양하는 즐거움과 책임을 가졌을 뿐이다 라고.

　전세기의 위대한 랍비 이시도례(Isidore Epstein)는 그의 유명한 책 "유대인의 생활도리"(The Jewish way of life)에서 이렇게 말한 바 있다. "부모들은 자기가 강하다거나 나이가 들었다거나 또는 재정력을 가졌다는 이유로 아이들의 권위를 빼앗아서는 안된다. 자식들을 낳은 부모라는 관점에서 부모들이 권위를 가진 것이 아님을 기억해야 한다. 부모의 권위는 하나님의 자녀들을 내가 맡아 돌본다고 하는 책임의식에서 나온다."

　부모의 권위는 자녀들을 얼마나 훌륭하게 낳아 기르며 교육시키느냐에 따라서 그 진가가 결정된다. 하나님이 하실 일을 이 땅에서 수행하는 책임성과 능력에 있다는 뜻이다. 엄격한 공포로써 자식들을 통솔하는 것은 유대교적 부모상과는 거리가 먼 것이다. 부모는 자녀들에게 있어서 하나님의 화신으로서 사랑의 보금자리이다.

자녀들을 훈련시키는 유대인의 방법은 좁디좁은 종교적인 교리나 교회에 출석케 하는 정도가 아니다. 유대인의 역사가 그렇듯이 무한하신 하나님의 인격을 본뜰 수 있도록 어떤 형상에 매이지 않는 상상력과 창조력을 길러 주기 위한 폭 넓은 인간교육을 시키는 것이다. 탈무드적 교육은 최고의 지성과 최고의 신비세계를 접할 수 있도록 길을 여는 것이다. 정신적인 창조세계뿐이 아니라 정신과 도덕적인 건강한 세계 역시 소홀히 하지 않는다. 아리스토텔레스가 강조했듯이 건강한 도덕생활은 건강한 생각과 습관적인 훈련을 통한 행동을 하게 하는 것이다. 나쁜 버릇이 하루 아침에 몸에 배는 것이 아니듯이 좋은 도덕적 행위도 하루 아침에 실천되지 않는다. 그러므로 어려서부터 습관적인 생활을 대단히 중시한다. 공부·기도·부모 사랑·선행·건전한 생각·창조적인 활동 등을 습관적으로 할 수 있도록 한다. 유대인들만큼 전승을 중히 여기는 사람들이 없을 것이다. 선하고 좋은 일은 대를 이어 계속하여 행하도록 훈련시킨다.

습관적 좋은 행동과 생활은 부모의 말로써만 되지 않는다. 부모의 권위란 것도 말로써만 되지 않는 것과 같다. 유명한 하시딤 교사가 이런 이야기를 들려준 적이 있다.

"자식이 토라와 탈무드를 매일 공부할 수 있도록 정성을 다해 기도하는 부모의 이야기를 듣고 모두가 감탄했다. 그러나 자식이 토라와 탈무드를 공부하도록 매일기도 하는 부모 자신이 매일 토라와 탈무드를 공부하지 않고 그렇게 기도를 한다면 자기 자식도 그와 같은 사람이 되라고 기도하는 것과 같다."

이런 가정환경을 부모들이 조성한다면 자식들도 그와 같은 사람이 되어서 후일에 자기 자식에게도 그렇게 할 것이다. 교육이란 말이 아니라 가르친 대로 스스로 행하는 것이다. 유대교의 교육은 가정이나 학교에서나 회당에서 가르치는 대로 생활 속에서 행하는 것이다. 유대인은 율법적이라고 비난을 받기도 하지만 유대인들은 그 율법적 방법 외에 자녀들을 바르게 키우는 길이 없다고 생각하고 있다.

　토라대로 가르친다고 해서 막무가내로 억지 교육을 시키는 것이 아니다. 스스로 공부의 재미와 공부의 유익을 깨달을 수 있는 토양을 만들어 주는 것이 부모의 책임이다. 글을 배우기 전에 영원하신 하나님에 대한 설화를 들려 줌으로써 무한한 상상력을 기르게 한다. 그것은 어떤 형상에 제한을 받지 않은 넓고 큰 세계를 추구하는 정서 교육을 받게 되는 것이다. 성경의 설화가 일러주는 인물들이 가진 것 없고 배운 것 없어도 뜨거운 열망과 식지 않는 소망을 가지고 불우한 환경을 극복하고 지혜스런 새 인간으로 태어날 수 있었던 실예가 무엇인지를 먼저 배우고 글과 공부를 하게 된다. 유대인들은 비록 가난하고 배운 것이 없지마는 자녀들로부터 자랑스런 부모였다는 인상을 심어줄 수 있는 감동적인 삶을 삶으로써 자녀들도 그렇게 살 수 있도록 노력한다. 오늘날 우리가 추구하는 성공 목적의 교육과는 너무나 다른 세계의 이야기다.

　12세기의 유명한 랍비 마이모니데스는 이렇게 감동적인 충고를 말한 바 있다.

　"모든 자녀들이 나의 아버지의 하나님 그리고 나의 하나님이라고 자랑스럽게 말할 수 있는 부모가 되어야 한다. 아이를 낳는 것은 쉽지만 좋은 부모가 되는 것은 쉽지 않다."

　유대인의 자녀교육에 있어서 부모의 엄격성이 어떤 것인지 충분한 설명이 되었다고 생각한다.

12

유대 가정의 아내와 어머니의 역할

 매 안식일 전날 밤 신심 깊은 유대인 가족들은 잠언 마지막 장인 31장을 암송하면서 유대인에게 있어서 이상적인 아내와 훌륭한 어머니에게 찬사를 드린다.
 격언처럼 되어 있는 이 22절의 찬사의 시는 현숙한 아내의 도리를 밝히는 것이다. 존경받고 사랑받는 여인이요 능력 있고 이해심 있고 항상 유쾌하고 낙천적이며 열린 마음으로 살기 때문에 자기의 문을 두드리는 사람은 항상 그 필요를 충족시켜 주는 여인이다. 이보다 더 중요한 일은 모든 가족들이 그녀를 의지하며 살 수 있도록 해주는 신뢰받는 사람이다.
 성경의 잠언에서부터 오늘날 현대 유대의 노래에 이르기까지 아내와 부인의 모습은 항상 부드럽고 헌신적이며 믿음에 충직하며 자기 관리에 완벽한 모습으로 묘사되었다. 어머니는 온 가족의 육체적 정신적 영적인 분위기 통제소라고 해도 과언이 아니다. 어머니는 자녀들의 성격을 형성하는 데 가장 중요한 역할을 하는 사람이다. 어머니는 가족들과 모든 식구들의 한가운데 선 존재로서 화해와 평화를 창조하는 역할을 한다.
 유대교 회당에서 특히 회당 의식 절차에 여인들이 책임져야 할 일은 거의 없다. 자기 스스로 자발적으로 할 수 있는 일을 찾아서 하는 일은 별도지만 회당에서 어떤 책임을 지우는 직분은 잘 주지 않는다. 왜냐하면 여인의 책임은 가정에 있기 때문이다. 평화 사랑 경건의 분위기를 만들어서 모든 식구들이 자유와 기쁨을 느껴 창조적이고 이상적인 사고를 하여 사회에서 자기 몫을 훌륭히 해낼 수 있는 토양을 만드는 것이다. 자식은 말할 것도 없고 남편까지도 여인의 헌신적인 내조에 의해 성장하고 열매 맺기 때문이다. 아내는 모든 식구들이 안식일 전야에 자기를 중심하여 식탁에 앉게 하고 자기가 켠 촛불 위에서 내리는 축복의 말씀을 받게 한다. 유대인의 종교생활이 교회가 아니고 가정에서 중점적으로 이루어지듯이 어머니는 모든 종교 행사 축제와 성일을 준비하고 온 가정을 은혜와 기쁨의 분위기로 만들어, 가족들이 축복을 느끼게 한다.

큰 방이든 작은 방이든 그 방의 온도와 청결도는 그 방안에 설치된 난로가 하듯이 여인은 온 가정의 난로나 온도계와 같다. 가정의 모든 일은 여인에게 달려 있다.

유대인 사회에서의 자녀교육은 6세까지는 전적으로 어머니의 손에 달려 있다. 어머니의 손에 있는 이 어린 시절에 일생 잊을 수 없는 사랑과 교육의 중요성과 삶의 가치관의 기본을 일깨워 준다.

이보다 더 중요한 여인의 또 다른 역할은 어머니로서 아내로서 온가족의 상담 역할을 해주는 것이다. 난로가 방 전체의 기온을 조절하듯이 어머니는 온 가족의 정신적 기온을 조절하는 역할을 한다. 탈무드에 이런 말이 있다. '아내가 아무리 모자라는 사람이라 할지라도 의지하고 그녀의 조언을 받으라'고. 그러면 가정의 평화가 이루어질 수 있기 때문이다.

1620년 유대교의 철학자 랍비 이삭 포센(Isaac of Posen)이 그의 딸에게 여인의 길에 대한 아주 작은 책 한 권을 써주었는데 이 책이 베스트 셀러가 되어 17세기말까지 유대인 사회에서 인기를 끈 적이 있다. 출판물이 그렇게 대중화되기 전인데도 19판까지 나와서 18세기초까지 팔렸는데 책명은 "선한 마음씨"(The Good Heart)라는 것이었다. 그 책 가운데 좋은 아내가 되는 열 가지 길을 실제적인 측면에서 설명한 곳이 있다. 이것은 흔히 여인의 십계명이라고 후세 사람들이 불렀다.

1. 남편에게 상처 주는 말을 하지 말고 그를 왕으로 모셔라. 그러면 당신

은 왕비의 대접을 받을 것이다.
2. 그가 좋아하는 것을 반대하지 말고 그가 좋아하는 것을 다해주어라. 그러면 당신이 좋아하는 것을 다 해줄 것이다.
3. 남편이 화가 났을 때 가장 현명하고 조심성 있어야 한다. 남편이 화가 났는데 즐거워하지 말고 미소 짓는 모습으로 부드럽게 말하라.
4. 식탁에서 오래 기다리게 하지 말아라. 배고픔은 분노의 시발점이 되기 쉽다.
5. 남편의 잠자리를 편안케 하며 잘 때는 깨우지 말라.
6. 남편의 지갑을 항상 조심하라. 남편의 돈 문제에 개입하지 말라. 개입했다가 일이 잘 되지 못했을 때는 당신에게 책임이 돌아가게 된다.
7. 남편의 비밀은 비밀로서 보장해 주라. 그가 떠들며 자랑하더라도 모르는 척 비밀로 보장해 주라.
8. 남편의 적에게 호감을 갖지 말고 남편 친구를 미워하지 말라.
9. 불가능한 일을 남편에게 부탁하지 말며 그것으로 남편을 평가하지 말라.
10. 당신의 조언을 들을 수 있는 남편이 되게 하라. 그러면 당신의 남편은 항상 당신 편에 서는 사람이 될 것이다.

아내가 남편을 이기는 길은 이해와 사랑밖에 없다. 아내뿐이 아니라 남편에게도 유대교의 성인들은 똑같은 교훈을 가르쳐 준다. 당신이 축복받는 가정을 가질 수 있는 길이 무엇인지 아는가.
아내를 사랑하고 존경하라.

13

관습과 전승

　유대교 법의 규정과 생활관습의 차이를 구별하는 것은 쉽지가 않다. 유대교의 고대 격언에 이런 말이 있다. 관습은 헌법에 기록이 되지 않았을 뿐 오랜 생활 속에 기록되어 있기에 그 사회의 법이 되어진다. 유대인의 기나긴 역사는 수많은 종교의 법을 생산하여 사회로부터 인정을 받아 지켜내려 오게 되었다. 나중에 법조문이 된 것도 캐보면 그 근원은 오랜 세월동안 백성들사이에 행해 내려오던 관습에 불과했다.

　보수 유대교회당의 창설자인 솔로몬 쉐터박사(Dr. Solomon Schechter)는 관습이 법이 되는 역사적 현상을 일컬어 "보편적 이스라엘 법"(catholic Israel Law)이라고 했다. 생활속에서 실천해 보면 필요한 것은 계속남아 있게되고 필요없는 것은 자연히 사라진다. 생활속에 계속 남아서 관습이 된 것은 그만큼 인간의 생활에 유용하기 때문에 지속되는 것이므로 법이 되는 것이다. 대다수의 유대인들이 어떤 법이나 의식을 선택하여 지키고 또는 버리는 것은 필요와 효용의 원리에 의한 것이다. 이리하여 관습이 되어지면 유대인 사회의 법이 되기 때문에 관습과 법의 구분을 정확하게 경계를 짓는다는 것은 쉽지가 않다.

　그러므로 유대교에서는 토라나 탈무드 또는 할라카에서 가르치는 법 규정을 법으로만 해석하고 적용하지 않는다. 그 법이 형성되기 전과 되고 나서의 관습, 그 법의 시행으로 일어난 또 다른 결과들을 종합해서 해석하고 적용한다.

이 같은 법과 관습과의 관계, 그리고 그 해석 적용 방법은 최근에 발상된 생각이 아니라 고전 유대교시대부터 오늘에 이르기까지 줄곧 같은 흐름으로 계속해왔다. 유대교의 법이나 유대인의 법전 서두에 보면 거의가 다 이런 말로 시작한다.

"이 법은 이태리에 거주하는 유대인들 실천법이다. 불란서의 유대인법은 불란서의 관습에 따르게 되어 있다." 다른 책들 속에서는 이 법은 스페인에 실천되는 유대인, 독일의 유대인법은 다른 나라들의 것과 비교하면 더 엄격한데 그래서 이것은 "엄격한 독일 관습에 따른 유대인법"이라고 했다.

어떤 유아독존격인 권위단체가 모든 규정은 이 법으로 처리되어야 한다느니, 이 사건은 이 법으로 처리해야 한다고 주장하지 못하게 되어있다. 뿐만 아니라 신앙교육 역시 한 가지 원리를 가지고 세계에 있는 모든 유대인들에게 적용하지 못한다. 단 한 권의 기도문이 모든 세계의 유대인들의 기도 지침서가 되지 못한다. 사람이 살고 있는 지역마다 그 지역의 생활 관습이 있고 법이 다르기 때문에 유대교는 획일적인 법제정이나 적용은 하지 않는다.

유대인의 전통이나 관습을 이해하기 힘든 또 다른 이유는 세계 여러 나라에 살고 있는 유대인들이 그들이 살고 있는 지역의 비유대적 풍습과 문화에 영향을 받아 그것을 채택하여 유대인 생활속에 그대로 쓰는 것이 적지 않기 때문이다. 그 중에는 문화적인 것도 있고 종교적인 것도 있고 또는 미신적인 것도 씌어 있는데 오랜 세월이 지나면서 한 몸처럼 유대의 관습으로 착각하여 버리는 수가 있기 때문이다.

유대교의 발생근원은 원시적인 미신과 마술에 저항하는 인간의 바른 정신에 비롯한다. 그 사람이 바로 아브라함 인데 이는 유대인의 아버지이다. 그는 그의 아버지집에 있는 손으로 만든 우상들을 전부 때려부수고 이 우주에는 살아계신 단 한분, 유일하신 하나님만이 계신다고 선포한 첫사람이다.

어린 아이 아브라함이 도끼를 들고 있는 사진은 상징적으로 유대교는 모든 형상, 모든 미술을 배격한다는 것을 보여 준다. 모든 우상과 주술 및 미신을 반대한다는 것은 유대교의 모든 문서 속에 강조되고 있는 바다.

성경의 교훈적 사실들은 우리에게 계속 알려주고 있다. 아브라함의 후예가 되어 오늘을 살고 있는 유대인이라 할지라도 우리의 생활과 생각 그리고 우리와 이웃하고 있는 문화나 관습속에 있는 미신과 우상들을 완전히 제거한다는 것은 결단코 쉬운 일이 아니다. 모세가 시내산에서 하나님으로부터 법을 받아내려 왔을 때 백성들은 황금 송아지를 향해 예배하고 있었다. 그 이후 오늘날까지 그같은 일은 적지 않았다. 그래서 유대교 지도자들은 지금도 우상숭배의 불신과 싸우고 있다. 우상이란 어떤 형상이나 조각만을 두고 하는 말은 아니다. 우상이란 귀하지 않은 것을 귀한 자리에 놓고서 그것을 신격화하는 일이다. 유대인에게 있어서 신은 유일하신 여호와, 천지와 우주를 지으신 하나님한 분이시다. 이 분보다 위대하고 크신 분은 없기에 그 어떤 것이라도 이 하나님의 자리에 올려놓고 신격화하여 정신적 육체적 노예생활을 하면 그것은 우상이다. 오늘날의 우상은 여러 모양으로 나타난다. 권력, 돈, 쾌락, 현실만족 등 현대인을 사로잡아 인간의 바른 삶의 길을 가지 못하게 하는 모든 것들이 현대의 우상이다.

오늘날 유대인의 사회에는 우상숭배나 미신 신앙 등 과거의 우상은 존재하지 않는다. 그러나 유대인들 자신이 그것이 우상인지를 모르면서 생활속에 함께 하고 있는 관습과 생활풍습 등은 그 근원에서부터 미신적인 것이 적지 않다. 미신적인 요소를 담고 있는 생활 관습과 풍습은 그 속에 있는 사람들로 하여금 미신적인 생각을 가지게 해 버린다. 미신적인 생활은 미신적인 생각을 만들게 하고 미신적인 생각은 또 다른 허망한 미신을 만들어 버리기 때문이다.

유대인의 관습 가운데 어떤 것은 순수한 민속적인 것도 있고 문화적인 것도 있다. 그러나 어떤 것은 유대인들의 신앙과 생활과는 전혀 관계없는 것도 있다. 술을 먹을 때 "그대의 건강을 위하여" 재체기나 기침을 할 때 "악령이 들어가지 말지어다."라고 하는 말을 유대인사회에서도 비유대인들과 똑같이 쓰고 있다. 작은 실례에 불과하지만 이 같은 행위의 발언은 전혀 유대교의 신앙과 상관없는 것이다.

일상생활 속에 있는 하찮은 것은 그렇다치드라도 더 심각한 문제는 모든 사람들이 그대로 받아들이고 있는 종교행사나 유대인의 법 속에 비유대적인 요소가 적지 않다는 사실이다. 그것이 비유대적 인 것인지 비성서적인 것인지에 대해서 생각도 해보지 않고서 그대로 받아들이는 실정이다.

그 가운데는 적지 않은 문화적인 타부(taboo)가 있다. 생존해 있는 친적의 이름을 따라 짓는 것을 반대하는 것, 여형제가 결혼의 가문과는 다른 여형제도 결혼할 수 없는 것, 결혼식때 컵을 발로 깨는 것, 어린아이가 태어나면 시편 127편이 새겨져 있는 손팔지를 만들어주는 것, 어떤 성경구절을 적은 목걸이를 목에 걸어주면 귀신이 오지 못한다고 믿는 것, 이같은 관습은 전통적인 유대인의 생활속에 깊이 뿌려박혀 있는 악습이다. 아주 문명화된 유대인의 가정에서는 이런것들을 스스로 없애 버렸지만 랍비들이 계속해서 그같은 미신이나 타부적인 행사는 하지 말라고 해도 여전히 없어지지 않고 있다.

그외에도 적지 않은 미신적인 관습이 있다. 남의 집 문을 두드릴때 손가락으로 십자가를 그어 보이므로 행운을 빌어주는 것이다. 십자가를 그어 주는 것은 분명히 기독교의 십자가를 상징하는 것이다. 그러나 유대교의 관습 전통속에는 십자가란 아무런 의미도 연관성도 없는 것이다. 유대인들이 검정 옷을 잘입고 다니는데 특히 장례식때 검정 옷을 입는다. 장례식때 검정 옷을 입는 것은 고대 중동의 풍습이었지, 우리 유대교인들과는 하등의 상관이 없는 것이다. 죽음의 영이 찾아왔을 때 검정 옷을 입고 자신을 숨기면 귀신이 찾지 못하고 돌아간다고 믿는 것이다.

결혼식때 쌀과 폭죽 사탕을 터뜨리며 뿌린다. 아마 풍요와 기쁨을 상징하는데 이것 역시 정체불명의 관습이 유대교에 들어와 있는 것일 뿐 유대교인들과는 하등의 상관이 없는 것이다.
 그럼에도 불구하고 유대교는 반문화, 반문명적인 종교는 아니다. 길고 넓은 전통의 관점에서 볼 때에 유대교에서는 폭넓은 인간세계의 문화와 정신을 받아들여 그것을 배척하지 않고 소화하고 흡수, 동화시켜버린다.
 유대교 안에는 뜻을 달리한다고 해서 분파를 만들어 독립교단을 만드는 일은 거의 없었다. 어느 나라 어느 시대에 어떤 일을 당하더라도 그것을 받아들여 견디어 낼 수 있는 탄력성이 유대인들에게는 있는 것이다. 정신적 문화적 엘러지 현상을 일으켜 배척하거나 스스로 고립시키는 백성이 되었다면 이 땅에 살아남지 못했을 것이다. 문화의 탄력성과 환경의 적응력은 유대인이 세계를 향해서 말할 수 있는 천재적인 그들의 능력이다.
 그들은 어느 땅, 어떤 사람들속에서도 무리없이 살아남았고 어떤 문화나 정신 속에서도 자신들을 유지하면서 생존하여 왔다. 그들은 다양한 문화와 정신적인 경험을 가졌기에 모든 것을 포용할 수도 있고 버릴 수도 있는 사람들이다.
 카발라의 신비나 하시딤의 경건을 체험하기를 원하는 유대인들도 많다. 그들의 신앙의 최우선이 삶의 질서, 바른 인생의 길을 위한 법도라고 생각하지 않고 신비한 경험을 함으로 인생과 신앙에 성장이 있다고 믿고 있다. 하시딤을 따르는 사람과 따르지 않는 사람 사이에는 골 깊은 반감이 있다. 그러나 어느 한쪽도 유대인의 주류를 벗어난 외도의 길을 걷는 것이라고 보지 않는다. 유대교의 신앙과 정신세계는 넓고도 깊다. 하시딤이나 카발라의 신비체험까지도 유대교의 정신세계를 풍요하게 할지언정, 그것이 유대교를 손상시킨다고 보지는 않는다.
 그러므로 유대교에는 어떤 교파를 구분하여 부르는 적당한 용어가 없다. 한때 서로가 신앙을 다르게 표현하는 방법도 있기는 했으나 전통, 보수, 개혁회당이라고 부를 뿐이다. 정통, 보수개혁은 다른 교단과 뜻을 달리하는 집단이 아니라 같은 유대교도이다. 그러나 서로의 취향과 신앙의 표현을 달리하기 때문에 자기들끼리 모였을 뿐이다.

　이와 같은 풍요한 정신적, 문화적, 유연성, 또는 탄력성은 유대인이 5000년을 살아오면서 겪은 문화적 경험과 삶의 체험속에서 모든 것을 수용하고 모든 것을 버릴 수 있는 초문화정신에 기인했다고 본다. 생각의 차이, 문화의 차이, 때론 습관이나 전통의 차이도 문제로 삼지 않는다. 즉 에티오피아 유대인의 관습과 홍콩 유대인의 관습은 다르다 할지라도 그들은 언제든지 일체감을 가질 수 있다. 유일신 사상과 선민의식은 어떤 조건속에서도 그들을 하나로 묶어 두는 연결고리가 되기 때문이다.

　유대교를 연구하는 사람들이 많은 헛된수고를 하는 것을 본다. 법, 율법의 실천 생활관습 그리고 생활속에 스며들어 있는 숱한 민속적인 것들, 심지어 미신적인 것, 또는 현실속에 토착화해 버린 유대교의 속성들을 억지로 구분지으려는 사람들을 본다. 법, 관습, 생활속의 실천적인 실재들, 이 세 가지는 유대인의 삶을 형성하고 방향을 인도해 나가는 전승이란 관점에서 볼 때 결단코 구분할 수 없는 하나이다.

　뿐만 아니라 유대인의 천재교육에 대해서 연구하는 사람들도 많이 헛수고 하는 것을 본다. 유대인들의 생활, 법의 실천, 관습과정, 평생을 통한 연구의 태도 등을 전혀 고려하지 않은 채 천재가 되기만을 위한 유대인들의 껍데기 교육만 연구하고 있기 때문이다.

　생활의 보편적인 실재 없이 유대인은 법을 해석하지 않고, 전통에 반대해가면서까지 법을 세우려고 하지 않는다.

　법은 곧 생활이요, 생활관습은 바로 유대인의 법이기 때문이다. 토라 역시 그들의 전승이요, 관습이요, 법중에 법이요 실재생활의 중심원리이다.

　5000년 동안 법·관습·전승의 관계속에서 살아온 유대인을 이해하지 않고는 결단코 그들을 안다고 할 수 없을 것이다.

14

유대인과 탈무드

　탈무드를 온전히 설명하는 것은 유대교의 시작에서부터 오늘날까지의 역사를 설명하지 않고는 안될 것이다. 유대교의 아버지라고 할 수 있는 에스라, 느헤미야(주전 5세기경 유대인을 포로에서 고국으로 인도한 학자는 에스라요 정치가는 느헤미야이다.) 시대에 탈무드의 기초라 할 수 있는 미드라쉬 (Midrash 성서주해)가 생겨났는데 미드라쉬가 유대교의 아버지에 의해서 생겨나서 그 미드라쉬가 탈무드를 낳게했고 그 탈무드가 유대교를 지탱하게 했고 유대인을 죽음 가운데서도 부활케 했으니 에스라, 느헤미야가 탈무드의 씨를 뿌려서 탈무드는 유대교를 낳게 했다고 볼 수가 있다.

　긴 역사적 설명은 다음 장에서 하기로 하고 탈무드가 무엇인지에 대한 것만 본 장에서 논하는 것이 좋을 것 같다. 유대인 그러면 탈무드, 탈무드라고 하면 유대인의 것이라고 생각했을 뿐 탈무드가 무엇이라고 묻는다면 정작 바른 대답을 할 수 있는 사람은 많지 않다.

　탈무드란 가르치고 배운다는 뜻을 가진 히브리어다. 탈무드가 처음 생기게 된 것은 주전 5세기경 에스라 느헤미야의 시대라고 앞서 말했다. 그러나 주후 5세기경까지는 탈무드란 이름으로 전해진 것은 아니다.

　탈무드가 생기게 된 동기는 이렇다. 유대왕국이 망하여 유대인들이 바벨론에 포로로 끌려가 70년 동안 그곳에서 유배생활을 하게 되었다. 이 70년이란 세월은 유대인들에게 있어서 놀라움이요, 고통이요, 눈물이었다. 예루살렘에만 하나님이 계시며 천상천하에 가장 아름다운 곳이라고 생각했는데 유배지인 바벨론은 학문과 생활에서 이스라엘과는 비교가 안될 만큼 앞서 있었기 때문이다. 유대인들은 부득이한 형편 속에서 바벨론의 학문과 생활을 배움으로 완전히 다른 사람들이 되어버렸다. 이것은 하나님의 백성들의 집단유학이라고들 말한다. 유대인들은 선택받은 민족으로 세계에서 가장 복받고 우수한 민족이라고 생각했다. 이렇게 좁은 생각을 가지고 있는 유대인들의 생각과 신앙을 고치기 위해서 문화선진국인 바벨론으로 하나님께서 강제로 포로라는 이름으로 유학을 보내 70년 동안 그 곳의 선진학문과 생활을 배우게 했으니 유대인의 바벨론 포로는 집단 유학이라고 할 수 있다. 70년의 유배생활을 마치고 귀향하는데 그들의 모국어인 히브리말을 거의 잊어버렸다. 에스라, 느헤미아 두 지도자가 성경을 읽어도 그들은 거의 이해하지 못했다. 언어가 달라서 이해하지 못하고 바벨론의 학문과 사상을 배워서 그것과는 너무나 다른 방향의 교훈이라 이해하지 못했다.

이때 유대인들이 생각한 것은 시대에 뒤떨어지고 납득할 수 없는 이 수수께끼같은 모세의 책을 버려야 하는가? 아니면 토라의 명령을 따라서 생활을 해야 하는가? 유대인에게 있어서 사실같지 않은 실체적인 질문이었다.

앗시리아의 유배생활 70년 동안에 유대인들은 세 개의 대제국의 문화를 경험하게 되었다. 앗시리아, 바벨론 그리고 페르시아 대제국의 생활에서 문화적인 충격을 받은 유대인들은 이제 헬레니즘의 정신적 충격을 받게되자 생활과 신앙에 동요가 일어나기 시작한 것이다.

에스라, 느헤미야의 인도로 귀향하고 그들이 풀이하는 성서해석은 너무나 단조로와 새롭게 맞이하는 문화세계에서 살아남을 수 있는 지혜를 얻을 수 없게 되었다. 헬라의 문화세계에서 플라톤의 사상, 아리스토텔레스의 논리학, 유크릿의 과학을 배우고 나서 그들은 토라를 새로운 눈으로 바라보게 되었다. 유대적 천상계시에 그리스적 이성의 도구를 가미하지 않을 수 없게 되었다. 이때 생겨난 것이 미쉬나(Mishna)이다. 미쉬나는 토라에 기록되어 있지 않은 하나님의 구전 말씀을 모은 것인데 토라만으로는 생활속에 적용도 해석도 되지 않는 부분들을 보충하고 설명하여 주는 역할을 한 것이다. 다시 말하면 미쉬나는 토라를 알아듣기 쉽게 풀어 설명하여 되풀이 해주는 것이다. 토라 말씀의 배경에 있는 교훈을 헬라의 지성의 눈으로 보고 현실에 적응할 수 있도록 설명하여 주는 것이다.

앗시리아제국, 바벨론제국, 페르시아제국 그리고 헬라의 철학과 문화를 체험한, 이미 옛날의 유대인이 아닌 그들의 눈으로 보는 토라는 전혀 생활 속에 적용할 수 없고 납득할 수 없는 책으로 생각되어져서 미드라쉬가 생기고 또 미쉬나까지 생겼으나 그것 역시 이미 달라진 유대인의 생각에는 납득되어질 수 없는 것이었다. 그래서 생긴 것이 게마라(Gemara)라는 것이다. 게마라는 미쉬나를 내용별로 나누어서 생활에 적응할 수 있도록 해설한 것인데 시대가 갈 수록 그 내용이 방대해지기 시작했다. 이 방대한 책을 여섯 카테고리로 나누어서 63권의 작은 책으로 만든 것을 탈무드라고 했다. 그래서 고전문서에서 탈무드를 게마라라고 한 것은 미쉬나와 게마라를 합쳐서 편찬했기 때문에 탈무드라 하지 않고 게마라라고도 했던 것이다.

이 탈무드는 유대인의 집단 거주지인 바벨론과 팔레스틴 두 곳에서 독자적으로 만들어졌다. 주후 275년경 유다 하나시(Judah Ha- Nasi)가 팔레스틴에서 만든 것이 팔레스틴 탈무드이고 주후 499년에 바벨론에서 사보라임(Saboraim 교사)이 미쉬나와 게마라를 종합하여 바벨론 탈무드를 만들었다.

탈무드는 여섯 항목으로 나누어져 있다. 농사(Zeraim)절기와 축제(Moed), 여자와 가정(Nashim), 시민법(Nazikim), 성결(Kodashim), 의식법(Tahorot) 등이 그것인데 이것을 크게 내용적인 측면에서 두 가지로 나누면 엄격한 법에 관한 것을 할라카(Halakhah), 생활·교훈·위생·경제·부부자녀·농사 등에 대한 설화를 다룬 것을 하가다(Haggadah) 또는 아가다(Aggadah)라고 했다.

다시 한번 더 설명하면 세계 대제국의 문화적, 정신적 충격을 받은 유대인들이 성경을 해석함에 있어서 가정과 문화 및 경제생활속에 연결시킬 수 있도록 쉽게 지성적으로 설명하여 주는 것이 탈무드라고 할 수 있다. 성경을 문자 그대로 설명하니 세계의 선진문화와 접촉한 유대인들이 납득할 수 없게 되자 성경을 지성적으로 카테고리로 나누어서 그 자녀들에게 설명하여 주는 방편이 필요하게 된 것이다. 성경을 잘 이해할 수 없으므로 말미암아 오늘날 교회에서 알아듣기 쉽게 설명하기 위해 재미있게 예화도 들고 문학적인 설명을 곁들여서 해주는 설교와 비슷한 것이 탈무드인 것이다. 이 탈무드를 조직적으로 전부 공부하는데 10-15년이 걸린다고 해도 과언이 아니다. 탈무드속에는 인간 삶의 모든 것이 다 취급되어 있으므로 이 탈무드의 교육을 받은 사람은 하늘과 세상 그리고 인간에 대한 새로운 통찰력을 갖게 됨으로써 지혜로운 인간이 된다고 믿고 있다.

세상과 인간에 관련된 법과 질서 윤리와 도덕을 다양한 각도에서 취급함으로써 탈무드가 의학, 천문학, 경제, 정치, 농사, 부부, 가정 교육에 대해서 취급하는 것은 진희 이상한 일이 아니나. 탈무드의 다양한 내용은 유대인의 지식세계를 넓히고 시야를 밝게 하여 낡은 지식을 버리고 새로운 지혜를 얻는 인간이 되게 했다. 탈무드를 연구한 유대인들이 법률학자 의학자 수학자 천문학자 경제학자와 시인 철학자가 되었다는 것은 전혀 놀라운 일이 아니다. 성경의 가르침에 근거하여 인간의 삶을 윤택하게 하는 모든 지혜의 근원을 체계적으로 만들어 놓는 방대한 도서관이 탈무드이니 현실에 맞지 않는 고대의 교훈을 오늘의 생활 속에 다시 살아날 수 있도록 한 천재적인 종교성의 발상인 것이다.

앞서 말했듯이 탈무드는 여섯 항목의 63책자로 되어 있다고 했다. 63권의 여섯 책자를 여섯 항목으로 나누었으나 크게 두 가지의 성격으로 나누면 할라카 탈무드와 하가다(발음상 아카다라고도 함) 탈무드가 있다. 할라카 탈무드는 법·교리·예배 등에 관한 딱딱한 것을 두고 말하는 것이고 예화·

우화·교훈·비유·설화 등을 아카다 탈무드라고 하는데 유대인들은 탈무드를 모세의 토라만큼 귀한 것이라고 인정하여 말씀의 권위와 동등하게 생각하고 공부한다. 모든 탈무드는 천여년이 넘게 유대인의 모든 학교의 주된 교과서 역할을 해 왔다. 탈무드가 가지고 있는 지식의 내용은 '앎'이라는 어떤 정보가 아니라 우주와 세계와 인생에 대한 혜안을 밝혀주는 지혜로서 모든 유대인과 랍비교육에 가장 중요한 과목이 되어 왔다. 특히 정통파 유대인의 모든법을 탈무드에 근거하여 만든 것이다.

백과 사전적인 방대한 이 탈무드의 내용은 법을 전공하는 학생들에게 있어서 최상의 연구자료가 될 뿐만 아니라 삶의 전반에 관한 안내서가 되기도 한다. 학자들이 대중을 생각하여 어떤 문제를 쉽게 설명하기 위해서 비유·전기·개인이야기·흥미있는 일화·역사·교육 방법 등을 예루살렘성전이 무너져 없어지기 전후 유대인의 생활 지혜를 집대성한 자료를 가지로서 가르쳐주는 강화전집이다. 누구나가 읽어도 이해할 수 있는 이야기들을 통해서 미쉬나 게마라로 5세기 이후로는 깊고 신비한 지혜를 가르쳐주는 탈무드로 발전하였다. 2000년 전에는 게마라의 이름으로 나타났을 때부터 생명과 지혜의 창고였던 탈무드는 지금도 여전히 현대인의 생명과 지혜의 창고로 그것을 읽어본 사람이라면 누구도 부인할 수가 없을 것이다.

탈무드의 교훈집에는 수없이 많은 유명한 격언들이 있다. 의심하지 말고 모든 사람을 신뢰해라. 무식한 사람은 결단코 현명한 사람이 될 수가 없다. 병의 모습을 보지 말고 병 속에 무엇이 들었는지를 보라. 하나의 선행은 또 다른 선행을 할 수 있게 한다. 악행은 그 길이 있어서 또 다른 악행을 저지른다.

유대의 랍비들은 무서울 정도의 통찰력과 직관력을 가지고 사람들을 이해하는 힘을 가진 사람들이다. 특히 어린이를 대하는 태도는 놀랍다. 어린 아이들을 공포의 분위기 속에 넣지 말라고 권고한다. 벌을 주든지 아니면 완전히 용서해 주어야지 계속해서 공포 분위기 속에 두는 것은 죽이는 것보다도 더 무서운 것이다. 탈무드는 특별히 사람의 내적개발에 대해서 대단한 교훈을 주는 책이다. 한교실에 25명이상의 학생을 두고서 가르치지 말라고 했다. 쇠같이 굳고 경직된 아이들을 만나면 그 아이의 선생님은 틀림없이 유머를 모르는 사람, 인간의 마음을 이해하지 못하는 딱딱한 방법으로 아이들을 가르친 사람이라고 생각해도 될 것이다. 가르칠 때에는 모든 학생들이 마음을 풀어놓을 수 있는 자연스런 분위기부터 먼저 만들어라. 반드시 실례와 비유를 들어서 가르치라고 했다.

 탈무드의 모든 교훈이 훈화나 덕담같이 들리지만 그 모든 이야기의 뿌리는 성경을 모든 사람들에게 쉽게 알리려는 노력이라는 것을 모른다면 탈무드를 백 번 읽어도 그 진의를 이해하지 못한 사람들이다. 70년의 문화대국에서 살다 돌아온 유대인들에게 토라교육을 다시 하기 위한 방편으로 탈무드가 생겼으니 오늘날 현대인에게도 탈무드적 교육방법을 통해서 토라에로 가게 하는 것이 오늘날 우리의 과제라고 생각한다. 그런 점에서 바벨론 탈무드와 팔레스틴 탈무드가 있어야 하듯이 코리안 탈무드도 반드시 태어나야 할 것이다.

 어떤 랍비들은 인간, 특히 어린아이들을 4가지 종류의 성격으로 구별하여 가르치는 것이 좋다고 권고한 바가 있다. ① 스폰지 스타일의 어린아이; 어린아이들은 무엇이든지 배운 대로 흡수하여 새겨둔다. ② 갈데기 스타일의 어린아이; 어린아이들은 무엇이든지 배운대로 다 잊어버리는 태도를 가지고 있다. ③ 체질형 어린아이; 도가에서 술을 거를 때 술은 아래로 내려보내고 찌꺼기만 모아 두듯이 중요한 것은 다 잊어버리고 쓸모 없는 것들만 암기하고 있다. ④조리형 어린아이; 쌀을 일굴 때 조리는 귀한 쌀만 건지듯이 별 쓸 모 없는 것을 다 없애 버리고 중요한 것만 가슴에 남겨 간직한다.

 어떤 랍비는 그의 학생들에게 이렇게 말하는 경우도 있다. 공부하기를 싫어하는 학생은 죽어 마땅하다. 공부하기를 싫어하는 것은 인간답게 개발되는 것을 거절하는 것이니 인간이 동물이 되는 것보다는 죽는 것이 낫다는 것이다. 또 어떤 랍비는 이렇게 말한 바도 있다. 선생으로부터 배우는 것보다는 학교의 친구들로부터 배운 것이 더욱 많다. 그러므로 좋은 공부 친구를 사귀어라.

랍비들은 아주 함축성 있고 간결하여 가슴에 오래 남을 말씀을 많이 한다. 나쁜 친구는 이웃의 소비는 생각지 않고 수입만 가지고 사람을 평가한다. 어떤 문학적인 랍비는 말하기를 여우의 머리보다는 호랑이의 꼬리가 더 낫다고도 했다.

랍비들이 교훈적 격언은 함축적이기도 하지만 대단한 익살스런 면도 있다. 어떤 사람을 평가할 때는 그 사람의 어머니의 말을 듣지 말고 이웃 사람들의 말을 듣는 것이 더 정확하다고 했다.

랍비들의 교훈이나 교육방법은 엄격하고도 대단히 격식을 차려 하는 것이 아니다. 성경의 교훈과 기나긴 삶의 경험을 통해서 나온 것이기 때문에 살아 움직이는 생동감이 있어서 모든 사람들이 들어서 공감할 수도 있고 또한 깊은 통찰력과 영감스런 평안함을 주는 말들이다.

어떤 랍비 부인이 하인을 부당하게 몰아붙이는 소리를 랍비가 들었다. 정확히 알지도 못한 채 하인을 왜 그렇게 몰아세워 붙이는 거요 하고 물었다. 한참 후에 부인이 말했다. 내가 비록 잘못 되었다 할지라도 하인 앞에서 나를 그렇게 나무라시지 않아도 되잖아요 하고 불평을 했다. 아니요. 나의 생각은 전혀 그 반대쪽이요. 그 하인도 자신의 권리가 부인되지 않고 인정받기를 원하기는 마찬가지요. 나는 당신에게 있어서 남편이지만 그 사람에게는 정당한 랍비가 되어야 하잖겠어요.

탈무드에 나오는 비유는 유대인의 종교문학이나 학교교육에서는 빠질 수 없는 중요한 교육소재이다. 유명한 랍비 아키바(Akiba BC 50-AD 137)의 비유 이야기는 유대인 어린이들의 교육을 위해서는 없어서는 안될 중요하고도 흥미있는 내용을 담고 있는 것으로 유명하다. 어린아이들이 아키바의 유명한 늙은 호니(Honi) 할아버지 이야기는 지금 들어도 흥미있는 것이다. 아주 늙은 할아버지가 사과나무를 심는 것을 어떤 여행객이 보고서 물었다. 이 나무를 심으면 언제 사과를 따먹을 수 있지요. 아마 70년후가 될지도 모르지 그때까지 할아버지가 살아 계실 수 있다고 믿으십니까? 그때에 세상이 파괴되어 진다고는 생각지 않네. 내 뒤에 오는 사람들이 내 대신 먹지를 않겠나.

 탈무드의 어떤 이야기는 대단히 자극적이고도 폐부를 찌르는 본질적인 비평으로 한 것도 있다. 사람이 태어날 때 왜 주먹을 불끈 쥐고 갈라질 손가락을 가지고 나오는가? 우리 인생이 아무것도 가지지 않고 이 세상에 나와도 먹고 살 수 있다는 것을 보여주기 위함이라고 가르친다.

 탈무드가 생기기 전에 미드라쉬가 있었다고 앞서 말한 바가 있다. 미드라쉬는 성서해석서라고 할 수 있는책이다. 미드라쉬는 유대인들의 성서문학이요 설교집이라 할 수 있는 책이다. 유대인들은 성경과 미드라쉬의 모든 구절 속에 보물이 숨겨져 있다고 믿고서 공부를 했다. 어떻게 하면 그 속에 숨겨져 있는 지혜의 문을 열 수 있는가 하는 심정으로 공부를 한다. 지혜란 쉽게 얻을 수 있는 것이 아니기 때문에 신실하고도 경외하는 심정으로 공부를 한다.

 탈무드는 단순한 성서 연구는 아니다. 성서를 토대로 한 우주·세상·인생·미래에 대한 종합학문이다. 기나긴 역사의 질고 속에서 그들이 성서를 통해서 체득한 인생의 지혜를 엮어 모은 것이기에 그 탈무드가 유대인을 지켜준 것이다. 유대인은 탈무드를 만들었고 탈무드는 유대인을 유대인답게 해준 셈이다.

 그런 점에서 유대인들은 탈무드를 생산해 내었고 또한 탈무드가 유대인들을 새롭게 태어나게 한 훈련장이 된 셈이다. 유대인들은 탈무드를 성경과 같은 동등한 권위선상에 두고 거룩한 문서라고 생각한다.

15

책의 민족 유대인

유대인을 향해서 "책의 민족"이라고 불렀던 사람은 이스람교의 창시자인 모하멭이었다. 물론 그가 책, 세계에서 유일한 한 권의 책(The Book)이라고 한 것은 성경책을 말하며 유대인을 성경책의 백성이란 뜻으로 말했다. 모하멭은 유대인들이 성경을 그렇게 사랑하고 읽고 그대로 살아가는데 감동을 받고 그 책을 생산한 민족다운 위대함이 유대인 속에 있다고 말한 바 있다.

오늘날도 유대인을 향해 "책의 민족"이라고 부르는데 이 말은 유대인들이 언제, 어디가서, 무엇을 하드라도 배우는 일을 가장 중요하게 여긴다는 것을 두고하는 말일 것이다. 유대인의 전체 역사를 살펴볼 때에도 공부하는 일은 가장 귀하고 존경받는 일로 간주했고 또한 배움을 통하여 위대한 성취가 가능했다고 말하고 있다. 유대교의 신앙이란 하나님을 믿는 것이다. 하나님을 믿는다는 것은 하나님을 배우는 일이다. 하나님을 배워 하나님다움의 위대함과 전능함을 습득하고 행사할 수 있게 되는 것이다. 유대인에게 있어서 신앙이란 배움이다. 어떤 종교는 믿음을 신비한 기적이나 무식한 확신 또는 금욕 등을 뜻하기도 하지만 유대교의 믿음은 하나님의 말씀을 듣고 배우는 생활이다. 배움 즉, 교육으로만이 인생이 변화하고 성장하여 하나님을 닮아갈 수 있기 때문이다. 공부를 한 지혜스런 사람만이 이 세상에서 밝게 살아갈 수 있는데, 밝게 살아갈 수 있기 위해서, 인생의 바른 길을 위해서 하나님께서 시내산에서 모세에게 법을 친히 주셨다고 믿고 있다. 그러므로 유대교에 있어서 무식은 죄악이요 저주이다. 자기를 훈련시키고 교육시키지 않는 것은 유대교를 향한 반항이요 짐승의 길로 가는 타락이라고까지 말했다.

암흑의 시대, 흑해를 중심으로 한 소국들로 형성되어 있는 동유럽의 사람들은 글을 읽을 수 있는 사람들이 거의 없었다. 생활의 궁핍으로 인하여 글을 배울 형편도 안되고 배울 수 있는 학교도 없었기 때문이다. 그러나 유대인들, 심지어 어린아이들까지도 모두다 글을 읽고 쓸 수가 있었다. 그들은 회당에서 토라를 읽고 기도문을 낭독해야 하기 때문에 어렸을 때부터 필수적으로 글을 배워야만 했다. 무식한 유대인이란 있을 수가 없다. 무식한 유대인이 되었다면 이미 그는 유대인의 정신을 포기한 진정한 유대인이 아니다. 배움, 지식, 생활로 연결되는 생활의 능력과 지혜가 공부에서 나오는 것을 유대인들은 토라에서부터 박해의 생활 속에서 배웠기 때문이다. 아무리 가난한 유대인도 5-6세가 되면 반드시 학교에 보내서 히브리어와 토라를 배우면서 학문에 눈을 뜨게 한다. 부모가 없는 히브리 어린이의 경우에는 마을에서 책임을 지고 공부를 시키게 된다. 고아가 되더라도 유대인의 어린이는 고아가 아니라 마을의 어린이, 하나님의 어린이기 때문에 마을은 그 아이의 교육에 대해서 책임을 져야 한다. 기초교육 뿐만 아니라 고등교육까지도 그들은 보장받고 공부를 할 수 있다.

가난이란 공부를 할 수 없다는 이유나 핑계는 결단코 되지 않는다. 유대인의 철학 속에서 배움이란 핑계가 없는 것이다. 공부는 유대인의 생활 속에서 가장 우선적인 과업이기 때문이다. 배움이 없이는 하나님을 알 수도 만날 수도 하나님과 교제를 할 수도 없다고 보기 때문이다.

성경은 유대인들에게 있어서 모든 사람들의 교과서이다. 유명한 교수, 아브라함 헤셸(Abraham Heschel)은 고대 이스라엘인의 생활을 이렇게 묘사한 예가 있다. 하나님의 집 회당안에는 수없이 많은 교실이 있고 그 교실 속에는 사람들이 꽉 차서 공부하기에 정신이 없었다. 에스겔서에서 나오는 성전모양과 같다. 어린이, 청년, 늙은이 그리고 마을사람들이 하루 일을 다 마치고 피곤한 시간인데도 황혼의 붉은 노을처럼 붉게 상기된 얼굴을 하고서 기도실, 찬양실, 토라실, 탈무드실에 모여 각기 강의를 듣기에 여념이 없다. 찬양소리와 함께 퍼져나오는 기도문의 낭독이 이어지고 토라의 해석과 탈무드의 토론이 회당을 활기에 넘치게 한다.

성경에 집착하는 유대인의 정신, 생활의 안내서요 인생의 지혜서요. 영원한 세계를 향한 신비서이기도 한 이 성경의 사랑이 유대교를 형성케 했고 또한 기록된 문자를 통한 학문의 길로 가게 했다. 성경은 유대인을 만들었고 유대인은 성경을 통해서 5000년의 어려움 속에서도 굴하지 않고 승리하여 생존을 계속해올 수가 있었다.

정통 유대교 회당이나 학교에서 학생들이 잘못하여 책을 교실복도에 떨어뜨렸다면 그것을 주워서 책에 입술을 대고 사과한다든지 입을 맞춤으로 책을 함부로 다룬 부주의에 대한 속죄를 하게 되어 있다. 어릴 때부터 책이라고 하는 것은 이만큼 귀하다는 것을 가슴에 심어준다. 책이란 학문의 근원이요 지혜의 샘이다. 책이란 가장 귀한 것을 가슴에 담듯 소중하게 품고 살아야만 한다. 책이 가득한 책장이 없는 가정은 생명없는 가정이요 영혼이 빠진 몸을 가진 것이나 다를 바가 없다고 가르친다.

책에 대한 사랑, 학문의 근원, 생명지혜의 출처는 오직 한 책, 그 책(The Book) 토라를 배우는 데서 나온다고 믿고 있다. 토라의 지식과 지혜 위에서 학문과 인생, 그리고 신앙과 생활이 시작된다고 믿는다. 이러한 이유로 인하여 영광스러운 칭호, 책의 민족이란 말을 유대인들이 듣는다고 생각한다.

그들은 네 살때 글을 배워 다섯 살에 정식으로 토라를 읽는다. 여섯 살때 미쉬나를 읽고 일곱 살때 미드라쉬를 읽고 여덟 살때 토라의 해석을 배우고 아홉 살때 탈무드를 연구하여 열두 살때 학문의 기본을 끝낸다.

가정에서 이 정도의 기본실력을 준비하여 학교에 간 유대인 아이들이 얼마나 탁월하게 학교 공부를 할 수 있을는지는 충분히 짐작할 수 있는 일이다. 그들은 세상의 학문을 배우기 전에 하나님의 지혜와 신앙의 감성세계에서 하나님의 무한한 지혜와 인생을 배우게 된다. 학문전에 그들은 신앙의 감성세계를 충분히 개발함으로써 높은 이상과 넓은 세계를 품으므로 학문과 인생을 시작하는 세상의 학문태도와는 다른 것이다.

16

유대 교육의 특성

유대인을 향해 교육의 민족, 책의 민족, 천재적인 민족이라고 한다. 유대인을 향해 교육의 민족과 책의 민족이라고 하는 것은 일리있는 표현이긴 하나 천재적인 민족이라고 하는 것은 전혀 타당한 말이 아니다. 그들과 함께 생활하고 공부하면서 느낀 것인데 그들은 전혀 평균 이상의 두뇌를 가진 사람이 아닌 평범한 사람들이었다. 단지 그들은 천재가 될 수밖에 없는 훈련을 받았을 뿐이었다. 그들은 천재로 태어난 것이 아니라 천재의 훈련을 받은 교육의 민족이다. 누구든지 교육을 받으면 천재가 될 수 있다는 것을 입증할 뿐이다.

그러면 유대인들의 천재교육의 특성이 무엇인가. 교육에 관심이 많은 우리 나라 사람들은 유대인들의 천재교육에 지대한 관심이 있어서 출처도 저자도 분명치 않은 유대인 천재교육에 대한 많은 것을 볼 수 있다. 그러나 불행스럽게도 그 책들이 제시하는 유대인들의 천재교육에 관한 내용은 전혀 유대인들의 천재교육의 본질이 아닌 교육의 기교나 외양만을 언급했을 뿐이다.

유대인 교육방법으로 침상교육, 조기교육, 어머니교육, 쉐마 교육, 미쉬나교육, 미드라쉬교육, 반복교육, 직업기술교육 등 여러 가지의 교육방법을 말하나 이것은 유대인의 교육법에 대한 한 부분을 언급할 뿐 본질은 전혀 밝히지 못한 단편적인 것이다.

한 마디로 말해서 유대인들의 교육은 기교나 방법론적 교육이 아니다.

침상에서 성경 이야기를 들려주면 공부를 잘할 수 있다든지 암기를 어려서부터 훈련시키면 잘될 수 있다든지 하는 교육학적 방법은 하나의 방법일 뿐, 이것은 유대인의 교육원리는 아니다.

유대인에게 있어서 교육은 보이지 않는 무형의 목표인 하나님을 닮아가는 무한의 가능성과 희망을 향해 살아가는 삶의 근원점에서부터 출발한다. 이 땅에서 가능할 수 없는 세계를 하나님의 능력을 힘입어 가능하게 할 수 있다는 신념을 심어주는 것이 교육의 기본 목적이다. 불가능의 세계를 가능하게 하는 신념에서 출발하기 때문에 그들의 삶은 세상사람들과는 다를 수 밖에 없는 것이다.

이것은 인간의 두뇌나 지성에 의존하는 교육이 아니라 하나님을 믿어 그분의 능력을 힘입지 않고서는 인간의 한계를 뛰어 넘을 수 없으니 전적으로 하나님의 지혜에 의존하자는 신앙에 근거한다. 따라서 위에서 힘과 지혜를 주시는 하나님의 뜻을 따른 메시야의 이상세계를 건설하기 위한 열정에서 교육은 시작된다. 하나님의 이상인 메시야 왕국을 선택받은 유대인이 해야 한다는 자중심에서 교육은 출발해야 한다고 믿기 때문에 무한한 능력이 창출된다.

그러므로 그들의 교육은 지능이 아니라 하나님을 의존하는 감성에서 시작하여 지성으로 발전하여 간다. 그러므로 아무리 가난하고 환경이 어렵고 머리가 좋지 않다 할지라도 누구든지 무한한 희망과 목표를 가슴에 품고 자기도 그렇게 될 수 있도록 기도하고 믿고 끊임없이 노력한다. 노력하면 그렇게 된다는 종교적 확신을 가지고 삶의 모든 행동과 생각을 하나님을 향한 교육에만 초점을 두고 생활을 한다. 걸으면서도 공부, 누워서도 공부, 앉아서도 공부, 달리면서도 공부, 사람들이 많은 대중 속에서도 공부, 박해와 죽음 속에서도 그들은 메시야 왕국 건설을 위한 공부에만 모든 것을 쏟아 바쳤다.

유대인들에게 있어서 무한한 가능성의 대상은 그들의 신인 여호와다. 그 하나님은 어려서부터 그 하나님, 실현시킬 수 있는 신념을 가지고 살게하는 데에 교육의 출발이며 목표이다.

인간은 흰 종이 같아서 그 속에 걸작을 그릴 수 있고 낙서도 그릴 수 있는 잠재적인 존재이기 때문에 자기 인생을 하나님처럼 위대하게도 할 수 있고 짐승처럼 될 수 있다고 믿는다. 신같은 위대한 인물이 되기 위해서는 제일 먼저 신의 형상을 가슴에 품는 인간교육부터 시작하여 짐승의 자리에서 신의 자리에로 승화될 수 있는 인생으로 자기를 새롭게 태어나게 해준 그 신을 위해서 세계를 책임지는 소명의식을 갖는다.

교육을 통해서 성공을 한다든지 부자가 된다든지 하는 것은 차후의 문제이다. 자기를 위대하게 해준 신의 뜻을 따라 세계에 봉사한다는 자기 성취의식이 유대인을 위대하게 만들었고 위대하게 되기 위해서는 교육을 받아야 되는 것이라고 믿는다. 인간은 태어난 상태에서는 짐승과 별다를 바가 없다. 그러나 교육에 의해서만이 인간은 인간다와 질 수 있는데 지성교육이 아니라 하나님을 닮아 가고저하는 감성교육과 신앙교육에 의해서만이 야성적인 인간의 탈을 벗어버리고 하나님을 닮아가는 인생이 되어간다. 따라서 유대인들에게 있어서 방법론은 그렇게 중요하지 않다고 본다. 원론적인 뜻이 세워지면 인간은 어떤 고난을 이겨낼 수도 있고 불가능한 세계를 향해 도전하여 배울 수도 있고 배운 것을 남을 위해 희생할 수 있다고 믿을 뿐이다.

그래서 유대인들은 앞에 말한 무한한 가능성을 향한 교육의 원론적 목표 위에서 가치교육, 반복교육, 생활교육을 실시한다. 유대인들에게 있어서 교육은 하나님을 향한 의무이고 배움은 그들에게 있어서 신앙의 핵심이며 생활이다. 그래서 대체로 5세 전까지의 교육은 어머니가 담당한다. 구약성경의 여러 곳에서 5세 전까지의 자녀교육에 관한 실례와 그 힌트가 나타난다. 젖을 빨리면서 무언중 주입시키는 생활 신앙교육, 꿀을 먹이면서 하는 실제교육, 할례 및 삭도를 베는 의식교육, 예배를 통해하는 축제교육, 제사를 드리면서 하는 헌신교육 등 6단계가 있고 이 시기가 지나고 나면 5세부터 12세까지 학교와 가정교육의 공동과정이 시작된다. 5세에서 10세까지 성서읽기, 미쉬나공부, 10세에서 13세까지 계명공부, 미드라쉬교육, 15세부터 탈무드교육, 18세부터 결혼직업교육 등이 그것이다.

이런 식으로 유대인 교육을 나열하면 시중에 팔고있는 보통책들과 같은 한 권의 책이 되어 버릴 것이다. 핵심적으로 압축컨데 유대인들의 교육은 교육과제를 암기화, 습관화, 축제화, 생활화 나아가서 종교화 해서 평생토록 교육을 받고 교육은 거룩한 종교행위라고 믿고 있다. 공부하는 것을 좋은 학교에 입학하여 출세하기 위한 방편으로 생각하는 것이 아니라 하나님을 향한 인간의 본분으로 알고 생활화하고 나아가서 종교화 해 버림으로 인간의 지상 최대사명, 신 앞에서 피할 수 없는 책임으로 만들어 버렸다. 그러므로 그들의 교육방법론을 보면 생활 전반으로 확대하여 문설주, 집 입구, 옷소매끝, 옷단의 끝머리 손목, 이마, 팔목성물함까지 만들게 되고 기쁨의 축제를 만듦으로 교육은 기쁨이요 축제요 잔치라는 감동으로 만들어 놓았다.

구체적인 교육의 방법론 즉, 5세 이전에는 어머니, 12세 이전에는 학교와 가정, 13세 이후부터의 교육문제는 전적으로 본인의 개인책임이다. 소학교, 고등학교, 대학교육 그리고 평생 교육 등도 앞서 말한 원리에서 시행되어지는 구체적인 교육방법론은 여기서는 생략한다.

유대인에게 있어서 교육은 단순히 가르치고 배우는 문제가 아닌 인간삶, 인간회복, 인간성장의 문제로 그들의 창조주인 신의 능력과 형상을 닮아가는 신앙활동이다. 따라서 유대인들에게 있어서 교육은 지성의 문제가 아닌 영성의 문제로까지 확대 해석한다.

17
기독교와 유대교의 일치점과 다른 점

　기독교와 유대교는 시대를 초월한 진리와 변함없는 가치관을 제공해주는 구약성경의 풍요한 영적 유산을 함께하고 있다. 뿐만 아니라 하나이신 하나님 · 아브라함의 하나님 · 이삭의 하나님 · 야곱의 하나님 아버지에 대한 동일한 신앙을 가지고 있다. 십계명 예언자들의 과거와 미래에 대한 선명한 통찰력과 삶에 대한 지혜 그리고 한 형제됨의 위대한 신앙을 함께 가지고 있다. 기독교와 유대교는 동일한 인간에 대한 영적 가치를 인정하는 변함없는 확신을 신앙의 중심으로 하고 있다. 이 같은 원론적인 것 외에도 평화를 추구하고 전쟁을 미워하며 정치와 사회질서에 대한 민주제도의 이상을 함께 하고 있다. 위에 언급한 것 외에도 영원불멸하는 인간의 영혼에 대한 신념 또한 같이하고 있다.

　기독교와 유대교는 동일하게 생각한다. 인간이 이 땅에 살게 된 것은 어떤 목적, 즉 신이 뜻하는 삶의 목적을 가지고 태어났다는 사실이다. 이 세상은 영원과 영원사이에 있는 중간지대로 엄청난 의미와 목적을 가지고 살아야 한다. 기독교와 유대교가 가지고 있는 공통된 사회적인 목표가 있다. 이 세상은 사랑의 동기에서 출발함으로 이웃에 대한 이해와 고려가 우선해야 한다는 것은 일치하는 사회원리이다.

　위에서 말한 것이 기독교와 유대교가 함께 가지고 있는 일치점이다. 5000년의 유대인의 역사와 2000년의 기독교 역사가 함께 오고 또 다르게 온 길이 있다 할지라도 기독교와 유대교는 대체적으로 일치하여 누구도 반대할 수 없는 공통적인 내용을 가지고 있다. 모두가 잘 알다시피 기독교의 출원은 유대교의 토양에 깊이 뿌리 박아, 구약성경(유대인들에게는 성경)을 최고의 도덕의 표준과 삶의 원리로 삼고 있다. 뿐만 아니라 기독교와 유대교의 정신은 서구문명의 기초가 되어서 이천 년 동안 방향계 역할을 해왔다. 부정적인 측면도 있고 긍정적 측면도 말할 수 있겠으나 여하간에 유대기독교정신은 세계사적 사명을 해 왔다고 볼 수 있다.

2세기 전에 독일의 유명한 극작가 같홀드 레싱(Gotthold Ephrain Lessing)은 기독교인과 유대인들 사이에 있는 동일하고 일치하는 본질을 주제로 한 시나리오 한 편을 썼다. "현자 나단(Nathan The Wise)". 그 극 중에서 가장 인상적인 내용은 수도승(friar)과 유대인 사이에 일어나는 이런 대화이다.

> 나단의 고매한 인격에 매료된 수도승이 외쳤다. "나단 나단 넌 틀림없이 크리스천이지, 그래 하나님의 은혜로 새롭게 태어난 크리스천이야, 그래 자네보다 더 멋진 크리스천은 아마 없을 거야." 그의 친구 나단이 대답했다. "그래 우리는 같은 마음이야. 자네의 눈으로 볼 때 나를 크리스천으로 보게 한 그 것, 그래 마찬가지로 내 눈에도 자네가 진정한 유대인으로 보이네. 자넨, 자네야말로 유대인이야."

그럼에도 불구하고 두 종교 사이에는 대단히 많은 불일치점을 가지고 있다. 가장 큰 문제로 유대인은 예수의 신성을 인정하지 않는다. 물론 예수 자신이 모두가 지존자의 아들이며 신이라고 하는 구약의 관점에서 한 말은 인정하나 그를 하나님과 동일한 신성으로 보는 것을 인정하지 않는다.

기독교가 인정하는 하나님의 유일한 독생자로는 인정하지 않고, 우리 모두가 하나님의 귀한 자녀란 의미로 인류 누구에게나 다 적용된다는 내용이다. 성경이 우리에게 알려주는 고전적인 지혜의 말씀은 모든 인간이 하나님의 형상을 따라 지음을 받은 하나님의 자녀요 하나님의 가장 고귀한 성품과 능력을 선물로 부여받았다는 점이다.

또 한 가지 다른 점은 성육신(Incarnation)의 원리이다. 하나님이 육신이 되어 이 땅의 메시야 구원자로 오셨다는 점을 유대교에서는 부정한다. 이 문제는 유대교가 가지고 있는 신관에 대한 근본적인 핵심내용과 관계가 있기 때문이다. 하나님은 영이시니 인간의 속성이나 육신을 입을 수 없으신 분이시다. 나아가서 유대교에서는 예수가 그리스도 메시야로 대신 죽음으로 인간의 죄를 속량했다는 사실을 부정한다. 옛날 팔레스틴에 있던 희생의 대가로 죄를 사함 받는다는 고대의 이방전승을 유대교에서는 받아들이지 않는다.

사람의 생명을 다른 사람의 죄값으로 내어주고 구원을 받는다는 것은 고대 팔레스틴의 전승이다. 인간의 죄를 위해서 인간을 희생제물로 바칠 수는 없다. 어떤 상징적인 의미로써도 중보자를 내세울 수가 없기 때문에 인간이 하나님 앞에 직접 나서야 한다. 기독교에서는 모세도 60만 이스라엘백성을 대신하여 중보에 서지 않았느냐고 말하나 유대교에서는 그렇게 생각지 않는다.

또 다른 점은 원죄(Original Sin)에 대한 사상과 교리이다. 유대교에서는 아담과 하와의 이야기를 인간의 영적 타락의 사건 즉, 하나님을 반역하는 것으로 해석하지 않는다.

유대교에서는 에덴동산의 우화적 설화를 설화로 볼 뿐이지 인간의 본성 문제의 타락이라고 생각지 않는다. 모든 인간은 아담(흙)적 요소를 가지고 있기 때문에 환경에 따라서 유대교에서는 인간의 본능이 악으로 기울어질 수 있는 위험이 있지마는, 인간의 본성은 선하지도 악하지 않다고 믿는다. 하나님의 뜻을 따라 바른 율법의 훈련을 받으면 인간은 하나님의 형상으로 다시 태어나는 것이고 그렇지 않을 경우는 악으로 기울어지는 경향이 있을 뿐이지 인간이 태어날 때부터 원죄가 있는 악인으로 태어났다고 보지 않는다. 인간은 한없는 가능성과 파괴성을 동시에 지닌 가능과 위험의 존재일 뿐 운명적인 원죄인은 아니라고 유대교 신학은 가르친다. 이상이 대체적인 유대교와 기독교의 차이점이다. 이외에도 여러 가지의 상의점을 논할 수 있으나 본서 같은 입문서에서 다룰 성격이 아니라고 본다.

18

신약성경 읽기와 유대교 입장

　금서(forbidden to read)라고 하는 말은 유대교 사회에서는 듣기 힘든 용어이다. 어떤 기관이나 어떤 권위자도 읽어서 안 될 책을 결정하여 남에게 압력을 가하는 일을 할 수가 없다. 그래서 복음서를 읽지 말라든가 신약성경이나 기독교 문서를 읽지 말라고 금하는 사람은 없다.
　그렇다고 해서 유대교 회당에서 신약성경을 읽으라고 권고하는 일도 하지 않는다. 왜냐하면 신약성경은 기독교인을 위해 쓰여진 것이지 유대인의 생활과 신앙의 발전을 위한 내용이 거의 없기 때문이다. 뿐만 아니라 회당의 설교나 기도에서도 신약성경의 내용이 인용되는 일도 없다.
　유대인의 후손들은 스페인에서의 천주교인들이 앞장 선 유대인 대학살 사건과 천주교의 영향하에 있는 폴란드에서의 학대와 박해에 대해 너무나 잘 기억하고 있다. 지난 2000년 동안 이유도 분명치 않은 학대와 학살을 천주교인들로부터 수 차례 걸쳐 받아 온 터라 유대인 어린이들에게 신약성경이나 기독교사적을 읽으라고 권고하지 않는다.
　그러나 이러한 역사적 기억들 때문에 가장 가까워야 할 형제교회의 생각과 도리를 듣고 배우지 않는다는 것은 너무 좁은 편견이라고 본다. 현대에 와서는 그와 같은 대립감정은 급 속히 사라지고 있다. 적지 않은 사람들이 기독교의 역사와 선교사적 또는 경건 서적 나아가서는 기독교 목사나 학자들이 쓴 구약문서들을 읽고 있다.
　유대교 신학교의 경우는 더 폭넓은 학문적 활동이 전개되고 있다. 랍비학을 전공하는 많은 학생들이 신약성서를 학과목으로 선택하여 연구하고 있다. 더욱이 학구적인 랍비 후보생들은 초기 기독교시대의 복음과 그 전파과정을 연구하는 사람도 있다.

많은 랍비들이 기독교 신학교에서 그들의 대학원 또는 학위과정을 연구하기도 한다. 그런가 하면 정통 유대교와 개혁파 유대교의 랍비들이 미국의 여러 기독교대학과 신학교에서 교수직을 가지고 가르치기도 한다. 필자도 미국의 오하이오에 있는 감리교연합 신학교에서 공부할 때에 랍비로부터 미드라쉬를 공부한 예가 있다.

그러나 대부분의 유대교학자나 교육가들이 회당에서 기독교의 문서 또는 기독교에 대한 서적을 가르치는 것을 허락지 않는다. 왜냐하면 전통적으로 유대교의 교육과정에 기독교에 관한 것이 들어 있지도 않고 유대인의 생활에 직접적으로 관련되는 내용이 있는 것도 아니기 때문이다. 그러나 오늘날 많은 자유주의 회당에서는 기독교의 신앙과 신학에 대해 폭넓게 토론을 하기도 한다. 특히 관심을 갖는 분야는 초기 기독교시대의 복음전파상황이 어떻게 유대교 사회 속에서 가능했는가 하는 문제들이다.

유대인과 일본인

2004년 7월 15일 1판 1쇄 인쇄
2004년 7월 20일 1판 1쇄 발행
편저자 원응순 · 최한구
발행자 심혁창
발행처 **도서출판 한글**
서울특별시 마포구 아현동 371-1
☎ 02) 363-0301 / 362-8635
FAX 02) 362-8635
본사홈페이지 www.han-geul.co.kr
E-mail : simsazang@hanmail.net
등록 1980. 2. 20 제10-33
△ 파본은 교환해 드립니다

정가 10,000원

ISBN 89-7073-182-2-13330